U0553076

権威・前沿・原创

BLUE BOOK

智 库 成 果 出 版 与 传 播 平 台

国家形象蓝皮书

BLUE BOOK OF
NATIONAL IMAGE

中国国家形象传播报告
（2020~2021）

ANNUAL REPORT ON NATIONAL IMAGE COMMUNICATION
OF CHINA (2020-2021)

主　编／张　昆　张明新

副主编／陈　薇

社会科学文献出版社
SOCIAL SCIENCES ACADEMIC PRESS（CHINA）

图书在版编目（CIP）数据

中国国家形象传播报告. 2020－2021 / 张昆，张明新
主编. －－北京：社会科学文献出版社，2021.7
（国家形象蓝皮书）
ISBN 978 - 7 - 5201 - 8296 - 6

Ⅰ. ①中… Ⅱ. ①张… ②张… Ⅲ. ①国家 - 形象 -
传播学 - 研究报告 - 中国 - 2020 - 2021 Ⅳ. ①D6②G206

中国版本图书馆 CIP 数据核字（2021）第 073240 号

国家形象蓝皮书
中国国家形象传播报告（2020~2021）

主　　编／张　昆　张明新
副 主 编／陈　薇

出 版 人／王利民
责任编辑／吴　丹
文稿编辑／白　云　王丹彤

出　　版／社会科学文献出版社·皮书出版分社 （010）59367127
　　　　　地址：北京市北三环中路甲 29 号院华龙大厦　邮编：100029
　　　　　网址：www. ssap. com. cn
发　　行／市场营销中心 （010）59367081　59367083
印　　装／天津千鹤文化传播有限公司

规　　格／开　本：787mm × 1092mm　1/16
　　　　　印　张：21.25　字　数：316 千字
版　　次／2021 年 7 月第 1 版　2021 年 7 月第 1 次印刷
书　　号／ISBN 978 - 7 - 5201 - 8296 - 6
定　　价／168.00 元

本书如有印装质量问题，请与读者服务中心（010 - 59367028）联系

华中科技大学国家传播战略研究院出品

国家社会科学基金重大项目"人类命运共同体视阈下中国国家形象在西方主流媒体的百年传播研究"（项目编号：19ZDA322）的阶段性成果

华中科技大学人文社会科学自主创新基金重点课题"中美两国公众的'世界观'比较研究：基于中国和美国的全国性民意调查"（项目编号：2015AE010）的阶段性成果

中国国家形象传播报告（2020～2021）
课 题 组

组 长 张 昆

成 员 （以姓氏拼音为序）

毕研韬　常 江　陈诗荟　陈 薇　付嘉慧　管天浩

蒋贤成　金 强　李卫东　廖 芮　刘志禄　刘笑天

彭瑜婷　单学刚　史凯迪　田 浩　万晓红　汪 蓓

王 昀　王孟晴　王 珩　熊 硕　徐 迪　杨卫娜

杨莉莉　杨寒情　于桂章　岳汉玲　翟慧霞　张明新

钟 新

主要编撰者简介

张　昆　法学博士、教授、博士生导师，华中科技大学学术委员会副主任、国家传播战略研究院院长。国务院学位委员会学科评议组成员、原教育部新闻传播学科教学指导委员会副主任委员、《中国新闻传播教育年鉴》编委会主任。曾任华中科技大学新闻与信息传播学院院长、武汉大学新闻学院院长。入选第二批教育部"跨世纪优秀人才培养计划"（1998 年）、第三批国家"万人计划"哲学社会科学领军人才（2017 年），享受国务院政府特殊津贴。主要研究方向为新闻传播史、政治传播学、新闻教育。主持完成国家社会科学基金重大项目、教育部人文社会科学基金项目等 20 多项。主编《国家形象建构研究丛书》。代表性著作有《传播观念的历史考察》《大众媒介的政治社会化功能》《国家形象传播》《中外新闻传播思想史导论》《中外新闻传播史》《政治传播与历史思维》《中国新闻传播教育年鉴》等。发表论文 260 余篇。曾获国家级教学成果奖、教育部人文社会科学成果奖等多个奖项。

张明新　新闻学博士、教授、博士生导师，华中科技大学新闻与信息传播学院院长、学位委员会主任委员、教学指导委员会主任。华中科技大学重大学科平台建设项目智能媒体与传播科学研究中心负责人。教育部新闻传播学科教学指导委员会委员。国家社会科学基金通讯评审专家，海内外多家学术期刊通讯评审人。主要研究方向为政治传播、国家传播战略、新媒体研究。近年来，发表研究论文 100 余篇，出版著作 5 部。学术成果多次获得官方和民间机构奖励。

　　陈　薇　传播学博士、副教授、博士生导师，华中科技大学国家传播战略研究院副院长，中国新闻史学会外国新闻传播史研究委员会常务理事。主要研究方向为跨文化传播、国家品牌与国际传播。近年来，发表研究论文20余篇，主持国家社会科学基金重大项目子课题，主持完成国家社会科学基金青年项目、中国博士后科学基金特别资助项目、中国博士后科学基金面上项目等。

摘　要

　　本书是系统研究中国国家形象传播发展状况的专业性年度报告，由华中科技大学国家传播战略研究院组织，并会聚诸多从事国家传播战略相关领域的学界、业界和政府相关研究和管理人员通力合作而成，站在国家战略的高度，瞄准国内国际新形势下国家传播实践领域的重大需求，立足中国立场、秉持国际视野，力图为中国国家形象的建设与提升给予智力层面的启发或支持。该系列皮书自 2017 年以来已连续出版 3 部，拥有较为广泛的社会和学术影响力。

　　本书在前 3 部的基础上，在选题角度、作者队伍、议题范围、数据采集上均有所调整，力求报告内容更加完善、丰富、全面。全书围绕中国国家形象建构和国家传播战略的各项话题，展开系统的分析和探讨。总报告以 2020 年中国国家形象传播面临的新时代、新战略、新境界为主题，从主体视角分析了中国政府、企业和国民形象传播的基本状况。报告认为，2020 年可视为中国国家形象传播的重要节点。中国在全球治理和国际事务中发挥了重要的影响力，在积极抗击新冠肺炎疫情中展现出负责任大国形象和推动构建人类命运共同体的大国担当。但中国仍需要在新形势、新挑战下继续做好发展理念的阐释与传播，让世界对中国的认知更加清晰。分报告由三篇子报告组成，分别从经济、文化和国民三个国家形象传播的维度阐述了中国国家形象建设的现状与变化。

　　本书的主体是围绕前述中国国家形象传播的焦点话题构建的板块。具体而言，"热点篇"包括三篇子报告，关注大变局时代中国面临的空前机遇和挑战，分别从跨文明对话导向的全球接触理念、援助外交的共情传播模式、中国城市国际形象传播影响力等角度，就 2019～2020 年涉及中国国家形象

的热点议题展开深入分析，探讨中国国家形象传播的经验策略。"专题篇"包括三篇子报告，选题较前几部有着较大的延展与创新，涉及企业海外传播、游戏传播领域以及女排精神的时代变迁，充分挖掘与国家形象相关的多元议题。"案例篇"包括两篇子报告，分别以中国在巴基斯坦、肯尼亚的媒体报道形象为研究对象，进行有针对性的案例分析与对策探讨。"比较篇"包括三篇子报告，基于华中科技大学国家传播战略研究院"寰球民意指数（2020）"调研数据，探讨中国公众对重大国际事务和相关国家的认知与评价，分析中国公众心目中的主要国家形象。

　　本报告集中考察了中国国家形象传播的现实状况与发展趋势，具有强烈的现实关照意义，以专业的角度、专家的视野、实证的方法、实效的方案，涵盖宏观与微观、现实与历史、理论与实证、现状与展望、本土与海外等多重视角。本报告的数据资料具有很高的权威性，基于传播规律和认知规律，从政策、管理及传播机制等方面，为中国国家形象的建构与传播提供有益的借鉴和启示。

　　关键词：国家形象　国际传播　民意调查

目 录

皮书数据库阅读**使用指南**

序　言

2018 年，习近平总书记在中央外事工作会议上提出了一个重大论断，即"当前中国处于近代以来最好的发展时期，世界处于百年未有之大变局"。这种大变局，显然是针对社会历史演变的非常态而言的，人类的历史实际是由常态与非常态交织而成。就具体时程而言，常态要远远多于非常态。但非常态下的能量爆发，却比常态下的能量要大得多。

不到两年的时间，习近平总书记的论断得到了验证。一场突如其来的新冠肺炎疫情打破了历史进化的常态，加剧了历史变革的强度和广度。

2020 年，注定是世界历史的关键年份。这是一个将长期积蓄的能量瞬间爆发的决定性节点。在这一节点上，物质、能量、信息、时间等与其他时间具有完全不同的意义。历史在这里呈现了加速度的演变态势，一个普通事件的质量及其影响社会的能量被急剧放大，其他需要几十年甚至几百年完成的秩序改变或力量对比，现在瞬间即可实现。

风云变幻，20 世纪 40 年代第二次世界大战结束以来确立的以美国为中心的世界秩序，无论在总体还是局部层面，都出现了崩塌的迹象，这一切又因为全球新冠肺炎疫情，更是风助火势，难以遏制。

客观世界的变化，必然会影响人们的精神世界。人们对世界大势、对国际关系、对大国形象的认识，或早或迟、或多或少会随着物质世界结构及力量博弈的变迁而改变。在这诸多演变之中，中国已然成为全球引人注目的主角，其地位与影响力与日俱增。要理解、掌握当今世界格局及未来发展趋势，关注中国发展、中美博弈，是必要的选择。

关注中国的崛起与发展、挑战与机遇、现状与未来，成为其他国家公众积极自然的心理倾向。客观现实投射在国际公众的心目中，形成了他们对中

国新的印象和评价。虽然在感情方面变化不是那么显著，但中国作为全球大国的崛起，得到了国际社会的公认。一个充满活力、经济增长、科技领先、社会稳定、国防强大的中国形象逐步构建。在国际社会已然失序、经济困顿、社会混乱的情况下，中国公众则为国内长期的和平安宁、发展红利所鼓励，对于国家的自我认知和认同感、归属感也悄然发生了重大改变。这几方面的变化，集中体现了国家形象的核心内涵，也就是国民的自我认知和国家形象的他者评价。

正如物质世界无时无刻不在变动，国家与社会也在持续的变化之中。自然，国家形象也会随国家实体的演变而改变。不同的是，作为国家形象的国民自我认知与他国公众的综合评价，在更多的时候，会滞后于国家实体的变迁。为了记录这一现实的历史进程，解读潜藏于其中的内在规律和决定性原因，华中科技大学国家传播战略研究院国家形象研究团队编撰出版了《国家形象蓝皮书：中国国家形象传播报告》。第一部《中国国家形象传播报告（2016）》出版于2017年，第二部《中国国家形象传播报告（2017—2018）》则于2018年末问世，这两部书都是作为本人主持的国家社会科学基金重大课题"跨文化传播中的中国国家形象建构研究"（项目编号：11&ZD024）的系列成果出版的。《中国国家形象传播报告（2019）》于2019年末以本人主持的第二个国家社会科学基金重大课题"人类命运共同体视域下中国国家形象在西方主流媒体的百年传播研究"（项目编号：19ZDA322）"的系列成果形式出版。

这次跟读者朋友见面的《中国国家形象传播报告（2020~2021）》是华中科技大学国家传播战略研究院国家形象研究团队推出的第四部"国家形象蓝皮书"。与前面三部蓝皮书的不同之处，不仅是出版时间及其社会文化氛围的差异，更重要的是本书在前三部的基础上，在选题角度、作者队伍、议题范围、数据采集上均有所调整，力求报告内容更加完善、丰富、全面。

《中国国家形象传播报告（2020~2021）》有两大亮点，一是基于华中科技大学国家传播战略研究院推出的"寰球民意指数（2020）"调研数据，推出一系列研究报告。在过去，"国家形象蓝皮书"关注的焦点是外国人、外国媒介如何看中国、如何呈现中国形象；该书则站在一个互构的视角，集中呈现国际社会眼中的中国形象与中国公众心目中的他国形象。这是一个重要的创新和突破。因为在全球化的背景下，在我们十分在意他人如何认识、评价中国的形象时，他人也怀有同样的心态和需求。这种来自中国的第一手客观数据，不仅会帮助他国民众更加清醒地认识自己，也会促使他们在比较与反思中调整对于中国的形象认知。

本书的第二个亮点是"专题篇"中的"游戏与中国的文化形象传播"。众所周知，游戏是一种高度综合的数字媒体艺术形态，也是一种新兴的媒体形式。报告主要通过计算机网络理论与游戏学架构，分析了游戏作为媒体传播信息的独特能力，在此基础上结合具体案例进行分析，对近几年在海内外各个游戏平台上所呈现的中国文化历史形象展开研究，并根据数据统计分析，验证了近两年借着中国游戏出海风潮，国产游戏在海外接受度以及中国国家形象和中国文化传播的变化。报告建议应该借助游戏平台，以温和稳定的方式对外输出中国文化、展示中国形象。这是对国家形象研究新领域的开拓，具有重要的实践价值。

编撰《中国国家形象传播报告》的主要目的，是适时记录当代中国发展及国家形象变迁的脉络、轨迹。犹如树之年轮，不同的年轮层在记录自身成长过程的同时，也包含了时代氛围、环境要素变幻的完整信息。如今的中国，在物质硬实力急速增长的同时，其文化软实力也在蓬勃发展。在这个狂飙突进的历史时代，全球化以不可逆的态势加速推进，大国间力量结构的些许变化，有可能导致全球局势的颠覆性变革。国家之间的博弈、大国势力的消长，就在我们的眼前上演。处在这个重要的节点上，我们有机会审视、见证、记录历史发展的决定性变化，这是何等的幸运！过去我们无缘见证、记录宇宙的产生，今天我们能够靠近当代世界历史，这是历史给我们的机遇，我们不能把遗憾留给后人。

当然，我们也深知，全面客观地呈现、理性深入地解读当代中国的发展及国家形象的变迁，是一项繁重而艰巨的任务。因为这一任务的完成与否，关涉到诸多外在和内在因素。首先，国家本身作为一个无所不包的巨大系

统，难以做到全面把握；其次，在全球化的背景下，国家又是全球体系的一个子系统，与其他国家互动，在很大的程度上决定了国家的发展及其形象的呈现，这自然又增添了认识的难度；最后，作为研究者，我们认识、观察国家的角度总会有偏差，而我们拥有的理论知识和研究方法也没有想象中的那么完善。尽管如此，我们还是决定坚持初心、竭尽所能，从专业的角度，以专业的精神把记录、呈现、解读中国国家形象的工作做好！同时，也期待着各位专家、读者的批评和建议。

张　昆

（华中科技大学国家传播战略研究院院长）

总 报 告

General Report

B.1

新时代、新战略、新境界

——2020年中国国家形象传播的总体状况分析*

张 昆　李卫东　杨莉莉**

摘　要：　2020年可视为中国国家形象传播的重要节点。中国在全球治
理和国际事务中发挥了重要的影响力，在积极抗击新冠肺炎
疫情中展现出负责任大国形象和推动构建人类命运共同体的
大国担当。本文梳理了2020年中国国家形象传播的总体态
势，在此基础上，从主体视角分析了中国政府、企业和国民

* 本文系国家社会科学基金重大项目"人类命运共同体视阈下中国国家形象在西方主流媒体的
百年传播研究"（项目编号：19ZDA322）的阶段性研究成果。

** 张昆，华中科技大学国家传播战略研究院院长，华中科技大学新闻与信息传播学院教授、博
士生导师，研究方向为新闻传播史、政治传播学、新闻教育；李卫东，华中科技大学国家传
播战略研究院执行院长，华中科技大学新闻与信息传播学院教授、博士生导师，研究方向为
云传播与智能社会治理、国家传播战略；杨莉莉，华中科技大学新闻与信息传播学院博士研
究生，研究方向为云传播、国家传播战略。

形象传播的基本状况。就 2020 年中国国家形象传播的基本状况来看，随着中国国际影响力的扩大，国际社会对中国的固有成见逐渐发生改变，中国的正面形象在年轻的受访者中占主导地位，但中国还需要在新形势、新挑战下继续做好发展理念的阐释与传播，让世界对中国的认知更加清晰。

关键词： 国家形象　国际关系　中国崛起

进入 21 世纪以来，中国以更加积极的姿态全方位融入世界。就国内而言，中国国家形象从顶层设计到具体实践都发生了深刻变化，本报告拟从主体视角分析中国国家形象传播的基本状况。

一　中国国家形象传播的总体态势

自新冠肺炎疫情暴发以来，中国采取措施，迅速控制了新冠肺炎疫情，并使经济回到正轨，中国通过"新冠肺炎疫情考验"，变得更加强大，被西方国家视为更具挑战性的"合作伙伴、竞争者和对手"。

在国际社会的新形势下，如何在当前国际环境中实现国家形象传播的突围，以及如何利用多元主体实现国家形象的立体传播，是中国国家形象传播目前面临的新挑战。国家形象主要是域外民众对一国形象的认知，而国家间关系和国际形势的新变化，必然改变他国民众对中国形象的认知。中国国家形象传播不仅要致力于改变国际社会对中国的"刻板印象"，还需要积极应对新形势和新挑战。那么，在 2020 年国际社会的新形势下，中国在他国公众眼中的形象究竟如何？相较以往有哪些变化？这些问题需要通过实际调查来回答。随着中国的崛起，国际社会对中国的关注越发积极，能够使用的国际民调结果也越来越多。本报告将借助近年来国际主流民调机构和国际组织的相关调查数据，从中国在国际社会中被认识、评价和接受的状况出发，大体勾勒出 2020 年中国国家形象在世界一些主要国家及国际社会中的现实状况，整体呈现以下五大特征。

（一）全球民众积极评价中国防控新冠肺炎疫情的表现

德国达利亚研究咨询机构（Dalia Research GmbH）2020 年 6 月 15 日，发布了新冠病毒期间的全球民主认知指数（DPI）的研究报告，评估了世界各地的人们判断他们的政府对新冠肺炎疫情的反应。当被邀请评估中国和美国对新冠肺炎疫情的反应时，几乎所有国家都认为中国的反应要好得多，唯一认为美国反应更好的国家是日本（17% 支持美国）和美国本身（13% 支持美国），研究发现全世界绝大多数人（70%）普遍对政府对新冠肺炎疫情的反应感到满意，称其政府正在妥善处理危机，对政府回应最满意的国家是中国（95%）、越南（95%）、希腊（89%）、马来西亚（89%）和爱尔兰（87%）。① 2020 年 12 月 14 日，德国国际政治与安全研究所（SWP）发布了《中国——目前新冠肺炎疫情的赢家》，认为中国为抗击新冠疫情而采取的措施得到了大多数民众的认可。例如，大规模核酸检测对公民是免费的，检测隔离实际上给了民众一种安全感，中国制度优越性的观点也得到了支持。根据 YouGov 剑桥全球主义项目的一项调查，88% 的中国人相信政府在新冠肺炎疫情中的领导力。正如大规模核酸检测所示，即使中国的新冠肺炎疫情尚未完全克服，但对中国政府的信心增强了，战胜病毒的叙事已在民众中流传。中国为抗击新冠疫情采取的严厉防护措施已被实践证明是非常成功的，中国对新冠疫情的遏制使经济恢复正常，并为经济的强劲复苏奠定了基础。中国有效的危机管理——在流行病学、经济和政治上——显示出中国在 2020 年底是一个危机赢家，在欧洲和美洲大陆，新冠肺炎疫情的感染人数再次大幅上升，经济再次陷入低迷。②

① Dalia Research, Democracy Perception Index – 2020, Last Modified Jun 15, 2020, https：// daliaresearch. com/blog/democracy – perception – index –2020/.

② SWP, China-pandemic winners for now, Last Modified December 14, 2020, https：//www. swp – berlin. org/publikation/china – pandemiegewinner – fuer – den – moment.

同样的，皮尤研究中心（Pew Research Center）2021年6月10日发布的报告显示，2020年夏季和2021年春季接受调查的12个国家对中国应对新冠疫情的评估也比去年变得更加积极，全球49%的受访者给中国打了积极的分数，认为中国在应对疫情方面做得很好，而对美国的反应给予积极评价的只有37%。除了日本，没有别的国家认为美国对新冠肺炎疫情的处理比中国好。新加坡（76%）和希腊（72%）的受访者认为中国做得很好，认为中国在处理新冠肺炎疫情爆发方面做得很好的比例全面上升，其中有9个国家对中国的正面评价呈现两位数增长，例如，比利时2020年有40%的人表示中国在应对新冠肺炎疫情方面做得很好；2021年有61%的受访者持这种观点，增加了21个百分点，在三个亚太国家——澳大利亚、日本和韩国——认为中国做得很好的比例也有所增加。欧洲对中国的新冠肺炎疫情应对措施的评价最为积极，有57%的受访者认为中国做得很好。除瑞典之外，在接受调查的每个欧洲国家中都有大约一半或更多的受访者持这种观点，在希腊、西班牙、意大利和比利时认为中国做得很好的观点尤为普遍。①

（二）中国是唯一一个在2020年新冠肺炎疫情蔓延的情况下实现正增长的经济体

国际货币基金组织（IMF）预计，2021年中国的经济增长率为8%，而美国为6%，欧元区为4%。欧拉爱马仕（Euler Hermes）定期计算的全球经济重心（WECG）计算机模拟显示，2007年全球经济重心仍在大西洋，但自2002年以来，全球经济重心一直在向亚洲转移，2030年全球经济重心可能是在中国、印度和巴基斯坦，现在中国已经是仅次于美国的第二大经济体，按购买力调整后，中国已经超过了美国。2021年4月发布了《世界经济展望》，全球经济进一步企稳，但复苏进程出现分化且存在极大不确定

---

① Pew Research Center, Global views of how U. S. has handled pandemic have improved, Last Modified June 10, 2021, https://www.pewresearch.org/fact – tank/2021/06/10/global – views – of – how – u – s – has – handled – pandemic – have – improved – but – few – say – its – done – a – good – job/.

性。在新兴市场和发展中经济体，中国今年预计将增长 8.4%。尽管中国经济已在 2020 年恢复到疫情之前的水平，但许多其他国家预计仅将到 2023 年才能回到疫情前水平。①

意大利国际政治研究所（ISPI）2021 年 6 月 29 日发布了《新冠肺炎疫情之后的中国：经济复苏和对世界的挑战》，在过去 20 年里，中国已经证明在应对重大危机的影响方面非常成功，例如 2007～2008 年爆发的金融危机和 2002～2003 年爆发的非典疫情危机。2020 年，经济迅速回升，零售消费、投资和贸易这三个关键经济指标都在迅速复苏。如果有什么不同的话，那就是中国的经济过热，2021 年第一季度的 GDP 同比增长 18%，零售消费的增长表明，中国领导人已经成功地重建了消费者信心。与全球金融危机后的反应相比，中国应对全球经济衰退的方法的特点是中国的精英阶层追求了创新。尽管中国在健康和经济危机期间面临着经济和政治资本损失的诸多困难，但中国通过"新冠肺炎疫情考验"，反而变得更加强大，从而成为西方国家更具挑战性的"合作伙伴、竞争者和对手"。②

（三）多数受访者看好中国经济发展潜力

2020 年 10 月 6 日，皮尤研究中心（Pew Research Center）的一项新调查显示，在欧洲，更多受访者将中国视为世界头号经济强国，而不是美国。欧洲人认为中国是世界经济的主导力量，包括美国、日本和欧元区在内的许多主要经济体在 2020 年受到新冠肺炎疫情的影响，相比之下，中国经济实现正增长。在接受调查的 14 个国家中，当被要求评估这些地区的相对经济地位时，有 48% 的受访者认为中国是世界领先的经济强国，只有 35% 的受访者认为美国是世界领先经济强国，但很少有受访者认为日本

---

① IMF, IS THE EMERGING WORLD STILL EMERGING, Last Modified 2021, https：// www. imf. org/external/pubs/ft/fandd/2021/06/jim - oneill - revisits - brics - emerging - markets. htm.

② ISPI, China After Covid - 19：Economic Revival and Challenges to the World, Last Modified June 29, 2021, https：//www. ispionline. it/it/pubblicazione/china - after - covid - 19 - economic - revival - and - challenges - world - 30780.

或欧盟国家是世界领先的经济强国。在大多数接受调查的欧洲国家中，大约有一半甚至更多的受访者认为中国是世界上最大的经济体，相比之下，大约三分之一的受访者对美国持相同看法。例如，比利时的受访者认为中国是最大经济体的可能性比认为美国的可能性高 22 个百分点（中国 54%，美国 32%）。除了美国本国，仅有韩国和日本，比中国更多地将美国视为世界领先的经济体。①

有一半美国人认为中国是世界领先的经济强国。盖洛普（Gallup）2021年 3 月 16 日发布的文章称，自 2000 年以来，美国人交替选择中国或美国作为主要经济强国，这往往受到当时美国经济健康状况的影响。一年前，50%的美国人认为美国是最大的经济强国，这是 20 年来的最高水平，美国在新冠肺炎疫情爆发前的强劲经济表现，选择欧盟（5%）、日本（4%）、俄罗斯（2%）或印度（1%）作为主要经济强国的美国人要少得多。自 2020 年以来，这种看法明显增加，这可能是因为过去一年美国经济与 COVID 相关的下滑。②

国际货币基金组织（IMF）发布的《新兴世界还在崛起吗?》，显示了中国经济的持续强劲表明它正在充分发挥其潜力。中国的 GDP 超过 14 万亿美元（截至 2019 年），是其他金砖国家的两倍多。中国的庞大规模意味着金砖四国经济体的总和现在超过欧盟，并接近美国的规模。虽然中国的实际GDP 增长率将从 2021 年开始放缓，但这并不能阻止其超越美国成为世界最大经济体。③

① Pew Research Center, Unfavorable Views of China Reach Historic Highs in Many Countries, Last Modified October 6, 2020, https：//www. pewresearch. org/global/2020/10/06/unfavorable - views - of - china - reach - historic - highs - in - many - countries/#in - europe - more - see - china - as - worlds - top - economic - power - than - u - s.

② Gallup, New High in Perceptions of China as U. S. 's Greatest Enemy, Last Modified March 16, 2021, https：//news. gallup. com/poll/337457/new - high - perceptions - china - greatest - enemy. aspx.

③ IMF, IS THE EMERGING WORLD STILL EMERGING, Last Modified 2021, https：// www. imf. org/external/pubs/ft/fandd/2021/06/jim - oneill - revisits - brics - emerging - markets. htm.

（四）年轻受访者对中国的看法更积极，对中国的正面评价呈现代际差异

2021 年 6 月 7 日德国马歇尔基金会（The German Marshall Fund）和"贝塔斯曼基金会"（Bertelsmann Foundation）共同发布了《2021 年跨大西洋趋势》，报告显示，受访者看待中国的影响力因年龄而异，年轻受访者对中国影响力的看法更加积极，中国的正面形象在18 至 24 岁年龄段的受访者中占主导地位，但对中国的负面看法随着年龄增长而增加。这可能表明，随着时间的推移，公众对中国的看法会发生长期变化。

在调查的国家中，美国受访者的观点分歧最大。认为中国的影响"非常积极"的受访者人数（12%）在美国人中最多，而持"非常消极"的受访者人数也最多（23%），在美国，中国的形象有了明显的改善，从 2020 年的 20% 的受访者认为中国的影响是积极的提升到现在的 31%，这甚至高于疫情前的水平（29%）。中国的形象在美国所有年龄段的受访者中都有改善，但在 25 ~ 34 岁年龄段（+15 分）和 35 ~ 44 岁（+27 分）的美国受访者中最为突出。

在加拿大、美国、德国和英国存在代际趋势，年轻的受访者非常支持对他们国家与中国的良好合作关系。在加拿大和德国 18 ~ 24 岁的年轻受访者中，有 42% 将中国视为合作伙伴。美国和英国四分之一的年轻受访者（25%）和英国（29%）将中国视为合作伙伴，与全国平均水平（美国 15%，英国 20%）相比，年轻受访者将中国视为合作伙伴的比例有所增加。

在大多数国家，年轻受访者更不看好美国。比如在德国，有 62% 的年长受访者（65 岁以上）认为美国最具全球影响力，而只有 42% 的 18 ~ 24 岁年龄段的年轻受访者认为美国最具全球影响力，在英国，有 74% 的年长受访者认为美国最具全球影响力，而只有 47% 的年轻受访者持同样观点，但是，55 岁以上的美国人有 83% 对中国持负面评价。欧洲年轻一代反而更看好中国，在回答"如何看待中国在全球事务中的影响力"这一问题时，

18～24 岁年龄段的欧洲年轻受访者对中国普遍持正面评价，也有同一年龄段的美国年轻受访者 61% 对中国持正面评价。[①]

（五）中国将抗疫实践与"一带一路"倡议结合，中国"负责任"大国形象得到认可

所有"一带一路"沿线的国家对中国的看法都更积极，土耳其（34%）、波兰（35%）和意大利（36%），积极评价在西班牙（37%）达到高峰。[②] 2021 年 1 月 19 日，德国国际政治与安全研究所（SWP）发布了《疫情下的中国健康外交——丝绸之路倡议（BRI）在行动》，报告显示，并非一些观察家在新冠疫情爆发时所预言的那样，"一带一路"倡议在抗击新冠肺炎疫情中没有失败，相反，中国在为世界人口接种疫苗方面发挥相关作用是实在的，这与中国的叙事相符——中国是一个负责任的大国。其健康外交越来越多地将自己抗击新冠肺炎疫情的实践与"一带一路"倡议联系起来（例如全球互联互通的优势；建立"全球命运共同体"）。"一带一路"凭借高度的灵活性、强烈的政治意愿和有利的后勤优势通过了危机考验。

中国在 2 月底逐步控制本国的疫情时，北京很快就担当起了援助提供者的角色。由于全球大部分口罩生产设施位于中国，而且许多工业化国家已向武汉运送了救援物资，因此中国能够大规模地向世界提供口罩和医疗设备。特别是，医疗设备不足的区域很快就收到了他们需要的援助（口罩、测试设备和呼吸机）的捐赠。北京还向 43 个地区派遣了医疗队，世界上几乎所有国家都得到了中国的支持。援助物资来源广泛，不仅来自中国中央政府和共产党，还有各省市为其合作的直辖市和地区提供服务，大多数穆斯林国家（如阿富汗、埃及、伊拉克、伊朗、黎巴嫩和约旦）收到了来自新疆自治区的口罩。东南亚国家（例如，老挝、柬埔寨、缅甸）收到了解放军士兵运送医疗用品，企业基金会（特别是马云和阿里巴巴基金会）向 150 多个国

---

① GMF, Relations with China, Last Modified June 7, 2021, https://www.gmfus.org/publications/relations－china－2021.

② 同上。

家提供了口罩、呼吸机和测试设备。贸易协会、海外华人和非政府组织也参与其中，对于许多国家来说，中国是一个可靠的合作伙伴，尤其是在缺乏援助提供者的情况下，中国为全球"一带一路"倡议提供了实质内容。

值得一提的是，中国"一带一路"倡议的运作的灵活性，健康几乎一夜之间就"一带一路"倡议的边缘问题变成了核心问题。中国在很短的时间内就在全球范围内启动了"一带一路"网络，已经提供了必要的基础架构。"一带一路"铁路连接或所谓的"空中丝绸之路"（与卢森堡和列日的交汇处）被重新用作援助物资的供应线。将"数字丝绸之路"与健康"一带一路"倡议联系起来已提上日程（例如便于接触者追踪）。美国起初基本上没有参与国际援助活动，但中国填补了一个空白，中国向许多第三方国家提供了有效和全面的援助，中国在欧洲以外的国家取得成功，并且越来越被认为是一个负责任的大国。①

二　中国政府形象传播的基本状况

政府是一个国家在国际关系中的核心行为主体，中国政府形象很大程度上决定了他国对中国国家形象的认知。依据皮尤研究中心、透明国际、世界银行等机构的调查数据，2019 年中国政府在国际社会中的形象呈现以下特点。

一是中国在遏制腐败方面还有更多工作要做。2021 年 1 月 28 日，透明国际发布了 2020 年全球腐败认知指数（CPI），该指数根据专家和商界人士认为的公共部门腐败程度对 180 个国家和地区进行排名，采用 0 到 100 的评分标准，其中 0 代表高度腐败，100 代表非常廉洁。数据显示，尽管取得了一些进展，大多数国家仍然未能有效地解决腐败问题，超过三分之二的国家在今年的 CPI 中得分低于 50，平均得分仅为 43。自 2014 年以来，中国的CPI 稳步提高，从 2014 年的 36 分上升到 2020 年的 42 分，上升了 6 个百分

---

① SWP, Chinas Gesundheitsdiplomatie in Zeiten von Corona, Last Modified January 19, 2021, https：//www. swp – berlin. org/publikation/chinas – gesundheitsdiplomatie – in – zeiten – von – corona.

点。此外，在最近的亚洲全球腐败晴雨表中，64%的中国公民认为腐败在调查前12个月，腐败现象有所减少。然而，62%的人仍然认为政府腐败是一个大问题，强调还有更多工作要做，28%的公民为公共服务行贿，32%的公民利用个人关系接受公共服务，这意味着数亿人，中国在遏制腐败方面还有更多工作要做，中国需要建立减少公共服务部门贿赂的制度。①

二是中国政府优化营商环境效果显著。二是中国政府优化营商环境成果显著。布鲁盖尔（Bruegel）在2021年5月26日发布的《中国的营商环境有所改善》提到，根据对公司的调查和国际比较，中国的贸易继续蓬勃发展，中国已取代美国成为外国投资的第一目的地。即使在中美贸易战中，美国和欧洲的企业也继续参与到中国这个庞大且不断增长的市场中。中国的营商环境近年来有了明显的改善，以中国加速改革为条件的贸易和投资协议将产生巨大的红利，这种协议的益处不仅惠及中国的外国投资者和中国的出口商，还会惠及欧盟的消费者和进口商。② 中国近年来一直致力于营商环境的优化，世界银行发布的《营商环境报告》中中国排名连年跃升的情况无疑是对其持续努力的认可。

三是"一带一路"重大项目建成后，沿线的尼日利亚人对中国的态度变得更加积极。皮尤研究中心的一项调查，评估了尼日利亚人对中国的看法与中国在尼日利亚的一项重大投资——拉各斯－卡诺标准轨距铁路的一段建设之间的关系。调查发现，刚开始中国的基础设施建设引发了一些他国领导人对治理和可持续发展的担忧；在铁路建设期间，中国的基础设施建设改变了世界各地的国家、社区的环境。该中心2019年的调查发现，相当多的尼日利亚人在经济问题上对中国持积极态度：83%的人表示，中国经济的增长对他们的国家来说是一件好事；而约同样比例的人（82%）表示，来自中国的投资是一件好事，因为它为他们的国家创造了就业机会。这些比例都是

---

① Transparency International, CPI 2020：GLOBAL HIGHLIGHTS, Last Modified January 28, 2021, https：//www. transparency. org/en/news/cpi－2020－global－highlights.

② Bruegel, China's business practices have improved, Last Modified May 26, 2021, https：//www. bruegel. org/2021/05/how－difficult－is－chinas－business－environment－for－european－and－american－companies/.

该中心 2019 年调查的 11 个新兴经济体中最高的。

四是中国在面临不稳定和危机的国家中扮演着越来越重要的角色。尼克·克劳福德（Nick Crawford）在英国国际战略研究所（IISS）发布的一份新报告《中国与发展中国家的不稳定》中发现，中国在面临不稳定和危机的国家中扮演着越来越重要的角色，它对这些情况的反应及其潜在的偏好和关切将对西方国家及其应对措施产生影响。同时，中国已成为发展中国家的主要投资者。因此，它与许多面临政治和经济不稳定的国家都有重大利益关系。参与应对海外不稳定和危机的西方政策制定者需要了解中国如何应对这些局势。中国的做法在某些方面与西方国家相似，但也有不同之处。

中国对面临政治和经济不稳定的国家的政策主要受以下因素影响：中国寻求强化和保持与这些国家的伙伴关系，以确保它们对中国政府及其企业保持开放和支持的态度；中国决心保护其金融利益、企业和公民免受不稳定局势造成的伤害；中国担心自己的贷款无法得到偿还、投资无法得到保障、工人安全受侵害、供应链受干扰；中国想要维持其不干涉的政策。因此，对伙伴国政治或政策的任何干预都必须得到其政府的同意。中国越来越积极主动地应对伙伴国的不稳定局势，一些回应试图直接解决不稳定问题；另一些回应则是为了在不稳定的情况下保护中国利益。

三　中国企业形象传播的基本状况

在经济全球化的驱动下，企业在国际关系中的作用和影响越来越大。中国作为世界制造中心，实施创新驱动发展战略，以云计算、大数据和人工智能为代表的工业新技术将成为制造业提升效能的关键，尤其是新兴技术领域的惊人发展引起世界注目、进出口带动了全球贸易的繁荣发展，这让世界不得不重新审视中国在全球供应链、产业链中的角色定位及发挥的重要作用。百度、阿里巴巴集团、腾讯和华为公司是中国技术专利申请的重要推手，尤其是百度的自动驾驶和语音识别技术处于世界领先地位，它们帮助中国企业提升了全球形象。中国企业通过提供进出口高科技产品和服务、跨境投资科

技公司和研发项目、开展跨境研发合作，以及开展国际技术科研合作等方式，参与技术创新全球化。

（一）中国是全球供应链和制造业不可或缺的一部分，在全球产出中所占份额越来越大

英国市场调查机构马吉特公司曾发布报告指出，中国在继续作为采购目的地的同时，"已不再是廉价外包业务的对象国"，而"一跃成为全球供应链的中心"。英国《独立报》评论，"一直以来，谈起中国，人们的脑海中似乎总是浮现诸如'世界工厂'之类的词汇，而近期，中国'世界工厂'的形象有所改变"。2017年，中国在全球出口中所占份额为12%，在全球进口中所占份额为9%，[①] 这种进出口活动带动了全球贸易的繁荣发展，使中国成为全球最重要的出口目的国之一，掌控全球供应链较大份额的中国正使全球贸易模式发生转变。世界也正重新评估中国，改变以往形成的对中国的旧认知，重新评判和审视中国在全球供应链、产业链中的角色定位及发挥的重要作用。

中国在全球出口中所占份额由2000年的4%跃升至2017年的12%，对比2000年和2017年，美国、日本、法国、德国、英国所占份额均有所下降，唯有中国大幅跃升（见图1）。按行业划分，2013~2017年中国出口产品敞口较高的行业为纺织服装业（40%）、电子业（28%）、电气设备业（27%）、家具业（26%）、非金属矿产业（22%）、橡塑业（19%）、机械业（17%）等行业[②]（见图2）。可以看出，中国的高科技产品和服务行业占据全球出口份额的较大比重。

中国占全球进口份额由2000年的3%跃升至2017年的9%，对比2000年和2017年，美国、日本、法国、德国、英国所占份额均有所下降，唯有中国大幅跃升（见图3）。按行业划分，2013~2017年中国进口产品敞口较高的行业为采矿业（21%）、农业及相关行业（19%）、电子业（16%）、化

---

① Tony Blair Institute for Global change, 2020, China's role in the world is changing, p. 17.
② Tony Blair Institute for Global change, 2020, China's role in the world is changing, p. 17.

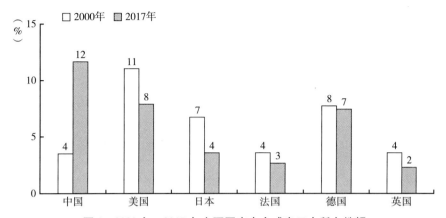

图 1　2000 年、2017 年主要国家在全球出口中所占份额

资料来源：根据托尼·布莱尔研究所、世界综合贸易解决方案数据库和麦肯锡全球研究所发布的数据整理而成。

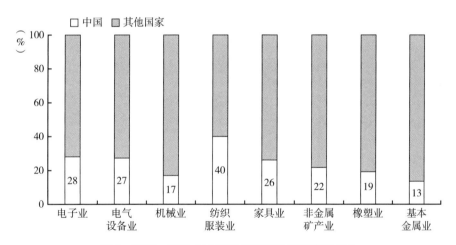

图 2　2013～2017 年中国出口产品敞口较高的行业

资料来源：根据托尼·布莱尔研究所、世界综合贸易解决方案数据库和麦肯锡全球研究所发布的数据整理而成。

工业（12%）、纸及纸制品业（12%）、电气设备业（9%）、机械业（9%）等行业①（见图4）。

---

① Tony Blair Institute for Global change, 2020, China's role in the world is changing, p. 17.

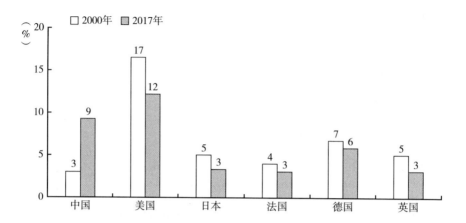

图3　2000 年、2017 年主要国家在全球进口中所占份额

资料来源：根据托尼·布莱尔研究所、世界综合贸易解决方案数据库、麦肯锡全球研究所发布的数据整理而成。

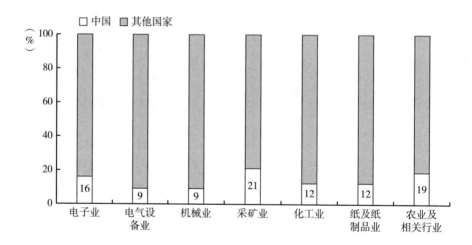

图4　2013～2017 年中国进口产品敞口较高的行业

资料来源：根据托尼·布莱尔研究所、世界综合贸易解决方案数据库、麦肯锡全球研究所发布的数据整理而成。

（二）中国成为数字创新的领头羊，最引人注目的是新兴技术

中国在 2019 年超过了美国，成为向世界知识产权组织提交的国际专利

申请的最大来源国。报告指出,2019 年中国通过世界知识产权组织的专利合作条约(PCT)系统提交了 58990 份国际专利申请,美国 2019 年提交 57840 份国际专利申请(见图 5)。自 1978 年 PCT 开始运营以来,到 2018 年居榜首的一直是美国。此外,中国电信巨头华为公司以 4411 份国际专利申请成为 2019 年最大的企业申请者。①

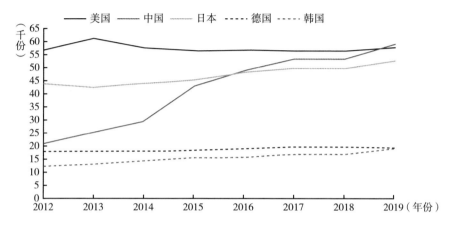

图 5　2012~2019 年部分国家提交国际专利申请的趋势

资料来源:根据托尼·布莱尔研究所、世界知识产权组织、《日经亚洲评论》发布的数据整理而成。

世界知识产权组织总干事弗朗西斯·高锐表示:"中国迅速成长为国际专利申请量最高的国家,凸显出创新中心向东方转移的趋势,目前亚洲申请者占所有 PCT 申请的一半以上。"1999 年,世界知识产权组织收到了 276 份来自中国的申请,到 2019 年,这一数字上升到 58990 份,在短短 20 年内增长了 200 多倍。② 到了 2020 年,世界知识产权组织收到 72349 份来自中国的专利申请,比上年增长了 18.6%,来自美国的专利申请为 56114 份,比上年减少了 0.2%。③ 2020 年 9 月 2 日,世界知识产权组织(WIPO)发布了

①　Tony Blair Institute for Global Change, 2020, China's role in the world is changing, p. 18.

②　Tony Blair Institute for Global Change, 2020, China's role in the world is changing, p. 19.

③　WIPO, Patent Cooperation Treaty Yearly Review 2021, Last Modified, 2021, https://www. wipo. int/edocs/pubdocs/en/wipo_ pub_ 901_ 2021. pdf.

《2020年版全球创新指数（GII）》报告显示，2020年的全球创新格局分布继续转移，在过去几年中，中国、越南、印度和菲律宾是全球创新指数排名进步最大的经济体，这四个经济体现已跻身前50位。全球创新指数排名中表现最好的经济体仍然几乎全部来自高收入组别，唯一的例外是中国，在131个创新经济体中连续第二年排名第14位，仍然是全球创新指数排名前30位中唯一的中等收入经济体，中国在37个中等偏上收入组的创新经济体中位列第一，中国在东南亚、东亚和大洋洲的17个经济体中排名第四。创新活动集中在一些高收入经济体和主要为中国的科学技术集群层面美国仍然是拥有科学技术集群数量最多的国家（25个），其次是中国（17个）。①

《日经亚洲评论》发布的报告显示，2017年中国技术专利申请量在人工智能、再生医学、自动驾驶、区块链、网络安全、虚拟现实、锂电池、无人驾驶飞机、导电聚合物9个类别中排名第一，申请量占当年10个类别所有申请总数的49%，美国占20%（见图6）。②百度、阿里巴巴、腾讯和华为是中国技术专利申请的重要参与者，帮助中国企业提升了全球形象。

（三）中国在5G国际技术竞争领域走在前列

从经济和国家安全的角度来看，高科技领域已成为美中两国竞争的关键战场，5G已成为国际技术竞争最重要的战略领域之一。2019年，全球正处于推出早期第五代移动网络技术的风口浪尖。与4G技术相比，5G将允许更多的设备连接到移动网络，并通过扩大容量和提高速度，实现新的用途，包括实现大规模的远程手术和无人驾驶汽车技术，以及通过使用海量实时数据管理交通等。同时，5G已成为中美之间的一个争议领域。美国和中国正在争相部署5G网络，占主导地位的国家将引导标准制定，华为公司已成为全球5G设备和软件供应链中不可或缺的一部分。

① WIPO, Global Innovation Index2020, Last Modified September 2, 2020, https://www.wipo.int/global_ innovation_ index/zh/2020/.
② 《科技专利，中国9：1领先美国》，环球网，2020年2月13日，https://oversea.huanqiu.com/article/9CaKrnKploQ。

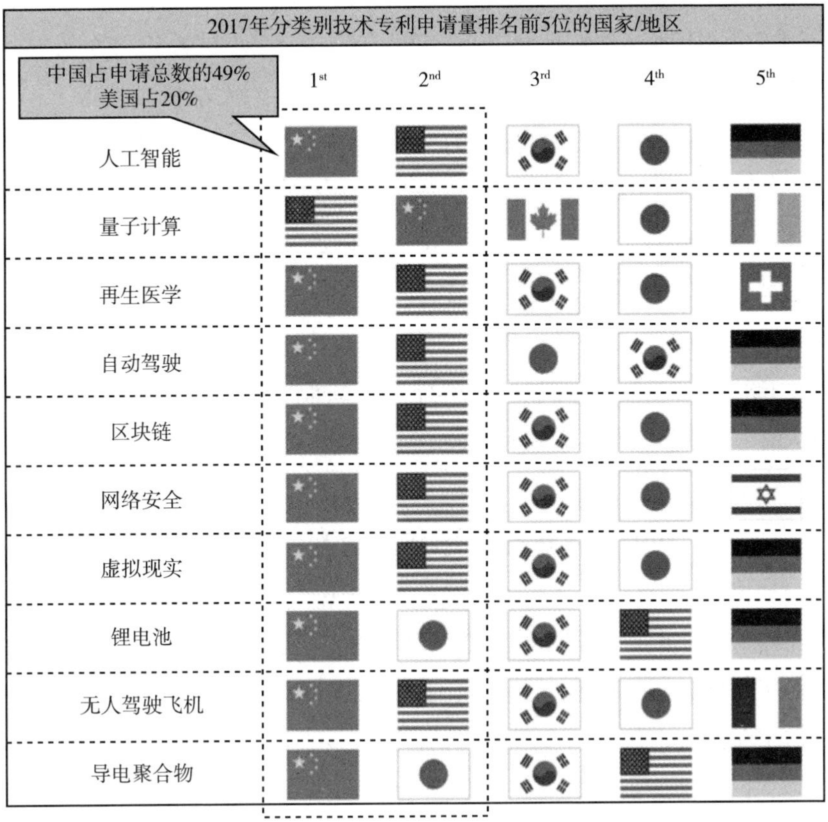

2017年分类别技术专利申请量排名前5位的国家/地区					
	1st	2nd	3rd	4th	5th
人工智能	🇨🇳	🇺🇸	🇰🇷	●	
量子计算	🇺🇸	🇨🇳	🇨🇦	●	
再生医学	🇨🇳	🇺🇸	🇰🇷	●	🇨🇭
自动驾驶	🇨🇳	🇺🇸	●	🇰🇷	
区块链	🇨🇳	🇺🇸	🇰🇷	●	
网络安全	🇨🇳	🇺🇸	🇰🇷	●	🇮🇱
虚拟现实	🇨🇳	🇺🇸	🇰🇷	●	
锂电池	🇨🇳	●	🇰🇷	🇺🇸	
无人驾驶飞机	🇨🇳	🇺🇸	🇰🇷	●	
导电聚合物	🇨🇳	●	🇰🇷	🇺🇸	

中国占申请总数的49%
美国占20%

图6　2017年分类别技术专利申请量排名前5位的国家/地区

资料来源：根据托尼·布莱尔研究所、世界知识产权组织、《日经亚洲评论》发布的数据整理而成。

中国进一步降低对国外高科技零部件的依赖。2019 年底，华为公司发布了一款不含美国芯片的智能手机，并表示目前正在努力更换整个谷歌移动服务（Google Mobile Services）应用套件。华为在过去 30 年里成长为世界上最大的电信公司，2019 年的收入为 1230 亿美元，同比增长了19%。行业专家表示，华为的低价格是技术专长的结果，华为的年度研发预算是世界上最多的预算之一，任正非表示，他的公司在研发方面的支出比大多数上市公司都多。2018 年，华为的研发支出为 150 亿美元，与谷

歌母公司 Alphabet 和亚马逊大致相同。

2019 年 10 月，皮尤研究中心发布了《专家们对未来 50 年的在线生活持乐观态度》报告，今日未来研究所创始人、纽约大学教授艾米·韦伯认为，在未来 50 年里，美国将远远落后于中国，这主要是因为中国所具备的人工智能技术。在美国，商业利益是推动人工智能、平台和数字媒体发展的动力。营利性公司不一定符合民主、国家或公民的最佳利益，由于公司在这些领域进行了大量投资，没有时间考虑技术对个人、社区或社会的影响的关键问题。如果我们现在不改变人工智能的发展轨迹，在未来 50 年内，负面事件发生的概率将会增加。[1] 总而言之，我们迷恋未来，但很少有人在积极规划，这是一个很大的错误。

四 中国国民形象传播的基本状况

在评价国家形象时，除对反映一国政治、经济、社会、文化等方面的历史和现实信息进行选择性记忆并做出认定与评价之外，公众还关注有关一国国民的相关信息，包括国民展示的精神面貌、文明程度和道德风尚。

第一，相比去年，中国的幸福感有所上升。联合国于 2021 年 3 月 19 日发布了《世界幸福报告》，报告对 149 个国家和地区的数据进行调查分析，从每个国家和地区的人均实际 GDP、社会支持、健康预期寿命、自由度等方面进行幸福指数综合评判。可能是受新冠肺炎疫情的影响，全球超过 1/3 的国家负面情绪明显上涨，但也有 22 个国家的幸福感指数提升，例如中国排行上升 10 位，位列全球幸福国家排行榜第 84 名，中国台湾排在第 24 位，中国香港排在第 77 位。[2] 根据世界经济论坛于 2021 年 3 月 30 日发布的

---

[1] Pew Research Center, Experts Optimistic About the Next 50 Years of Digital Life, Last Modified October 28, 2019, https：//www. pewresearch. org/internet/2019/10/28/experts – optimistic – about – the – next – 50 – years – of – digital – life/.

[2] John Helliwell, Richard Layard, Jeffrey D. Sachs, Jan-Emmanuel De Neve, Lara Aknin, Shun Wang; and Sharon Paculor, World Happiness Report 20221, Last Modified March 19, 2021, https：//worldhappiness. report/ed/2021/.

《2021年全球性别差距报告》显示，由于新冠肺炎疫情的影响，缩小全球性别差距已经增加了一代人，推进性别平等的进程增加数十年（从99.5年到135.6年），报告共收录了156个国家的数据，冰岛连续12年居榜首，中国从第106名下降至第107名，其中，专业技术从业者和高等教育入学率位列世界第一，新生儿性别比和位列156名。① 益普索集团的一项新调查显示，在过去的6~8年，中国公众的幸福感相对稳定，中国公众的幸福感来源主要是一份有意义的工作、更多的钱、空闲时间。同时，幸福感程度与消费者信心高度相关。总体而言，幸福感越普遍，消费者信心越高。唯一值得注意的是：中国和印度公众的幸福感虽然很高，但与其消费者信心并不相称。②

第二，2021年3月18日，益普索（Ipsos）发布的《预期、就业和投资指数趋势报告》显示，全球就业指数小幅上涨，上涨0.8百分点点，但仍比2020年1月新冠疫情爆发前的指数低6.6百分点。自上个月以来，英国和土耳其的就业指数增幅最大，没有任何国家出现大幅下滑。然而，中国（上涨3.7百分点）是现在唯一一个就业指数超过2020年1月的市场。③ 2021年6月17日，益普索（Ipsos）发布的《消费者信心指数报告》显示，全球消费者信心指数达到2020年3月以来的最高水平，全球消费者信心指数比上个月提高了整整一个百分点，目前为47.3个百分点，这是连续第七个月上涨，比2020年11月增加了5.3个百分点。六月，10个国家的消费者信心指数高于50大关：中国（72.8）、沙特阿拉伯（65.7）、美国（61.7）、瑞典（58.8）、澳大利亚（56.7）、英国（55.2）、德国（54.9）、印度（51.2）、加拿大（51.1）和以色列（50.2），但是全球消费者指数仍比

---

① World Economic Forum, World Happiness Report 2021, Last Modified March 30, 2021, https：//cn. weforum. org/reports/global – gender – gap – report – 2021.

② Ipsos, Happiness is Receding across the World, Last Modified August 22, 2019, https：//www. ipsos. com/en/happiness – receding – across – world.

③ Ipsos, Expectations, Jobs, and Investment Index Trends, Last Modified March 18, 2021, https：//www. ipsos. com/en/global – consumer – confidence – getting – closer – pre – pandemic – level.

2020年1月的新冠肺炎疫情前水平低1.3个百分点。①

第三，中国公民对自己国家的发展方向最有信心。在全球范围内，只有39%的人认为自己的国家正在朝着正确的方向前进；61%的人表示发展方向不正确。全球最令人担忧的是贫困/社会不平等、失业、犯罪/暴力以及金融/政治腐败等问题。最新的研究发现，参与调查的国家/地区中的大多数人（61%）都认为自己的国家走错了路，西班牙（83%）、智利（82%）、意大利（79%）和英国（77%）的比例最高。与以前的趋势相一致，中国公民对自己国家的发展方向仍然最有信心，其中95%的人认为自己的国家正在朝着正确的方向前进。沙特阿拉伯（81%）排名第二，印度（69%）排名第三。②

五　结语

中国在全球治理中发挥着越来越重要的作用，以不可忽视的力量登上了世界舞台。其中，中国的创新和技术进步为世界发展做出了巨大贡献，在基础科学和研发方面的大量投资可以为国际合作提供机会，并有助于提高人类应对环境挑战的能力，有利于维护网络安全和金融体系的稳定等共同利益。中国在国际社会中扮演着越来越积极的角色的同时，也注重提升国际影响力，发出中国声音。一方面，应致力于逐步改变国际社会对中国的"刻板印象"；另一方面，需要在新形势、新挑战下做好中国发展理念的阐释与传播，让世界认识一个真实的中国。目前，国际社会对中国的形象认知呈现两大趋势：一是中国的经济增长很受新兴市场的欢迎，很多非洲和拉丁美洲国家受益于中国不断增长的经济，对中国的好感度大幅增加，中国的全球形象正在逐步提升；二是中国的快速崛起引起了美国和西方国家的担忧和不安，

① Ipsos, Global consumer confidence at highest reading since March 2020, Last Modified June 17, 2021, https：//www.ipsos.com/en/global – consumer – confidence – June – 2021.

② Ipsos, What Worries the World-September 2019, Last Modified November 12, 2019, https：//www.ipsos.com/en/what – worries – world – september – 2019.

认为中国日益增长的军事实力对他们的国家不利，加上国际社会对中国的既有偏见和对中国崛起的恐惧，使其对中国的好感度有所下降。但不可忽视的是，中国的崛起已成为既定事实，这也是国际社会对中国关注度提升的原因所在。

分　报　告

Topical Reports

B.2
2019年中国经济形象研究报告[*]

张　昆　王孟晴^{**}

摘　要：　本文以华中科技大学国家传播战略研究院开展的"寰球民意指
　　　　　数（2020）"调研数据为基础，结合皮尤研究中心数据，分析
　　　　　全球数十个国家对中国经济发展状况以及局势的认知情况。研
　　　　　究发现，中国经济实力得到国内外的一致认可，家庭经济水平
　　　　　稳步提升；中美贸易摩擦对中国影响利弊兼具，中美未来关系
　　　　　存在不确定性；中国科技品牌发展迅速，但品牌认知度有待提
　　　　　高；国际经济合作项目得到普遍好评，但大多亚太国家仍对来
　　　　　自中国的经济合作存在负面认知；中国经济具有较强的发展潜

　　*　本文系国家社会科学基金重大项目"人类命运共同体视阈下中国国家形象在西方主流媒体的
　　　　百年传播研究"（项目编号：19ZDA322）的阶段性研究成果。
　　**　张昆，华中科技大学国家传播战略研究院院长，华中科技大学新闻与信息传播学院教授、博
　　　　士生导师，研究方向为新闻传播史、政治传播学、新闻教育；王孟晴，华中科技大学新闻与
　　　　信息传播学院博士研究生，研究方向为政治传播学。

力，且会对国际社会产生积极影响。

关键词： 国家形象　经济形象　贸易摩擦　经济合作

　　2019 年是中华人民共和国成立 70 周年，也是决胜全面建成小康社会、实现第一个百年奋斗目标的关键之年。这一年，中国的发展面临诸多困难，外部环境不断变化，风险与挑战明显增多。而突如其来的新冠肺炎疫情于 2020 年初在全球范围内大肆传播，对国内外的经济社会发展产生了负面影响。在国际经济局势上，世界经济增长陷入低迷期，经济全球化遇冷，多边主义受到冲击，国际金融市场风险积聚，中美贸易摩擦加剧，都给市场预期带来不利影响，特别是受全球疫情冲击，产业链、供应链循环受阻，国际贸易投资萎缩，大宗商品市场动荡不安。在国内经济局势中，经济结构及区域结构持续优化，新兴产业发展快速，三大攻坚战取得较大进展，但也存在经济转型阵痛凸显、新老矛盾碰撞、周期性与结构性问题叠加、国内经济下行压力持续加大等问题。国内消费、投资、出口量下滑明显，就业压力显著增加，众多企业经营困难加剧。在如此复杂局面下，了解国际社会对中国经济发展情况的认知，不仅有利于了解中国经济面貌和国际经济局势，而且有助于实现中国经济的内稳增长的目标。

　　华中科技大学国家传播战略研究院、人民智库联合开展的"寰球民意指数（2020）"覆盖了美国、中国、日本、德国、印度、英国、法国、巴西、俄罗斯、印度尼西亚、南非、巴基斯坦、埃及 13 个国家，被访人数达18042 人。本文将以"寰球民意指数（2020）"数据为基础，结合皮尤研究中心数据，分析全球数十个国家对中国经济发展状况以及局势的认知情况，并为建构良好的中国经济形象提出对策建议。

一　经济现状：中国实力得到认可，居民可支配收入稳步增长

　　近十年来，中国经济发展欣欣向荣，2010 年中国国内生产总值（GDP）达

到 6.09 万亿美元，成为世界第二大经济体（见图 1）。2020 年，中国经济在突如其来的新冠肺炎疫情、世界经济深度衰退等多重严重冲击下，在全球主要经济体中仍实现了唯一的正增长，全年国内生产总值增长 2.3%，城镇新增就业 1186万人，年末全国城镇调查失业率降到 5.2%，经济发展整体运行平稳。①

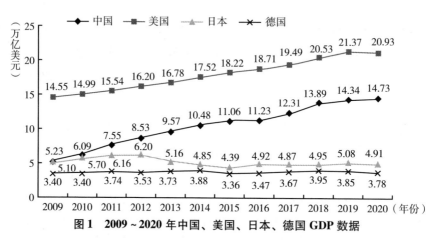

图 1   2009~2020 年中国、美国、日本、德国 GDP 数据

资料来源：根据快易理财网数据整理而成。

如图 2 所示，国际社会对中国的经济现状较为认可，各国均有过半的受访者对中国的经济实力持肯定态度，其中俄罗斯（76.2%）、德国（75.4%）与巴基斯坦受访者（73.4%）对中国经济实力持肯定态度的人比例较高，日本（61.2%）、美国（57.0%）与印度受访者（50.1%）持这一观点的人比例较低。在中国、美国、日本和德国的经济实力对比中，中国和俄罗斯的受访者对中国经济实力认可的人数高于对其他三个国家经济实力认可的人数。

中美作为世界最大的两个经济体，其经济实力也常常被比较。如图 3 所示，18.60% 的中国受访者认为"中国经济实力已经超越美国"，而在其他 12 国中，埃及对"中国经济实力已经超越美国"这一观点的认可度最高，达 40.49%，巴基斯坦（37.61%）与俄罗斯（34.15%）受访者也有较高的认可度；而印度与

---

① 李克强：《政府工作报告——2021 年 3 月 5 日在第十三届全国人民代表大会第四次会议上》，中国政府网，http://www.gov.cn/zhuanti/2021lhzfgzbg/index.htm?_zbs_baidu_bk。

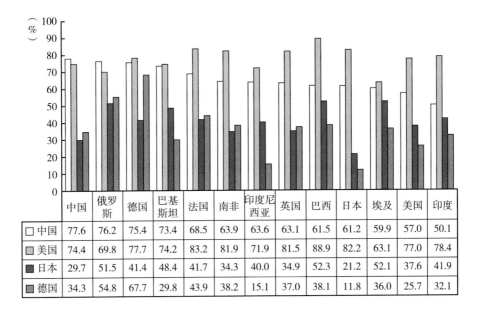

	中国	俄罗斯	德国	巴基斯坦	法国	南非	印度尼西亚	英国	巴西	日本	埃及	美国	印度
中国	77.6	76.2	75.4	73.4	68.5	63.9	63.6	63.1	61.5	61.2	59.9	57.0	50.1
美国	74.4	69.8	77.7	74.2	83.2	81.9	71.9	81.5	88.9	82.2	63.1	77.0	78.4
日本	29.7	51.5	41.4	48.4	41.7	34.3	40.0	34.9	52.3	21.2	52.1	37.6	41.9
德国	34.3	54.8	67.7	29.8	43.9	38.2	15.1	37.0	38.1	11.8	36.0	25.7	32.1

图2　各国受访者对中、美、日、德经济实力认可度

资料来源：根据华中科技大学国家传播战略研究院"寰球民意指数（2020）"有关数据整理而成。

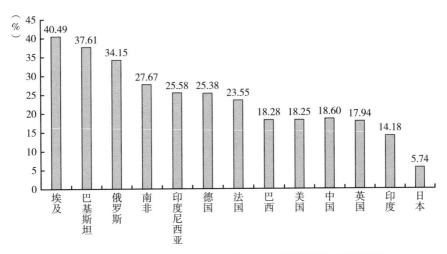

图3　各国受访者对"中国经济实力已经超越美国"的认可度

资料来源：根据华中科技大学国家传播战略研究院"寰球民意指数（2020）"有关数据整理而成。

日本受访者对这一观点的认可度较低，分别为 14.18% 和 5.74%。从总体上看，各国受访者对"中国经济实力已经超越美国"的认可度较低。

2020 年，脱贫攻坚战取得全面胜利，决胜全面建成小康社会取得决定性成就。年初剩余的 551 万农村贫困人口全部脱贫、52 个贫困县全部摘帽，同时政府就因疫情遇困群体实施采取多种救助措施，对新纳入低保、特困供养近 600 万人，实施临时救助超过 800 万人次，全年为市场主体减负超过 2.6 万亿元，其中减免社保费 1.7 万亿元，金融系统向实体经济让利 1.5 万亿元。在家庭经济水平方面，有 67.7% 的中国受访者认为自身处于中等收入群体（分值选择为 4~7 分的群体），有 22.0% 的人认为自己为高收入群体（分值选择为 8~10 分的群体），仅有 10.3% 的人认为自己为低收入群体（分值选择为 1~3 分的群体）（见图 4）。社会学家认为，拥有较多中等收入群体的"橄榄形社会"是偏向稳定的社会，因为中等收入群体的壮大，可以缓和因贫富分化而产生的对立情绪，阻断随之衍生的社会断裂。

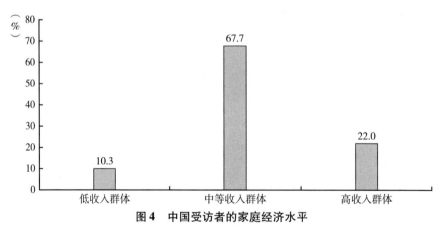

图 4　中国受访者的家庭经济水平

资料来源：根据华中科技大学国家传播战略研究院"寰球民意指数（2020）"有关数据整理而成。

二　贸易摩擦：中美未来关系存在不确定性

近年来，中美竞争态势日趋紧张，美国总统特朗普执政后，为维护美国在世界上的霸权地位，在中美贸易，乃至全球贸易中采取极端施压的手段，阻碍中国崛起。有学者认为，2020年1月15日中美双方正式签订《中华人民共和国政府和美利坚合众国政府经济贸易协议》，宣告着中美两国之间的贸易冲突暂时"休战"，"中美乃至世界观察家们因而对中美关系暂时维持一段相对稳定的时期充满期待"。① 但突如其来的新冠肺炎疫情不仅使全球经济受到严重冲击，而且也成为美国打压、抹黑中国的借口，这为中国及世界政治经济走向增添了诸多不确定性。

自2018年3月以来，美国特朗普政府通过大规模撤销贸易优惠、征收报复性关税等一系列措施挑起全球范围内的贸易摩擦。对这一事实，从总体上看，各国受访者普遍认为这一举措"将给全球经济增长蒙上'阴影'"，这一观点认可度的平均分为3.7分（评分为1～5分，评分越高对该观点越支持）。但各个国家受访者的态度仍有不同，其中65.70%的中国受访者对该观点表示认可，但持相同观点的美国受访者比例相对较低，仅为47.37%（见图5）。

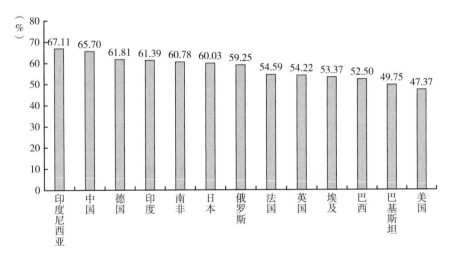

图5　各国受访者对贸易摩擦"将给全球经济增长蒙上'阴影'"的认可度

资料来源：根据华中科技大学国家传播战略研究院"寰球民意指数（2020）"有关数据整理而成。

---

① 王巧荣：《中美竞争加深将如何影响世界政治经济格局》，《人民论坛》2020年第16期。

中美两国经济相互依存度高，因而贸易摩擦对两国的经济社会发展也会产生不同程度的影响。调查显示（见图6），相较于贸易摩擦对中国的影响而言，各国均有更多的受访者认为"将对美国社会发展造成不利影响"。即在贸易摩擦中，各国受访者对中国经济的发展预期更为乐观。

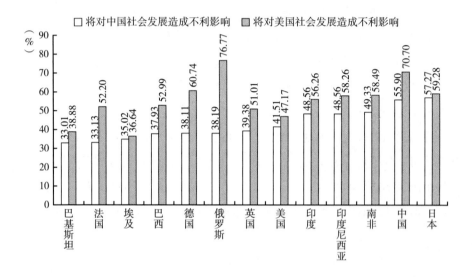

图6　各国受访者认为贸易摩擦会对中、美社会发展造成不利影响的认可度

资料来源：根据华中科技大学国家传播战略研究院"寰球民意指数（2020）"有关数据整理而成。

在中美贸易摩擦中，自2019年开始，美国采取多项措施遏制中国科技企业华为公司的发展。2019年5月15日，美国总统特朗普签署行政命令，宣布进入国家紧急状态，美国企业不得使用对国家安全构成风险的企业所生产的电信设备。同日，美国商务部宣布，将把华为及其子公司列入出口管制的"实体名单"。此后，迫于特朗普政府的压力，全球多家科技公司对华为公司断供或终止与其的合作。如图7所示，在各国受访者对美国政府在中美贸易摩擦中打压华为的看法上，发达国家与发展中国家受访者的态度出现了明显分歧，从整体上看，除俄罗斯外（38.19%），大多数发展中国家的受访者，对美国打压华为公司"将加速中国科技创新的步伐"的认可度显著高于发达国家的受访者；而除巴基斯坦（45.74%）和印度尼西亚

（34.80%）外的其他发展中国家的受访者，对美国政府遏制华为企业将"有利于美国争取中美贸易谈判的筹码"的认可度也显著高于发达国家。

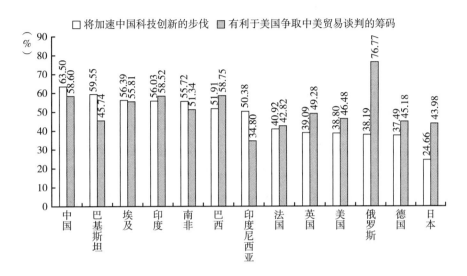

图 7　各国受访者对美国打压华为的认知情况

资料来源：根据华中科技大学国家传播战略研究院"寰球民意指数（2020）"有关数据整理而成。

2017 年 8 月 18 日，美国政府针对中国的技术转让、知识产权和创新等领域发起了"301 条款"调查。此后，中美贸易摩擦在经过十多轮的磋商以及制裁与反制裁中不断升级。美国多次宣布对中国输美商品加征关税，并多次提升加征关税所涉商品金额和关税税率。中国也对美国单方面升级关税的做法进行了回应，一方面提出美国主导的贸易摩擦有损两国及全球经济利益的观点，另一方面也做出了反制裁的决策，对原产于美国的一些产品加征关税。根据调查，有 81.21% 的中国受访者对中国政府的政策持肯定态度。如图 8 所示，受访者的学历与其对中国政府在贸易摩擦中采取政策的认可度基本呈现正相关的线性趋势。

在经过长达两年多的贸易摩擦之后，对于中美两国未来的经贸关系，美国受访者对未来发展的态度仍较为模糊，并未形成压倒性的主流观点。如图 9 所示，有 50.28% 的人认为两国未来会"取决于突发的、偶然的重大事件，

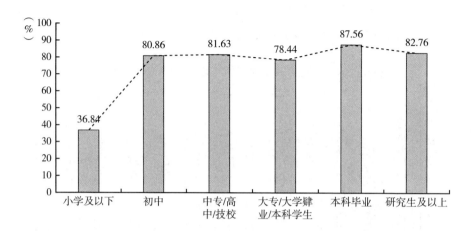

图8 不同学历的中国受访者对贸易摩擦中中国政府政策的认可度

资料来源：根据华中科技大学国家传播战略研究院"寰球民意指数（2020）"有关数据整理而成。

不好预测"；认为"两国的经贸关系将会越来越差"和"会稳步向更积极的状态发展"的人数相当，分别为45.36%和44.82%；持"将维持现状，不会有大变化"观点的人数最少，为35.47%。

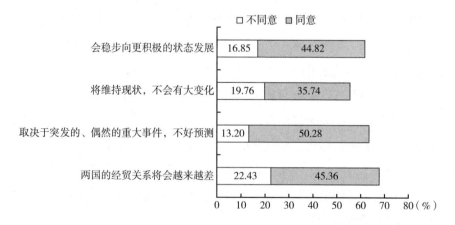

图9 美国受访者对中美未来经贸关系的发展判断

资料来源：根据华中科技大学国家传播战略研究院"寰球民意指数（2020）"有关数据整理而成。

围绕中美贸易问题，有诸多话题引发了热议，其中主张减少相互依赖的"脱钩"话题被一再提及，备受学术界与舆论界的关注。目前，"脱钩"主要表现在经济领域和社会领域，并在经济领域最为明显。美国对华加征关税所产生的直接影响是降低两国在贸易上对彼此的依赖度，间接影响到产业链布局。同时，在"安全化"的话语体系下，关税之外的非价格机制也将贸易"脱钩"拓展到投资以及与国家安全相关的科技领域。[1] 在这种话语场域中，美国受访者支持中美两国在经济与科技领域的"脱钩"的比例较高。有34.58%的美国受访者支持"脱钩"行为，29.91%的受访者持中立态度，20.66%的受访者不赞同"脱钩"行为。[2] 而美国受访者对"脱钩"行为的态度同多种因素相关，根据表1可知，该支持度与年龄和受教育水平呈负相关，而与对国际事务的关注度以及对互联网的触媒程度呈正相关。

表1　美国受访者就中美"脱钩"态度与年龄、受教育水平、对国际
事务的关注度和对互联网的触媒程度的相关性

	年龄	受教育水平	对国际事务的关注度	对互联网的触媒程度
Pearson 相关系数	-0.118**	-0.054*	0.066**	0.047*
Sig.（双尾）	0.000	0.014	0.003	0.037

＊在0.05级别（双尾），相关显著。
＊＊在0.01级别（双尾），相关显著。
资料来源：根据华中科技大学国家传播战略研究院"寰球民意指数（2020）"有关数据整理而成。

三　品牌形象：科技品牌发展迅速，
　　品牌认知度有待提高

品牌不仅可以体现企业的竞争力，也可以展现一个国家的综合实力。

---

[1]　刁大明、王丽：《中美关系中的"脱钩"：概念、影响与前景》，《太平洋学报》2020年第7期。
[2]　华中科技大学国家传播战略研究院、人民智库"寰球民意指数（2020）"相关数据。因为有很多受访者未表态，所以加总不到100%。

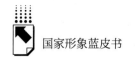

"随着经济全球化深入发展，世界进入品牌经济时代，全球市场各个领域的竞争已经越来越集中地体现为品牌竞争。"① 2020 年底发布的《2020 中国制造强国发展指数报告》显示，中国制造业在美国、德国、日本之后，名列全球第四，虽综合历年发展指数变化情况，中国是整体提升最快国家，但仍处于世界主要制造业国家的第三阵列，从制造业核心竞争力来看，"规模发展"仍是我国制造强国进程发展的主要支撑力，质量效益在长时间内仍是我国制造业的最大短板弱项。②

中国的品牌竞争力也在逐年递增，在 2020 年度"世界五百强"排行榜中，中国入选的品牌有 43 个，相比 2019 年度增加了三席，仅次于美国、法国和日本，位居世界第四，但在绝对数量上仍与美国相去甚远。相对于中国的经济体量和国际地位，中国品牌的数量与质量仍处于"第三世界"。在中国排名前世的品牌中，科技型品牌数量最多，共占据了五席，且除"华为"外，科技型品牌相比 2019 年在排名上都有一定的上升，其中"阿里巴巴"前进 7 名，进步最快。③

中国品牌是走出国门的重要代表，他国民众对品牌的认知情况也是衡量品牌价值的重要标准之一。如图 10 所示，在国外，华为和联想是国际受访者最为熟悉的中国品牌，而小米、阿里巴巴则紧随其后。而国内受访者对华为和小米则更为熟悉，阿里巴巴和中国银行位列第三和第四。研究发现，国际和国内受访者最熟悉的度前十个品牌中，科技类品牌均占据六席，而大部分中国品牌在国际市场上知名度不高，熟悉度高于 20% 的品牌仅占 18.33%。除三家科技类公司外，国内受访者对自有品牌的熟悉度均远高于国外民众。

① 刘平均：《加快推动中国品牌走向世界》，人民网，2017 年 7 月 17 日，http：//opinion. people. people. cn/n1/2017/0717/c1003–29407984. html。
② 数据来源于世界品牌实验室：https：//www. worldbrandlab. com/world/2020/。
③ 数据来源于世界品牌实验室：http：//www. worldbrandlab. com/world/2019/brand/brand. html。

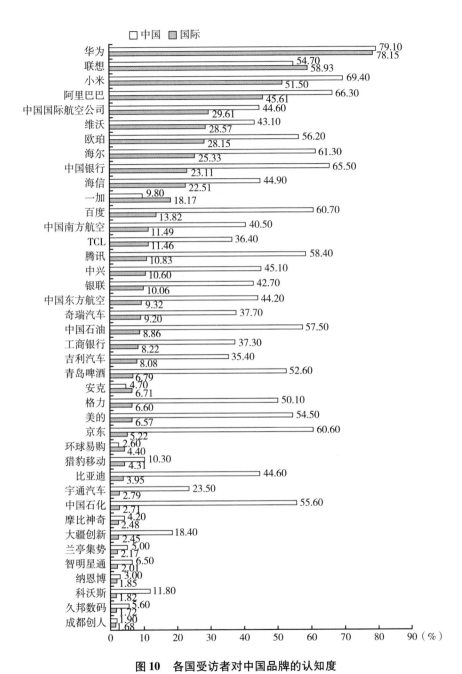

图10 各国受访者对中国品牌的认知度

资料来源：根据华中科技大学国家传播战略研究院"寰球民意指数（2020）"有关数据整理而成。

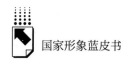

2018 年 7 月 24 日，美国众议院化工部的《2019 财政年度国防授权法案》①（简称 NDAA）最后协商版本的会议报告中称，禁止美国联邦政府机构使用华为提供的存在风险的技术。2019 年 5 月 15 日，美国总统特朗普签署了一份名为"确保信息和通信技术及服务供应链安全"的行政命令，将华为及其 70 家附属公司列入出口管制"实体名单"。而五眼联盟的多位成员国，也以华为可能侵犯国家安全和公民信息为由，在多个场合共同遏制华为，且在并未提供事实证据的前提下，美国政府官员在多个场合还以五眼联盟的情报能力为要挟，警告其盟友不许使用华为的 5G 网络及产品。

四 国际合作：对合作项目评价良好，亚太国家仍存在负面认知

改革开放以来，跟随全球化的潮流，中国抓住了对外开放的重要机遇。近年来，中国逐步优化对外开放布局，建立对外经济体系，拓宽多边贸易范围，提升中国在全球价值链中的竞争力与不可替代性。在总体形势上，中国同主要大国的关系稳定，中国特色大国外交也取得了新进展，2020 年，世界经历了极不平凡的一年，面对"世界大疫"，中国向世卫组织和联合国新冠肺炎疫情全球人道主义应对计划提供资金支持；向 150 多个国家和 10 个国际组织提供抗疫援助，向 34 个国家派出 36 支医疗专家组，协助抗击疫情，分享抗疫经验；向各国提供了大量的医疗必需品和检测用品。疫情当前，为推动国际合作，国家领导人通外国领导人及国际组织负责人积极通话，并以"云外交"的创新方式出席重要外交活动，在国家层面，中国与越来越多的国家与地区建构起双边命运共同体。

在对外经济合作与发展中，中国不断开拓经济平台，从加入亚太经合组织，到提出"一带一路"倡议，中国都积极发展与他国的经济合作伙伴关系。截至 2021 年 6 月 23 日，中国已经同 140 个国家和 32 个国际组织签署

---

① 《2019 财政年度国防授权法案》，E 安全，2018 年 7 月 27 日，https：//www.easyaq.com/news/1035951722.shtml。

206 份共建"一带一路"合作文件,遍布亚洲、非洲、大洋洲、拉丁美洲。2020 年,我国与缅甸、墨西哥、智利、白俄罗斯新建了贸易畅通工作组,还推动与更多国家建立投资工作组、服务贸易工作组和电子商务合作机制。我国与"一带一路"沿线国家货物贸易额达 1.35 万亿美元,同比增长 0.7%(人民币计为 1.0%),占我国总体外贸的比重达 29.1%。中欧班列的贸易大通道作用更加突显,2020 年开行超过 1.2 万列,同比上升 50%,通达境外 21 个国家的 92 个城市,比 2019 年底增加了 37 个。① 中国的"一带一路"倡议已成为当今世界广泛参与的重要国际合作平台,在海内外取得了重大的进展并引起强烈的反向,但同时也受到了一些评价。如图 11 所示,各国受访者对中国"一带一路"倡议的态度总体上是正面的(分值为 1~5 分,分数越高代表态度越积极)。其中,中国受访者对"一带一路"倡议的影响评价最为积极,其原因除了"一带一路"倡议背后的中华民族文化历

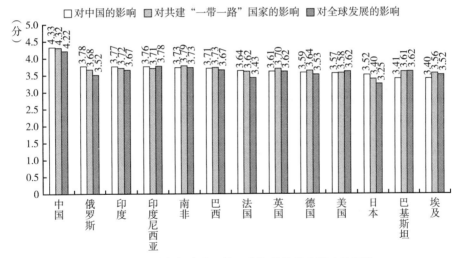

图 11 各国受访者对"一带一路"倡议带来影响的评价

资料来源:根据华中科技大学国家传播战略研究院"寰球民意指数(2020)"有关数据整理而成。

---

① 《2020 年我国推动共建"一带一路"取得新进展新成效》,《中国经济导报》2021 年 3 月 31 日,http://www.ceh.com.cn/ep_ m/ceh/html/2021/03/31/08/08_ 40.htm。

史渊源外，更因为"一带一路"倡议构建了一种不同国家可以共同发展、不同文化与文明可以求同存异的地缘政治想象。① 这与当下中国人对突破地缘政治封锁和多元化协同发展愿景相符。除中国外，俄罗斯受访者最认可"一带一路"倡议对中国产生的影响，为3.78分；在对共建"一带一路"国家产生的影响中，南非受访者的态度最积极，为3.79分；而印度尼西亚的受访者则对"一带一路"倡议对全球发展产生影响的态度最积极，为3.78分。

将国家类型纳入分析范畴后发现（见图12），相较发达国家，共建"一带一路"国家受访者更为认可"一带一路"倡议所产生的积极影响，其中中国受访者对"一带一路"倡议的评价最高。共建"一带一路"国家受访者对"一带一路"倡议"对中国发展带来的影响"的态度评分为3.87分（分值为1~5分，分数越高代表态度越积极），而发达国家受访者的评分仅为3.58分。不同类型国家的受访者对"一带一路"倡议态度的差别也显示

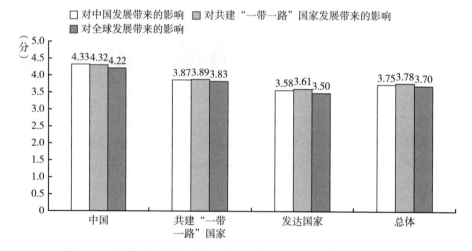

图12　不同类型国家的受访者对"一带一路"倡议带来影响的态度

资料来源：根据华中科技大学国家传播战略研究院"寰球民意指数（2020）"有关数据整理而成。

---

① 曾向红：《"一带一路"的地缘政治想象与地区合作》，《世界经济与政治》2016年第1期。

其对于地缘政治的不同解读。在面对域外国家的文化与文明时，包括美国在内的诸多西方发达国家通常采用征服或是同化的策略，[1] 将地缘建构在物质性权力争夺的视野中，这反映了一种零和博弈的思维。而在中国与共建"一带一路"国家看来，"一带一路"倡议构建了一种新的地缘政治想象。2013～2019年，中国与共建"一带一路"国家货物贸易进出口总额累计超过7.8万亿美元，中国对共建"一带一路"国家直接投资超过1100亿美元，这有力推动了互利共赢，共同发展。

近年来，为应对经济全球化和区域经济一体化的发展，中国与其他国家都在积极寻求区域合作的新方式。2019年，中国商务部网站公布《〈区域全面经济伙伴关系协定〉（RECP）第三次领导人会议联合声明》。各国受访者对于该协定带来影响的态度相近（见图13）。各国受访者普遍认为该协议对提升中国在全球经济地位的积极作用，但会在某种程度上降低美国的全球经济影响力。同时，各国受访者认为该协议有助于推进亚太地区经济一体化，有助于打击贸易保护主义。

随着中国对外经济合作的速度加快、范围扩大，中国与他国之间的经济关系也得到了多方的关注。各国受访者对与中国和美国之间的经济关系的评价有较大不同，中国邻国（如日本、韩国、菲律宾、印度）对与美国经济关系的评价远高于中国；而在部分接受调查的中东和北非国家中，情况则恰恰相反，如只有42%的黎巴嫩受访者认为目前与美国的经济关系良好，而82%的黎巴嫩受访者认为与中国的经济关系良好。也有相当多的受访者认为目前与中国和美国的经济关系都很好。例如，85%的澳大利亚受访者认为美澳经济关系良好，而80%的受访者认为中澳经济关系良好。从整体上看，所有被调查的对象对他们国家目前与中国和美国的经济关系评价大致相同，有66%的受访者认为他们国家目前与中国的经济关系良好，64%的受访者对当前美国与其国家的经济关系给予了积极评价（见图14）。

---

[1] Naeem Inayatullah, David L. Blaney, *International Relations and the Problem of Difference* (New York: Routledge, 2004), pp. 9 – 13.

国家形象蓝皮书

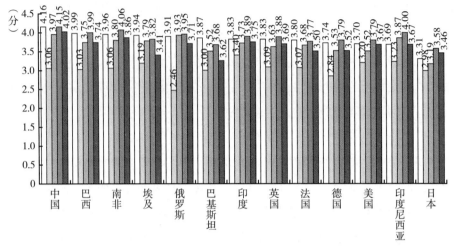

图 13 各国受访者对《区域全面经济伙伴关系协定》带来影响的态度

资料来源：根据华中科技大学国家传播战略研究院"寰球民意指数（2020）"有关数据整理而成。

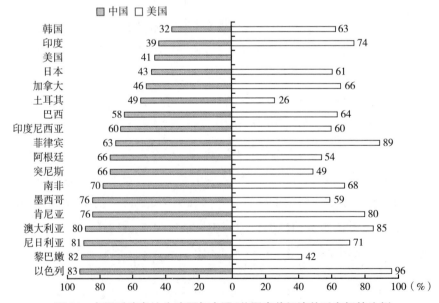

图 14 各国受访者认为该国与中国/美国当前经济关系良好的比例

资料来源：根据皮尤研究中心 2019 年春季全球民意调查数据整理而成。

　　但是，也有一些国家的受访者对中国的海外投资行为和对本国的经济影响提出了不同的看法。皮尤研究中心 2019 年春季的全球民意调查显示（见图 15），从总体来看，各国受访者对中国的对外投资行为持较为正面的态度，其中新兴市场国家的受访者更支持来自中国的投资，但部分发达国家以及中国邻国对来自中国的投资持较为消极的态度，认为该投资行为会给本国带来较大的压力。"在亚太地区，更多的人倾向于将中国的投资视为潜在的债务责任。"① 而这种压力和担忧则因中国与亚太国家较近的地缘距离而更加明显。

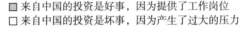

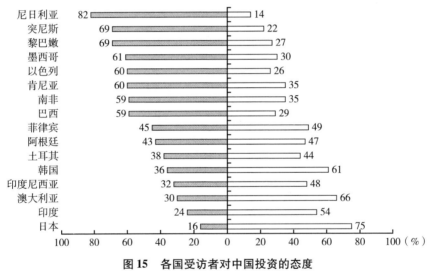

图 15　各国受访者对中国投资的态度

资料来源：根据皮尤研究中心 2019 年春季全球民意调查数据整理而成。

　　如图 16 所示，整体上，各国受访者更认可中国对本国经济状况产生的影响，在被调查的受访者中，48% 的人认为中国对其国家的经济状况产生积

① Laura Silver, Kat Devlin, Christine Huang, "China's Economic Growth Mostly Welcomed in Emerging Markets, but Neighbors Wary of Its Influence," Pew Research Center (Dec. 5, 2019), https://www.pewresearch.org/global/2019/12/05/chinas-economic-growth-mostly-welcomed-in-emerging-markets-but-neighbors-wary-of-its-influence/.

极影响,而只有42%的人对美国有同样的看法。具体来看,拉丁美洲、中东以及大部分非洲国家的受访者(如土耳其、阿根廷、突尼斯、黎巴嫩、南非、巴西、尼日利亚)更倾向于对中国的经济影响力给予正面评价。然而,大多数亚太国家倾向于认为美国的经济影响力比中国更积极。

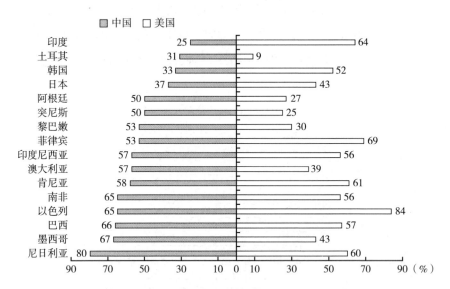

图16　各国受访者认为中国/美国对本国经济状况产生积极影响的比例

资料来源:根据皮尤研究中心2019年春季全球民意调查数据整理而成。

五　未来发展:具有较大潜力,将对国际社会产生积极影响

在极为不平凡的2020年,中国国内生产总值(GDP)是全球唯一正增长的国家,经济稳定发展的态势仍在继续。虽然在全球经济持续不景气的背景下,中国依旧保持着稳定的经济发展态势,并占据着全球GDP排名第二的位置,但中国经济未来的发展仍受到全球经济扩张趋缓、中美贸易摩擦以及国内投资持续减速等方面的阻碍。

在国家经济发展趋势方面,国内外民众对中国经济发展大多持肯定态度。有74.80%的中国受访者认为中国是"经济增长的国家",而在其他被

访国中，有71.70%的人对中国的经济发展趋势有相同的认知，远超选择美国（52.75%）和俄罗斯（22.91%）的人数比例。如图17所示，对中国经济未来发展形象认可度最高的是俄罗斯民众，达87.80%，而认可度较低的是印度与美国受访者，分别为54.98%及55.98%。

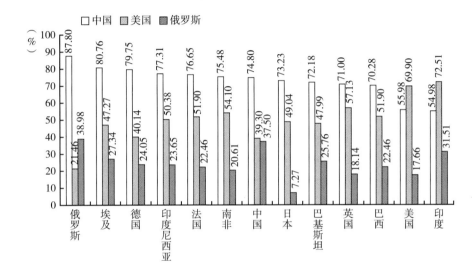

图17　各国受访者对中、美、俄为"经济增长的国家"的认可度

资料来源：根据华中科技大学国家传播战略研究院"寰球民意指数（2020）"有关数据整理而成。

中美两国作为最大经济体，其经济发展趋势受到了全球的关注。如图18所示，除美国外，其他国家的受访者对中国经济未来的发展更有信心，选择"中国将会超过美国"的人数比例都高于选择"中国不会超过美国"的人数比例。

中国经济发展的良好趋势为世界各国受访者所认可，而中国对其国家经济事务的积极影响也成为诸多国家的共识。如图19所示，除印度受访者认为"中国经济发展对本国产生消极影响"人数略多外，其他国家受访者认为"中国经济发展对本国产生积极影响"的人数远多于认为"中国经济发展对本国产生消极影响"的人数。与此相似的是，皮尤研究中心2019年春季的全球民意调查显示（见图20），除印度、土耳其、菲律宾和韩国外，大

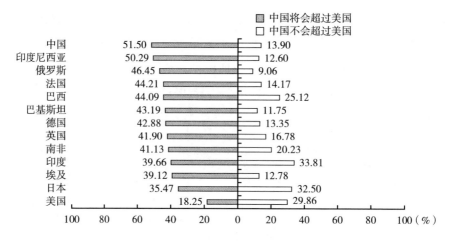

图18　各国受访者对中美两国经济发展趋势的态度（一）

资料来源：根据华中科技大学国家传播战略研究院"寰球民意指数（2020）"有关数据整理而成。

多数国家的受访者认为中国的经济发展对本国会产生积极的影响，其中对中国经济发展态度最为积极的为尼日利亚，其有83%的受访者认为"中国的经济发展对本国是积极的"。

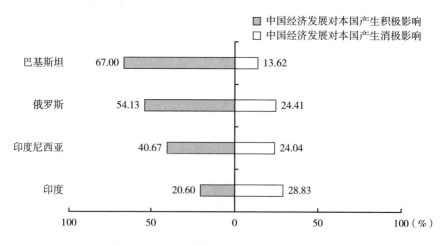

图19　各国受访者对中国经济发展对本国影响的态度（一）

资料来源：根据华中科技大学国家传播战略研究院"寰球民意指数（2020）"有关数据整理而成。

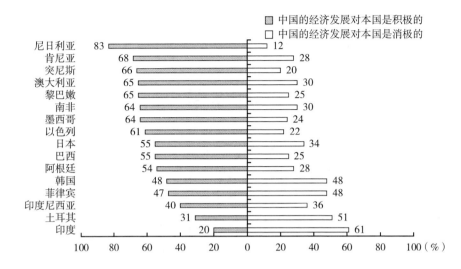

☐ 中国的经济发展对本国是积极的
☐ 中国的经济发展对本国是消极的

图20　各国受访者对中国经济发展对本国影响的态度（二）

资料来源：根据皮尤研究中心2019年春季全球民意调查数据整理而成。

如图21所示，各国受访者对中美两国在经济上的互相依存度都持肯定态度（态度值均大于3分），其中法国受访者对"中美两国在经济上的互相依赖会越来越大"最为肯定，态度最高，为4.0分。在中美两国未来经济

☐ 中美两国在经济上的互相依赖会越来越大
☐ 中美两国在经济上的摩擦会更多

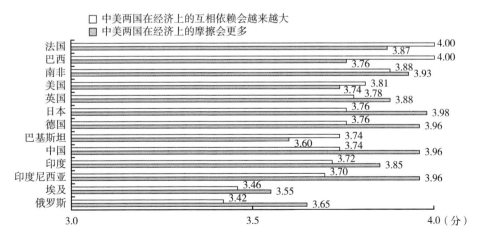

图21　各国受访者对中美两国经济关系发展趋势的态度（二）

资料来源：根据华中科技大学国家传播战略研究院"寰球民意指数（2020）"有关数据整理而成。

摩擦的判断方面,各国受访者也持肯定态度,其中日本受访者对这一说法的认可度最高,态度值为 3.98 分。

六 结论与建议

伴随着中国经济的稳健发展,中国展现出的经济发展稳定、发展潜力蓬勃、积极拓展对外合作途径的经济大国形象逐渐为诸多国家所认可。在世界经济版图中,"一带一路"倡议、亚投行、RECP 等由中国发起或参与的对外合作平台都产生了重要的影响力,为国际社会的发展起到重要推动作用。虽然中美贸易摩擦中的不确定性因素对中国乃至世界经济的发展产生了一定程度的消极影响,但世界公众整体上对中国未来的发展趋势抱有较大的信心。中国的一些在海外市场影响力较大的科技品牌也受到贸易摩擦影响,在内外压力激增的国际环境下,中国品牌也逐渐提升了自身的国际竞争力,让越来越多的海外公众认可了中国品牌。如何抵御外部环境对中国经济形象的冲击,建构并传播多维度、多层次的中国经济形象是当前亟待解决的问题。

综合本次调查的数据,本文认为以下三个建议有助于塑造更加良好的中国经济形象。

第一,讲好中国故事,构建公正形象。改革开放以来,中国不断拓展海外贸易的广度与深度,在经济领域取得了较大的进展。

伴随着中国经济腾飞、逐渐走近世界舞台中央的同时,我们也应该充分认识到,由于文化在不同国家和民族之间交流互动,在当前世界主流意识与价值观的塑造中,中国形象的海外传播面临着巨大的竞争压力,以美国为代表的西方社会在全球化传播与秩序建构中因历史、地缘、政治和科技等多重复杂的因素而处在绝对优势地位且短期内不会消失。[1] 因此,中国对外经济形象传播需要构建长期顶层设计目标,以"互相尊重,共同发展"为基石,

---

[1] 黄小惠:《在文化自信的历史坐标中夯实意识形态教育文化根基》,《北京教育》(高教) 2019 年第 Z1 期。

从非暴力、公正、创新、可持续、负责任、造福全球等角度丰富中国经济形象的内涵，积极回应国际关切，主动释疑解惑。同时，研究结果显示，品牌口碑传播和建立目标消费群会显著影响特色品牌的本地化发展，且影响规律随群体差异的类型与程度不同而各异。① 做好差异化传播至关重要，即需要从各个国家不同的文化、政策、信仰等角度出发，将"政治互信、经济融合、文化包容"的概念融合进经济发展中，让他国民众可以从多个角度了解中国，中国不仅是一个经济实力与潜力雄厚的国家，更是一个非霸权主义、倡导协同发展的国家。这有助于建构中国立体的经济形象，消除零和博弈与政治偏见的顾虑。

第二，打造"品牌强国""制造强国"的经济形象。产品品牌在一定程度上显示国家的经济实力，故常与来源国的经济形象紧密相连。有研究显示，国家形象与消费行为之间存在正向的相关关系，国家通过影响品牌形象来对消费者购买意愿产生影响。② 而当受众对他国认知模糊的时候，产品品牌则成为来源国形象的载体与延伸。

中国启动制造强国战略以来，把高质量发展作为经济社会建设的目标，积极调整经济布局，提升品牌质量，将打造全球著名品牌视为重要的战略目标。现在，中国企业海外知名品牌数量以及品牌质量都得到了显著的增加与提高，品牌市场份额和影响力不断提升，科技创新型企业成为中国品牌走向世界的引领者。但与世界制造强国相比，中国知名品牌在数量、质量和影响力方面都较为落后。2020年世界五百强的前十名品牌中，美国占据了八席，其余两席分别为日本与德国品牌，中国并未有品牌上榜；在高新科技行业的新兴品牌前十名中，中国也未有品牌上榜；中国品牌长期以中低端产品为主，美誉度和知名度不足，其竞争力主要来自中国的廉价劳动力优势。自21世纪以来，中国劳动力、能源和原材料价格经历多轮上涨，使中国产品

---

① 周钟、熊焰、仲勇：《特色品牌海外渠道与消费群体研究：基于顾客体验和口碑传播的双重视角》，《中国管理科学》2018年第11期。

② Wang C. L., Li D. and Barnes B. R., "Country Image, Product Image and Consumer Purchase Intention: Evidence from an Emerging Economy", International Business Review 21 (2012).

的人口红利优势正在减弱。① 中国品牌形象无论从传统性还是现代性上，都有较大的发展空间。

除了加快产业转型、提升产品质量外，在国家经济形象的对外传播中，要抓住合适的契机，向世界讲好中国"品牌强国"故事，将品牌创新的最新成果以及为科技发展所做出的努力作为传播的重要内容。正如当前以华为为代表的中国部分高科技产业，成为此次中美贸易博弈的关键对象，美国以国家安全为由，采取了多种手段对中国企业极限施压。而中国则在对外宣传中积极报道自身的产业研发能力，并将不断创新的拼搏精神、社会责任和国际担当深深地注入品牌内涵中，取得了不错的传播效果。

第三，拓宽传播渠道，转变传播模式。近年来，世界对中国的了解程度有所提升。据统计，2019 年中国入境游客达 14531 万人次，比 2018 年增长 2.9%，其中共建"一带一路"国家赴中国旅游人数也呈连年递增的趋势。② 教育部统计数据显示，来华留学生规模稳步增长，生源结构不断优化。2019 年共有来自 202 个国家和地区的 397635 名留学人员来华就读，且近年来中国政府奖学金吸引力不断提升，奖学金向周边国家和共建"一带一路"国家倾斜，来华留学也逐渐成为他国战略人才和人脉储备的重要渠道。中国声音也随之被更多人听见，《中国国家形象全球调查报告 2019》显示，2019 年 23% 的海外受访者了解"一带一路"倡议，同比上升 3%，海外受访者对"一带一路"倡议的认知度逐年提升；但从整体来看，"中国理念和主张在海外的认知度仍处于较低的水平"。如图 22、图 23 所示，在实地探访、观看中国新闻报道以及观看中国影视作品方面，世界各国受访者借此了解中国程度仍不高，但共建"一带一路"国家的受访者较其他国家对中国信息的触媒频率更高，熟悉度也更高。而在媒介选择方面，广播电视传播力依旧较强，互联网也开始成为各国受访者获取信息的主要渠道之一。

因此，应改变"各自为战""资源分散"的中国对外传播的方式，统筹

① 高金田、孙剑锋：《中国贸易宏观质量综合评价探究》，《中国经贸导刊（中）》2019 年第 6 期。
② 数据来源于国家统计局和《旅游绿皮书：2018~2019 年中国旅游发展分析与预测》。

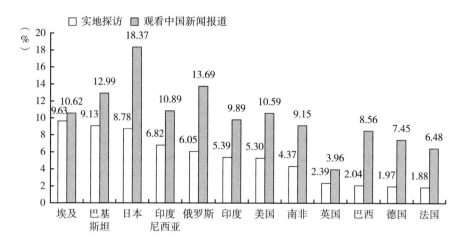

图22 各国受访者了解中国的渠道分布

资料来源：根据华中科技大学国家传播战略研究院"寰球民意指数（2020）"有关数据整理而成。

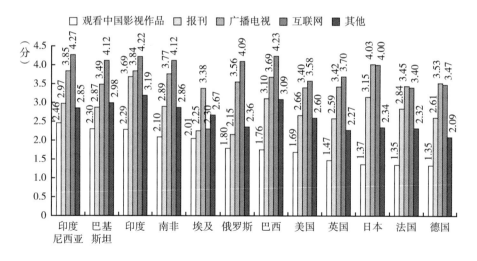

图23 各国受访者对媒介的使用频率评价

资料来源：根据华中科技大学国家传播战略研究院"寰球民意指数（2020）"有关数据整理而成。

发展的传播模式，有效整合官方与民间的传播平台资源。在传播渠道方面，应打好组合拳，借助国际合作平台，通过跨国旅游、经商、留学等多种方式

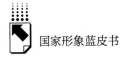

拓宽传播渠道，让更多的海外公众踏上中国土地，接触到中国人民，从更直观真实的体验出发从而认识中国形象。人工智能与推荐算法等新技术的出现与应用，也为对外传播提供了新契机。近两年来，中国短视频平台 TikTok 逐渐席卷了全球各大应用商品热门榜，成为多个西方国家的热门 App。而在短视频平台中，原本被建构的"他者"扭转为"参与者"，如平台上发起的"#Take me to XiAn#"活动，不仅可以让海外公众从更富趣味性的视角对中国的形象有进一步的认知，而且精彩的民间创作内容可以吸引他国公众来华参观与学习，并进行内容再创作、重新诠释中国形象。

B.3
2019年中国文化形象传播分析

——以李子柒短视频为例

常 江　田 浩*

摘　要： 本文借助文本分析的方法，通过研究海外主流社交平台上具有代表性的文化个案，试图勾勒出2018～2019年海外受访者对中国文化形象的主要接受路径。本文认为，尽管海外受访者对中国文化元素有较为深入的认识，但中国的文化形象始终植根于海外受访者对中国文化元素的想象之中，具体表现为当代文化语境中的东方主义倾向。基于此，报告建议可以深入发掘具有跨文化传播潜力的重点IP，引导民间力量进入多元跨文化传播体系，以实现中国文化形象的自主塑造。

关键词： 国家形象　文化形象　社交平台

一　引言

随着中国国家实力的不断增强和国际地位的不断提升，世界各国媒体对中国的关注也日益增多，建设中国文化形象的需求日渐凸显。以习近平同志为核心的党中央也高度重视对外传播工作，多次强调"要努力提高国

---

* 常江，深圳大学新闻与传播学院特聘教授、博士生导师，研究方向为数字媒体与媒介文化研究；田浩，清华大学新闻与传播学院博士研究生，研究方向为数字媒体与媒介文化研究。

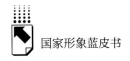

际话语权，加强国际传播能力建设，精心构建对外话语体系，增强对外话语的创造力、感召力、公信力，讲好中国故事，传播好中国声音，阐释好中国特色"。①

　　然而，中国故事的讲述工作与中国文化形象的塑造进程却面临着现实困难。目前，有学者认为中国的国家形象建设仍处于"他塑"阶段。② 一方面，由于海外受众长期对中国的官方机构和主流媒体存在偏见，我国主流媒体的海外传播能力仍然有限，部分官方媒体账号存在着产品结构单一与用户接受效果较弱的缺陷。③ 另一方面，中国文化形象的对外传播活动在一定程度上陷入了自说自话的困境，也就是说"中西方媒体的中国形象塑造具有一定矛盾性、冲突性与割裂性"。④ 这种现状可能是三个因素造成的。首先，我们的文化形象构建工作未注意到对普遍性的把握，未能表达出对与海外民众切身相关的议题的理解，这就造成了海外民众对中国故事的疏离。其次，我们未能总结出中国话语适当的表达方式。中国传统文化中所蕴含的民族文化精髓应当成为中国对外传播的重要组成部分，但对于这一议题的表述仍然呈现为意识形态化的论战。最后，构建人类命运共同体的思想基础也是中国深厚的历史文化底蕴，而这一思想基础中所蕴含的潜力尚未被发掘、推广，中国理念与中国文化的传播尚未产生触及普通民众认同的效果。

　　习近平总书记指出："讲故事，是国际传播的最佳方式。"⑤ 如何突破中国文化形象塑造的结构性缺陷，优化对外传播策略？这是摆在我们面前的现实问题。数字技术让民众日常生活变得全面媒介化，推特、Facebook 等主流

---

① 沈申：《人民网评：展形象，讲好中国故事，提升中华文化影响力》，人民网，2018 年 8 月 28 日，http://opinion.people.com.cn/n1/2018/0828/c1003 – 30254805.html。
② 何国平：《中国对外报道思想研究》，中国传媒大学出版社，2009，第 259 页。
③ 张志安、李辉：《海外社交媒体中的公众传播主体、特征及其影响》，《对外传播》2020 年第 5 期。
④ 常姗姗：《"多面中国"：中国国家形象的"他塑"研究——以〈纽约时报〉2015 年"中美关系"议题为例》，《新闻大学》2017 年第 3 期。
⑤ 李斌、霍小光：《习近平：坚持正确方向创新方法手段提高新闻舆论传播力引导力》，人民网，2016 年 2 月 19 日，http://politics.people.com.cn/n1/2016/0219/c1024 – 28136159.html。

社交平台在中国文化形象塑造过程中扮演的角色也愈加重要，而这可能为中国文化形象塑造工作带来新的机遇。

近年来，学者们针对对外文化形象塑造的多元格局进行了研究，对基于社交平台所进行的对外传播过程中的经验与局限性进行了讨论。短视频形式的发展在近些年成为媒介文化形象研究的热点之一。一方面，这种传播热点的产生得益于数字技术的迅速发展及其对民众日常生活的全面改造。人们日渐适应移动化、碎片化与娱乐化的信息环境，并在其中发展出符合数字逻辑的生活方式。因此，中国故事能够在新媒体领域得到有效传播。[1] 另一方面，短视频的火爆不仅席卷多个社交平台，也呈现全球化的特征。以短视频平台 TikTok 为例，2019 年其在诸多国家都位于下载前列。2020 年，据情报公司 Apptopia 数据显示，TikTok 的下载量更是达到了惊人的 8.5 亿人次，位列全球第一。Oberlo 的数据显示，2019 年 TikTok 在全球社交应用月活量中排名第九，领先于 Linkedin、Twitter、Pinterest 以及 Snapchat。而截止到 2020 年 8 月，据 TikTok 官方数据显示，其在美活跃用户数已达 1 亿。分析公司 Sensor Tower 称，2019 年内 TikTok 在 App Store 和 Google Play Store 的下载已经超过 15 亿次，而 2020 年，TikTok 的下载量更是增长至 25 亿次。[2]

从数字技术的逻辑来看，社交平台具有移动化、场景化与社交化的平台属性，能够允许规模化、圈层化和互动化的公众参与行为。因而社交平台凭借其数字媒介特性打破官方话语场与民间话语场之间的隔阂，成为促进跨文化对话的重要平台。在社交平台上，公众能够适应灵活多变的平台规则，主动进行自我呈现和自我表达，这为其发挥积极的跨文化传播作用提供了基础。公众往往讲述的是基于自身生活的情感化、碎片化的故事，这能够增强受众的情感共鸣。因此，在微观层面推进中国文化形象的传播，能够以去政

---

① 高晓虹、赵希婧：《理念、行动、情感：构建人类命运共同体的三个维度》，《中国广播》2020 年第 6 期。

② 辛童：《2019 年 TikTok 海外成绩单》，白鲸出海，2020 年 1 月 8 日，https：//www. baijingapp. com/article/id－26572。

治化的方式完成对中国文化的表达与传播。

在社交平台中，由官方机构和民间团体共同参与的多元对外传播行为能够为有效促进中国文化形象的全球构建工作提供新的启示。因而，有学者认为，理想的状态是由官方政府、传媒、（跨国）企业、非政府组织/民间社团以及公民个体等多元主体进行中国文化形象的传播工作。①

在上述社会背景下，探索如何在具有数字技术的社交平台上开展中国故事讲述和中国文化形象构建工作成为兼具理论和实践意义的重要议题。本研究尝试以具有代表性的社交平台传播事件为切入口，于实证层面探索中国文化形象的具体构建方式与海外民众对中国文化形象的接受路径，为讲好中国故事提供方法上的借鉴。

二 理论框架

无论是何种中国文化形象，其都是在传播的过程中被西方民众进行框架式的接受的。这也是形象研究的基本立足点。长期以来，后殖民主义理论家尝试就这一问题进行研究，产生了诸多富有价值的理论。爱德华·萨义德（Edward Said）提出了东方主义概念，认为西方社会对"东方"持续进行"殖民想象"，这种想象"忽略了东方本身的独特规律，形成一种接受维度上的霸权"②。这便是我们理解海外民众对中国文化形象的接受行为的逻辑起点。

在萨义德之后，许多学者在东方主义的框架下进行探索，聚焦于跨文化传播中的文化接受问题。有一批学者将"东方主义"这个原本有着明确的历史和政治语境的分析框架泛化，发展出基于不同社会语境的东方主义理论。如有学者使用嵌套东方主义（nesting orientalisms）来阐释在作为整体的

---

① 胡智锋、刘俊：《主体·诉求·渠道·类型：四重维度论如何提高中国传媒的国际传播力》，《新闻与传播研究》2013 年第 4 期。

② Said, E. W. "Orientalism Reconsidered," *Race & Class* 27. 2（1985）：1 – 15.

群体内部，某一部分成员被视作东方化建构的主体与客体的取向；① 也有学者探究东方社会中的个体运用西方的思维进行自我构建的他者化过程，并将其表述为自我东方主义（self-orientalisms）。② 中国也成为东方主义理论不断深入关注的对象。譬如有学者沿着萨义德的理论脉络，将中国与东亚地区纳入东方主义理论的研究版图中。③ 将东方主义理论运用于考察与华人有关的文化产品的研究也屡见不鲜。有学者认为，遍布全球的华人餐厅、唐人街和舞狮这类文化产品无不彰显着东方的内涵，④ 华人文化始终游离在主流西方社会之外，被界定为"异国情调"。⑤ 通过对文化产品的分析，揭示西方主流社会对中国形象的意识形态建构是近年来非西方学者的一大研究方向。学者们通过对美国电影使用中国文化元素进行个案分析，⑥ 或厘清文化产品与社会语境的互动过程，⑦ 或剖析其中的东方主义倾向，⑧ 或探究其中的全球化与本土化的关系。⑨

就当代西方主流社会对中国的文化形象接受程度而言，丹尼尔·伏科维奇（Daniel Vukovich）所提出的"汉学东方主义"分析框架（Sinological-

---

① Kulturen der Differenz, *Transformationsprozesse in Zentraleuropa nach 1989: Transdisziplinäre Perspektiven*（Vandenhoeck & Ruprecht, 2009）, p. 141.

② Komel M., "Re-orientalizing the Assassins in Western historical-fiction literature: Orientalism and self-Orientalism in Bartol's Alamut, Tarr's Alamut, Boschert's Assassins of Alamut and Oden's Lion of Cairo," *European Journal of Cultural Studies* 17（2014）: 525 – 548.

③ Cheang S., "Selling china: Class, gender and orientalism at the department store," *Journal of Design History* 20（2007）: 1 – 16.

④ Ang I., "Beyond Chinese groupism: Chinese Australians between assimilation, multiculturalism and diaspora," *Ethnic and Racial Studies* 37（2014）: 1184 – 1196.

⑤ Chen L., Writing Chinese: reshaping Chinese cultural identity（Springer, 2006）.

⑥ Yin J., "Popular culture and public imaginary: Disney vs. Chinese stories of Mulan," *Javnost-The Public* 18（2011）: 53 – 74.

⑦ Marchetti, Gina, "Does the Karate Kid Have a Kung Fu Dream? Hong Kong Martial Arts between Hollywood and Beijing," *JOMEC Journal: Journalism, Media and Cultural Studies*（2014）.

⑧ 周文萍:《待拯救的世界"及其影响研究——论美国电影里的第三种中国"定型化形象"》,《文艺研究》2017 年第 9 期。

⑨ Wang G., Yeh E. Y., "Globalization and hybridization in cultural products: The cases of Mulan and Crouching Tiger, Hidden Dragon," *International Journal of Cultural Studies* 8（2005）: 175 – 193.

Orientalism）适用于探讨这一问题。伏科维奇认为，当前的西方社会出现一种以中国为对象的东方主义倾向，这种倾向既在西方主流媒体上主导着与中国有关的文化产品的生产，也影响着中国文化形象的呈现。①

本研究借鉴伏科维奇的理论，主要出于两个考量：首先，这一理论主要以中国为对象，是将萨义德的学术理论与中国实际相结合的新发展，适用于对西方主流社交平台中的中国文化形象的分析；其次，当前西方学界关于中西跨文化比较仍囿于西方框架，伏科维奇的理论强调中国文化的独特发展脉络，可以帮助我们深入分析中国文化形象的接受规律。

总而言之，本研究希望借此理论进行一项具体的文本分析，在选择具有代表性的中国文化形象传播个案的基础上，既在伏科维奇的理论框架下对中国文化形象文本中所展现出的汉学东方主义色彩进行界定与梳理，又尝试还原受众的接受路径、为中国文化形象的跨文化传播研究与中国故事的跨文化讲述积累实证经验。

三　研究设计

本研究选择的代表性个案为李子柒短视频。李子柒短视频的国际传播主要以视频平台 YouTube 为载体。在该平台上，李子柒短视频以中国的田园风光与田园生活为立足点，在主人公的日常生活中展现中国乡村生活的衣食住行，呈现中国的传统工艺、传统美食、传统民俗与传统节日等诸多文化元素。YouTube 是国际最具影响力的视频平台，2019 年该平台的月活跃用户数已经超过 20 亿人。截至 2020 年 1 月，李子柒短视频在 YouTube 上已经拥有将近 800 万的关注者，该账号发布的每一条视频在 YouTube 平台上的播放量基本都超过 500 万次。2019 年，《中国新闻周刊》将李子柒列为 2019 年度文化传播人物，同年，共青团中央发布了《因为李子柒，数百万外国人爱上中国》的文章，2020 年，在第四届中国文旅品牌影响力大会上，李子柒

---

① Vukovich D. , *China and orientalism: Western knowledge production and the PRC* (Routledge, 2013) .

荣获"2020 中国文化传播年度人物",这在一定程度上说明李子柒短视频的对外传播效力得到了官方主流媒体的认可。①

正是由于李子柒短视频受到国外民众的认同以及国内外学界对这一现象的关注,我们尝试将这一现象作为理解中国文化形象在当前国际社交平台上的塑造与接受逻辑的代表性个案。具体来说,本研究采用文本分析法,尝试从李子柒短视频的内容和观众评论文本切入,对具有代表性的李子柒短视频内容及英文评论进行抓取,分析其所呈现的中国文化形象以及观众对中国文化元素的接受路径,进而探索中国文化海外传播的可能性。

本研究抓取 2018 年 12 月 30 日 ~ 2019 年 12 月 30 日 YouTube 平台上李子柒官方账号中的所有 37 条视频及其点赞数最多的 20 条英文评论,在剔除一条官方声明内容后,剩余 36 条视频及其英文评论进入文本分析环节(见表1),共获取 720 条英文评论。本研究尝试回答(1)李子柒短视频因何受到观众的喜爱?(2)李子柒短视频塑造了何种中国文化形象?(3)李子柒短视频为中国文化形象海外传播提供哪些启示?

表1　视频信息分析(2018 年 12 月 30 日 ~ 2019 年 12 月 30 日)

单位:次

序号	名称	发布日期	观看量(截至 2020 年 7 月 29 日)
1	用麻辣的蔬菜和豆腐酱在火锅里度过整个冬天	2019 年 1 月 3 日	22131239
2	冬天必吃的香喷喷的炖肉	2019 年 1 月 7 日	8055156
3	过年不可缺少的食物——酱肉	2019 年 1 月 21 日	9699185
4	花生瓜子、肉干、干果、雪花糕——春节小吃	2019 年 1 月 31 日	63191329
5	喜气洋洋的亲子宴,来年的福气——年夜饭	2019 年 2 月 11 日	13465941
6	芥菜梗梅花粥,简单的家常早餐	2019 年 2 月 25 日	15423782
7	我最喜欢的口味——泡菜萝卜鸭皂	2019 年 3 月 3 日	9131680

① 任平:《人民论坛:筑牢民族复兴的精神支撑》,人民网,2019 年 12 月 30 日,http://theory. people. com. cn/n1/2019/1230/c40531 – 31527591. html。

续表

序号	名称	发布日期	观看量(截至 2020 年 7 月 29 日)
8	炖成一锅早春甜点——桃胶	2019 年 3 月 10 日	5474425
9	用柔软蓬松的羊毛制成的斗篷,不怕严冬	2019 年 3 月 19 日	17517090
10	骑马为我可爱的粉丝们寻找玉兰百合花	2019 年 3 月 25 日	11466418
11	冷天吃点肉好	2019 年 4 月 7 日	8341894
12	咸鸭蛋黄酱(中华蛋黄酱)的制作方法	2019 年 4 月 14 日	18337080
13	摘花做香露	2019 年 4 月 22 日	20861803
14	一年中食用多汁嫩竹笋的最佳时间	2019 年 5 月 4 日	10140391
15	每年夏天你绝对不能错过的日常——吃青梅	2019 年 5 月 13 日	20645970
16	农耕季节,一起喝点自制的啤酒,清凉开胃	2019 年 5 月 24 日	15625751
17	我在山上种了香菇	2019 年 6 月 9 日	16527259
18	夏天最好的食物——多种果酱	2019 年 6 月 15 日	21570726
19	清凉甜美的浆果冰淇淋,夏日的味道	2019 年 6 月 23 日	24592891
20	利用荷花的每一部分——花、叶、根	2019 年 7 月 2 日	26056799
21	趁着西红柿落下之前把它们抓起来,做点好吃的——红宝石番茄酱	2019 年 7 月 12 日	20577060
22	又到了水果蔬菜多吃的季节,好头疼	2019 年 7 月 30 日	31073820
23	蜀绣:存在千年的中国传统工艺	2019 年 8 月 4 日	22719632
24	柳州螺蛳粉——爽口、酸辣,绝对美味	2019 年 8 月 9 日	13722531
25	在桌子上挂一个与桃菜完美搭配的古色古香的灯笼	2019 年 8 月 11 日	43635059
26	这个视频叫辣椒的生活	2019 年 8 月 23 日	14677579
27	金黄的季节,载满了收获的喜悦和玉米的香甜	2019 年 9 月 6 日	22915844
28	月儿圆圆,稻米飘香,正逢农家收谷忙	2019 年 9 月 14 日	22381166
29	趁着晒谷子这些天,弄了一堆温馨有趣的小玩意儿	2019 年 10 月 1 日	15198805
30	秋天就是坚果的主场呀	2019 年 10 月 13 日	10736415
31	有辣椒的冬天	2019 年 10 月 21 日	18912865
32	酿一罐子马奶酒再配上滋滋冒油的烤全羊	2019 年 11 月 5 日	11042139
33	熬个豆浆再蒸几块紫薯米糕,再忙都要好好吃早饭啊	2019 年 11 月 8 日	11168848
34	我就问你,下雪天不吃火锅吃啥	2019 年 11 月 11 日	14989072
35	正值寒冬,吃点生姜,就能暖和一整天	2019 年 11 月 23 日	12584715
36	传统手工酿造酱油	2019 年 12 月 4 日	11422518

资料来源:根据 YouTube 平台李子柒官方账号发布的视频和评论整理而成。

四　研究过程

（一）现实感：中国文化形象由何而来

本文对李子柒短视频的第一个分析维度为"现实感"，认为，通过以田园生活为主题，李子柒短视频充分观照中国乡村的日常生活，借助视频产品建立起一种立足于"现实感"的乡村田园世界。自然乡村风貌、传统美食制作与民俗工艺等成为观众最关注的内容，李子柒短视频基于真实生活的内容取材客观上造就了生产与接受的现实取向。本文认为这是中国文化形象建构的基础。

可以发现，李子柒短视频基于现实感的叙事风格是依托乡村真实生活而实现的。也就是说，这种生活的真实感是由主人公的日常生活方式、日常美食与节日习俗等内容架构而成的。在李子柒短视频中，主人公所展现的生活主要基于"自给自足"的劳动状态，她的劳动主要围绕为自己提供充足的生活资源而展开。因此，一方面，主人公会主动利用乡村生活中的原料制作纸张、蜀绣等生活必需品。例如，李子柒在 2019 年 8 月所发布的短视频中，主人公通过对蜀绣技艺的细致描绘，呈现了蜀绣的制作过程，也向观众传达了蜀绣这一生活用品背后所承载的千年文化意涵。另一方面，她能够亲自寻找食材、动手采摘原料、进行食品制作，完成一整套的美食制作流程。例如，李子柒在 2019 年 4 月所发布的短视频中，主人公在 6 分钟左右的视频内呈献给观众捡鸭蛋、取土、筛土、封土、去皮、研磨等过程，将盐蛋黄酱的完整制作过程娓娓道来，让观众对食物的制作有深刻的理解。再如李子柒在 2019 年 7 月所发布的短视频中，主人公在 7 分钟左右的视频内呈现了摘取果实、玫瑰花、茶叶的过程，并将酿酒、炒茶等制作步骤一一展现，最终观众看到草莓绿茶冰、桑葚枇杷冰、白桃树莓冰、菠萝野梅冰等成品时，就会对主人公的劳动有一种较深的体会。

在这种基于劳动的现实感框架下，李子柒短视频向观众传递出一种

"共同参与"的感觉，进而提升视频生产者与受众之间的文化共情强度。纵观李子柒短视频，视频中的主人公或在七夕尝试制作乞巧果，或在中秋节制作月饼，或在特殊时令制作可口的桃花酒、玫瑰饼等食物。这些食物无不充盈着生活气息，引导观众回忆真实生活中的美食。例如，李子柒在 2019 年 1 月发布的短视频中，主人公从购买原料开始，将制作腊肠的过程全方位地展现给观众，让观众有一种亲身参与中国乡村人家准备春节年货的感觉。有观众针对这条视频评论道："我真是喜欢她被小鸡、小狗环绕的画面，这简直像是迪士尼电影中的画面。"这种超越了虚拟与现实隔阂的共同参与感不仅来自主人公的实践本身，也来自主人公与其他人的互动行为。在李子柒短视频中，经常出现的是主人公的奶奶，二人之间的互动常让人感受到家庭与亲情的温暖，提升了短视频的真实感。此外，乡村中的人际互动也是点睛之笔。例如，李子柒在 2019 年 9 月所发布的短视频中，主人公与村民协作收割稻谷的画面让人感受到乡村生活的团结与快乐，进而产生对"真实"乡村生活的期待。

从观众的评论中也可以发现，李子柒短视频的现实感同样来源于唤起观众的共同情感。也就是说，在多种"现实"因素的共同推动下，李子柒短视频能够在观众中造就一种对陌生的中国乡村形象的共同想象，这种共同想象也推动了海外观众对中国乡村形象进行话语建构。这种建构通常以两种方式完成，一种是观众表达对中国文化生活的惊叹，以此彰显中国社会与海外社会的不同之处，如有网友在看到李子柒短视频的食物之后表示："中国食物真是太不可思议了。真希望我能看懂中文字幕！"另一种则是表达其对乡村生活的了解，将"原生态"作为文化形象的标签进行表述。例如，有印度尼西亚的观众在观看了李子柒短视频后表示："作为一名农民，我真是太喜欢你了。因为你向世界证明了农民的伟大！"

有许多观众表示，如果想要真正理解"现实的"中国文化，就应该"亲自去中国农村住上一段时间"，参与中国文化实践活动。诚然，跨文化传播的意义就在于推动文化互通与互动。实际上，李子柒短视频为观众带来的并不是纪录片式的现实参考，而是一种对现实生活的再审视。也就是说，李子柒短视频仍然是一种娱乐产品。在短视频作品中，基于"现实"的乡村生活的艰辛自然会被美化。归根结底，李子柒的短视频并非是一种对乡村现实生活的反映，而是一种对乡村现实生活的"想象式"塑造。

（二）审美：中国文化形象如何表达

在李子柒短视频中，主人公在劳作过程中所呈现的形象的主要特征是古风、美丽。正因如此，有许多观众认为这种形象是自己想象中的"中式美女"，但也有观众认为这种美女劳作的方式与真实的中国乡村劳作生活之间存在差异。无论如何，李子柒短视频向海外观众呈现了一种审美体验，并在此基础上丰富了中国文化形象内涵。

首先值得关注的是，李子柒短视频中的劳动是作为审美的对象而存在的。在李子柒短视频中，"劳动"不再成为一种生活负担，反而成为一种文化的载体。诚然，受到短视频的时间限制，生产者向观众展示被"剪辑"过的乡村生活，这种视频生产是有明确指向的——劳动已经脱离了生存需求的范畴，转而成为一种个人选择。因而，这种基于生活志趣的生产是符合大众生活追求的审美产品。例如，有一位名为"77"的观众评论道："这位女子美得像位公主，工作起来却像位战士。"乡村生活在短视频中发挥着帮助主人公逃离城市生活、追求世外桃源的作用。因而可以认为，李子柒短视频中的劳动并不是一套简单的实践体系，而是将乡村风光、乡村生活与乡村文化有机整合在一起的系统。这种文化对于观众而言，是一套距离遥远却承载着人们对于乡村审美的综合符号，正是这套文化符号起到跨文化传播的作用。正如《人民日报》在微博上所总结的："春耕夏种秋收冬藏，一箪食一瓢饮……重要的是它所表达的中式生活之美，在赏心悦目之际让人愿意接近。"

在叙事语言方面，李子柒短视频同样十分重视审美。李子柒短视频的叙事话语含蓄而优美，短视频内容中的人物对白尤其简单，这创造了安静美好的田园空间。首先，短视频以勤劳的女性为主人公，在观众面前呈现了传统的中国田园生活方式，为观众带来审美体验。在短视频中，主人公极少进行交流和内容解说，视频也大多采用固定的镜头，这在视听上降低了冗杂信息对观众的干扰，为观众保留了充分的审美空间。其次，短视频大多运用平淡的叙事结构，规避戏剧性，呈现一种较为平静的叙事节奏，这也为观众提供了较平和的观看体验。例如，有一位名为"Kay Rai"的观众评论道："为什么要争论这些视频到底是不是真实的呢？我真是太喜欢这些视频了，它们简直太美了！"最后，李子柒短视频的叙述大多通过镜头剪辑、人物特写完成，运用大量的近景呈现人物的劳动细节，也借助大量的中远景展现中国田园风光的魅力。观众能够从视频中感受环境的美丽，如有位越南网友在观看了2019年10月所发布的短视频后表示："李子柒简直就是一位在花丛中生活的天使！"也有位名为"Sonuja Azmi"的网友评论道："每次观看这个视频我都能感觉到这是另一个美丽世界。"总而言之，李子柒短视频的叙事始终指向一种自洽的叙事空间，这种叙事空间时刻服务于海外观众对中国乡村风光的审美体验。

诚然，对于中国乡村生活，长期以来海外民众有着一种带有东方主义色彩的"辛苦""贫穷"的想象，而李子柒短视频并未通过繁华的城市景象对这种形象进行驳斥，它是通过劳动突破这种刻板印象，借助"优雅""美丽"的劳动形象，将中国乡村构建为一种世外桃源式的美丽形象，这种形象与西方人长期追求的"神秘富足的东方"形象相契合，形成对中国文化形象内涵的补充与扩散。正是对这种想象的借势，中国文化形象才能在社交媒体上形成传播风潮。

（三）再想象：中国文化形象如何确立

从视频内容和观众评论的角度观察，本文发现李子柒短视频的魅力在于，以一种再想象的方式进入民众的日常生活，并通过异文化想象的方式重新包装海外民众的日常生活。这种再想象包括三个层面的意义：对日常生活方式的再阐释、对海外异文化的重新想象以及对乡村生活的向往。

首先，李子柒短视频时刻以日常生活为核心，实现对日常生活的"现实感"构建，而且这种现实感是立足于"审美"之上的对日常生活的重新阐释。这种重新阐释向海外民众传播了一个新的中国文化形象。一方面，这种文化形象与海外民众长期接触到的中国整体形象截然不同，这就为海外民众接受中国文化形象提供了新途径。例如，名为"Mourad Mokrane"的观众在看完李子柒制作文房四宝的视频后认为："这简直重新定义了'中国制造'！"还有名为"Madalina Grigore"的观众在看到李子柒收割稻谷的画面时表示："我从没有想过收割稻谷需要这么多的努力，希望农民们都能从中获得收益！"另一方面，海外民众对中国日常文化的了解空白也能够被李子柒短视频填补。海外民众对中国的了解大部分来自数字媒体所打造的媒介环境，来自中国民众的真实诉说，正是这样的环境满足了人们对于中国文化的了解需求。李子柒在2019年8月发布的蜀绣的短视频评论区，有名为"Madyshone Tristene9657"的网友评论道："中国的刺绣毫无疑问是世界上最美丽的装饰品。这种刺绣精密而繁复，需要花费大量的心血……真是令人赞叹！"

其次，李子柒短视频在海外社交平台上的传播，在某种程度上契合了海外民众对中国文化的传统认知。在中国文化元素长期的海外传播过程中，田园风光与乡村生活成为中国文化的代名词，并在诸多文化产品中得到充分体现。也就是说，中国乡村是中国文化形象的底色。而李子柒短视频不仅符合海外民众对中国乡村的认知，它还利用这种认知优势，有力地扭转了中国乡村的形象，推动了海外民众对中国文化的重新想象。例如，在看到李子柒的菜园时，不止一位观众表示："她的生活方式让我重新反思自己的生活，我要去重新整理我的菜园了。"

最后，现代社会往往被视作一种追求效率、提倡竞争的快速社会，个体经常会试图逃离资本控制。以李子柒短视频为代表的乡村生活短视频实际上就回应了民众的逃离心理。通过对中国田园风光的描摹，李子柒短视频为观众提供了一个富有诗意的田园世界，可以帮助观众缓解压力。可以看出，从视觉文化元素的提取到视频的呈现，李子柒短视频实际上以一种"碎片化"的方式满足了人们对乡村生活的向往。例如，在李子柒短视频中经常出现的画面是乡村的蓝天白云或菜园野趣，很多观众看到这样的画面都表示："这

简直是我梦寐以求的生活"，"看到李子柒的视频后，我终于知道我的生活目标是什么了"。

当然仍然有大量的民众与学者质疑，李子柒所呈现的中国形象是否是"真正的中国乡村生活"？或者说，李子柒短视频中的中国乡村形象是否是为了迎合西方主流民众对中国乡村的想象而虚构出来的？这也带来了一种关于中国文化形象的争论，即什么样的中国文化元素应该被传播？通过李子柒短视频这一个案，可以看到，通过对中国文化形象的审美改造，来满足海外民众对中国文化的想象需求的重要性与可行性。这种再想象并非出于对中国文化的现实性认知需要，而是契合了海外民众对日常生活的再审视需求。

五 研究结论

随着李子柒短视频在社交平台上越来越受欢迎，李子柒本人也成为一种文化与经济资源。2018 年，李子柒品牌天猫旗舰店在国内开业，受到了民众的欢迎。2019 年，李子柒被聘为成都市非物质文化遗产推广大使，被多家主流媒体报道。在这种背景下，我们需要回到如何讲好中国故事的问题，重新思考作为商业产品的李子柒短视频带给我们的启示。

"讲好中国故事"这一命题要求我们必须回答三个前后顺承的问题：什么是中国故事？谁来讲中国故事？如何讲中国故事？不得不说，李子柒短视频这一代表性个案为我们回答这三个问题提供了一个很好的切入点。首先，李子柒短视频以其对中国传统文化元素的商业包装与运用，彰显了当前中国文化形象塑造过程中多元叙述的可能性；其次，李子柒短视频以流行的娱乐产品形式在社交平台上得到观众热捧，源于其对海外民众"东方主义"式的想象的借力；最后，李子柒短视频说明了中国日常文化符号对海外普通民众的吸引力，突出了跨文化传播中满足受众需求的重要性。

什么是好的中国故事？习近平总书记说："中华文化源远流长，积淀着中华民族最深沉的精神追求，代表着中华民族独特的精神标识，为中华民族生生不息、发展壮大提供了丰厚滋养。"① 因此，我们要向海外民众传递带有明确中国文化标识的中国故事。作为一个在海外社交平台上产生广泛影响力的短视频账号，李子柒短视频向我们展示了讲述中国故事的可能性，即发掘具有文化传播潜力的 IP，借助文化元素打造主流文化形象，并以此达到良好的传播效果。"中国乡村"已成为对中国东方主义式想象的载体，且这一形象对西方民众具有传播潜力。我们需要因势利导，推动具有潜力的中国故事成为跨文化传播网络中的节点，将品牌化的故事资源发展为中国文化形象的传播基础。

在传播手段方面，随着社交媒体在全球范围内的勃兴，对外传播的渠道越来越依赖社交平台。社交平台以其互动性、对话性、双向传播与圈层传播等特性提升跨文化传播的效果。当前在中国文化形象营造工作中，民间话语场仍然在一定程度上处于失语状态。李子柒短视频尝试突破领域内的限制，自主创作具有传播潜力的故事，迎合了当代西方民众对中国文化东方主义式的想象，扭转了海外民众对中国形象的误解。这为我们带来了理念和操作层面的启发。

文化形象的塑造工作最终还是要为传播效果服务。李子柒短视频作为一种消费文化产品，在促进中国文化形象的海外传播方面无疑是成功的。这种成功经验可被归结为在中国文化形象构建过程中准确把握海外民众需求。就李子柒短视频而言，由于其关注海外民众对田园牧歌式的日常生活的渴望，便通过富有现实感与美感的画面，在独特的文化空间内为观众带来乡村生活的精神体验。诚然，在现实生活中，李子柒式的日常生活很难实现。但在观看李子柒短视频的过程中，观众已完成了对中国文化形象的再想象。

---

① 《习近平：中华优秀传统文化是社会主义核心价值观的重要源泉》，中国文明网，2014 年 2 月 28 日，http://www.wenming.cn/specials/zxdj/hxjz/hxjz_ls/201403/t20140305_1780335.shtml，最后访问时间：2020 年 9 月 15 日。

B.4
2019年中国国民形象研究报告[*]

张明新　岳汉玲　陈诗荟[**]

摘　要： 国民形象是国家形象的重要组成部分。通过分析华中科技大学国家传播战略研究院"寰球民意指数（2020）"调研数据和权威机构发布的各类数据，本文发现全球受访者普遍认为中国人呈现勤劳敬业、积极进取、勇于创业和开拓创新的形象。华侨华人对中国国民形象的塑造发挥着积极的作用。本文结合案例来探讨中国精英群体的形象、中国网红群体的形象和中国游客的形象。全球受访者对中国游客持热衷购物、购买力强、刺激当地经济发展的认知。在上述分析的基础上，本文对提升中国国民形象提出以下建议：提升国民形象"自塑"的能力，充分发挥华侨华人的积极作用；拓宽国际传播的渠道，在多元媒介上讲好中国人的故事。

关键词： 国民形象　精英形象　网红形象　游客形象

　　国家形象是一国软实力的综合表现，在促进经济、贸易、金融、文化、

＊ 本文系华中科技大学人文社会科学自主创新基金重点课题"中美两国公众的'世界观'比较研究：基于中国和美国的全国性民意调查"（项目编号：2015AE010）的阶段性成果。

＊＊ 张明新，华中科技大学新闻与信息传播学院院长、教授、博士生导师，国家传播战略研究院研究员，研究方向为政治传播、国家传播战略、新媒体研究；岳汉玲，华中科技大学新闻与信息传播学院硕士研究生，研究方向为传播理论；陈诗荟，华中科技大学新闻与信息传播学院本科在读，研究方向为数据传播。

政治、外交等领域的交流与合作中发挥着巨大的作用。[①] 其中，国民形象是国家形象重要的组成部分，是国际公众认识中国形象的一个重要窗口。因此，了解国际公众眼中的中国国民形象非常重要。

华中科技大学国家传播战略研究院展开的"寰球民意指数（2020）"调查，涵盖13国，分别是中国、日本、德国、英国、美国、法国、印度、埃及、印度尼西亚、南非、巴西、俄罗斯和巴基斯坦，调查总样本15541份，调查目的在于了解全球受访者的世界观念，包括人们对于世界格局的判断和国际文化的交流状况等内容。本文将基于上述数据，结合中国外文局当代中国与世界研究院开展的"第七次中国国家形象全球调查"、U. S. News发布的《2020最佳国家排名》、世界知识产权组织发布的《全球创新指数2020》等数据，探究中国的国民形象，具体分为以下五个内容：中国国民的整体形象、中国精英群体的形象、中国网红群体的形象、中国游客的形象和结论与建议。

一　中国国民的整体形象

（一）勤劳敬业、积极进取的形象

为了解国际公众是否认同中国人"勤劳敬业、积极进取"的形象，"第七次中国国家形象全球调查"将该选项列入国民形象的认知评价。这项全球调查涵盖22个国家，拥有由11000位被访者组成的样本。[②] 对于中国的国民形象，该调查提出的问题是"您会如何运用以下各组词来形容中国人"，让受访者在"勤劳敬业、集体主义、热情友善、诚信谦虚、开放创新"中做出选择。

---

① 赵彦云、李望月：《国际竞争力视角下国家形象的实证分析》，《中国人民大学学报》2013年第6期。
② 当代中国与世界研究院：《中国国家形象全球调查报告2019》，当代中国与世界研究院官方网站，2020年9月15日，http：//www. accws. org. cn/achievement/202009/P020200915609025580537. pdf。

调查数据显示（见图1），2019年受访者对于使用"勤劳敬业"来形容中国人形象的认同度最高，占比达71%，此数据相较于2018年未改变。与2018年相比，选择"集体主义"来形容中国国民形象的比例降低了3%，从54%降到51%。海外受访者认同中国国民"热情友善"的比例增加，从2018年的47%提升到2019年的48%。古语云"君子一言，驷马难追"，诚实守信融入了中国人的血液中，从古至今，一脉相承。2019年，海外受访者对中国国民"诚信谦虚"形象的认知占比为45%。随着中国加快创新的步伐，中国的科技产品逐渐出现在国际公众的视野中，国际公众通过产品越发了解中国的科技水平。在中国深化改革、对外开放的背景下，海外受访者选择用"开放创新"来形容中国国民的比例增多，从2018年的32%提升到2019年的34%。

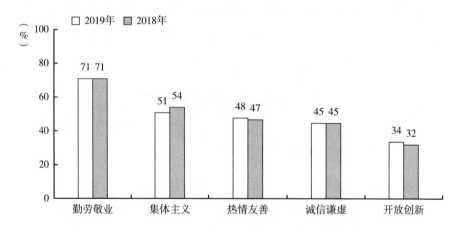

图1 海外受访者对中国国民形象的认知

资料来源：根据《中国国家形象全球调查报告2019》调查数据整理而成。

中国在世界舞台上发挥着日益重要的作用，国际合作促进各国人民交流和往来越发频繁，为受访者了解真实的中国和国民起到积极作用。根据"一带一路"建设工作领导小组办公室2019年4月22日发表的《共建"一带一路"倡议：进展、贡献与展望》一文，发现该倡议开展5年多来，各国开展了形式多样、领域广泛的公共外交活动和文化交流活动，增进了各国人民与中国人民的相互理解和认同。"第七次中国国家形象全球调查"显示，受访者对"一带一路"等中国理念和主张的认知度明显提升，这也印证了"一带一路"倡议的积极作用。

在"一带一路"倡议的积极推进下，不同类型国家的受访者对中国国民形象的认知如图2所示，发展中国家的受访者对中国国民持积极印象的比例高于发达国家，他们对"勤劳敬业"（77%）、"集体主义"（55%）、"热情友善"（55%）、"诚信谦虚"（53%）、"开放创新"（40%）等形象的认可都高于发达国家。2020年是亚投行成立的第五年，在这五年中，亚投行一直致力于推动发展中国家和地区的基础设施和其他生产设施的建设，为发展中国家带去实质利益。在"一带一路"倡议的实施过程中，中国向发展中国家提供了价值20亿元的紧急粮食援助。中国与136个国家签订政府间合作协议，将商务合作范围由亚欧扩展到全世界，与相信中国并愿意与中国合作的国家一同发展进步，发达国家也逐渐被吸引加入。意大利在2019年3月23日与中国正式签署"一带一路"建设谅解备忘录，成为第一个加入"一带一路"倡议的七国成员。

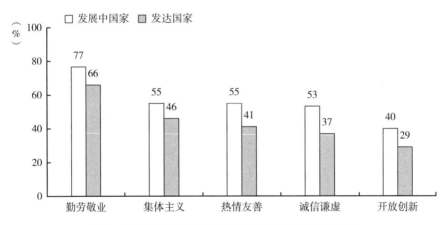

图2 不同类型国家的受访者对中国国民形象的认知

资料来源：根据《中国国家形象全球调查报告2019》调查数据整理而成。

中国国民积极进取的形象，得到受访者高度认同。中国古代谚语"有志者事竟成"流传至今。意思是，有志向的人，做事情终会成功，鼓励人们拼搏和奋斗。U. S. News 发布的《2020 最佳国家排名》发现（见图 3），相比于"关心环境"（2.1 分）和"值得信赖"（3.5 分），受访者对中国人"积极进取"形象表示高度赞同。在对中国公民身份评价的指标中，"积极进取"高达 90.5 分。[①] 根据教育部官网发布的新闻，目前中国已成为世界最大留学生生源国，中国青年为了自己的理想抱负远赴他乡，克服多重障碍出国留学提升自我，展示了中国青年积极进取的形象。[②] 中国各行各业的国民都在自己的岗位上努力前进，以中国科技人员为例，根据中国科学技术信息研究所发布的《2020 中国科技论文统计结果》，从 2010 年 1 月到 2020 年 10 月，中国科技人员共发表国际论文 301.91 万篇，比 2019 年统计时增长 15.8%，位于世界第 2。论文共计被引用 3605.71 万次，相较于 2019 年统计时增长 26.7%，排在世界第 2 位。[③]

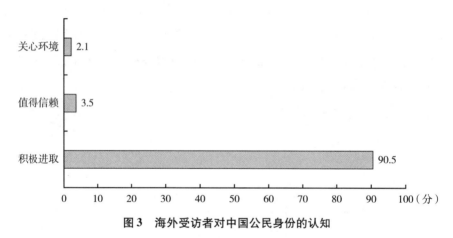

图 3　海外受访者对中国公民身份的认知

资料来源：根据《2020 最佳国家排名》调查数据整理而成。

---

① U. S. News：《2020 最佳国家排名》，U. S. News 官方网站，https://www.usnews.com/news/best-countries/china。

② 《从小到大，从弱到强，我国 2020 研究生在学人数预计突破 300 万——为高质量发展提供智慧引擎》，中华人民共和国教育部官网，2020 年 7 月 29 日，http://www.moe.gov.cn/jyb_xwfb/xw_zt/moe_357/jyzt_2020n/2020_zt15/zongshu/202008/t20200813_477864.html。

③ 《2020 年中国科技论文统计结果在京发布》，《中国日报》官方网站，2020 年 12 月 29 日，https://cn.chinadaily.com.cn/a/202012/29/WS5feade43a3101e7ce9738195.html。

（二）勇于创业、开拓创新的形象

中国古代四大发明"造纸术、指南针、火药和印刷术"向国际公众展现了古代中国人民的智慧。近代随着工业革命的爆发，中国仅作为一个农业大国和制造业大国为世人熟知，科技创新能力被埋没。在科技实力越来越重要的时代，2014年9月，李克强总理提出"大众创业，万众创新"，国家大力推动创新型人才培养的计划。2016年，国务院印发《国家创新驱动发展战略纲要》，提出2020年进入创新型国家行列、2030年跻身创新型国家前列、2050年建成世界科技创新强国"三步走"目标。国务院发展研究中心技术经济研究部部长吕薇认为，创新驱动实质上是人才驱动，要下力气解决高技能人才供应不足的问题。

根据世界知识产权组织公布的《全球创新指数2020》报告中的排名（见图4），中国得分为53.28分，排在全球第14名，与2019年排名相同，再次进入到世界上最具创新性的前20个经济体之列，也是唯一进入到全球创新指数前30名的中等收入经济体。[1] 美国得分是60.56分，居世界第3，与2019年相比名次不变。拥有众多创新企业如雀巢、罗氏医疗的瑞士稳居世界第1名，2020年得分是66.08分。该报告还指出，中国人在多个领域展现出卓越的创新实力，在本国人专利数量、本国人工业品外观设计数量、本国人商标数量、高技术出口净额和创意产品出口等方面，均位居世界前列。

中国人不仅拥有强烈的创新精神，也勇于实践，积极创业。青年兴则国家兴，青年强则国家强。教育部自2015年开始组织各高校开展"互联网+"大学生创新创业大赛，鼓励大学生创新创业，对最终获奖的创业团队给予资金和资源的支持。2019年的获奖项目是清华大学博士团队的"交叉双旋翼复合推力尾桨无人直升机"项目[2]，这已成为我军首个复合推进直升机装备研制项目，将在未来打破国外垄断，填补国内该领域的空白。2020

---

[1] 康奈尔大学：《2020年全球创新指数》，世界知识产权组织官方网站，2020年12月9日，https://www.wipo.int/publications/zh/details.jsp? id=4514。

[2] 王启慧：《清华大学无人直升机团队：坚信我们可以改变世界》，央广网，2019年10月16日，https://baijiahao.baidu.com/s? id=1647515668229632219&wfr=spider&for=pc。

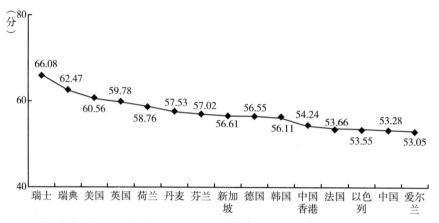

图 4　《全球创新指数 2020》中前 15 个国家和地区的评分和排名

资料来源：根据《全球创新指数 2020》调查数据整理而成。

年的金奖由北京理工大学的"星网测通"团队获得，该团队负责的项目打破了国外对我国航天领域测量技术的严格封锁，解决了制约我国通信卫星发展的关键问题。① 根据 U. S. News 发布的《2020 最佳国家排名》，在 78 个国家中，中国在创业精神指标上排第 11 位。该指标分设"受教育人口""技术熟练""创业精神""创新能力"四个子项目，海外受访者对中国人"创业精神"的打分高达 100.0 分，"创新能力"打分达 92.2 分，对于中国国民"技术熟练"的打分为 84.0 分（见图 5）。

（三）华侨华人积极向上的形象

庞大的海外华侨华人群体是中国软实力构建的独特力量，他们在海外的经济、政治和文化等领域贡献着自己的力量。特别是华商已成为全球化时代的一股重要经济力量，他们的价值观对家庭和睦、企业凝聚力增强乃至社会稳定和发展都发挥了积极的作用。② 目前，海外华侨华人总共有 6000 多万人，

---

① 《北京理工大学"星网测通"项目获"互联网＋"大学生创新创业大赛冠军》，《科技日报》2020 年 11 月 20 日，https://tech.china.com/article/20201120/20201120654642.html。

② 陈奕平、范如松：《华侨华人与中国软实力：作用、机制与政策思路》，《华侨华人历史研究》2010 年第 2 期。

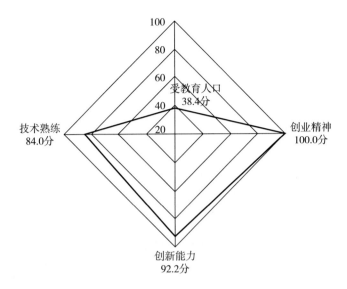

图5 海外受访者对中国国家创业水平的相关指标打分

资料来源：根据《2020最佳国家排名》调查数据整理而成。

分布在近200个国家和地区，在中国与世界的连接中起着桥梁纽带作用。华侨华人既掌握中国及侨居国的语言，又了解两国的文化环境和民众心理。因此，他们既是向世界展示中国文化的重要窗口，又是中国国民形象的海外代表。

为了解华侨华人群体在当地经济社会文化发展中的作用，"第七次中国国家形象全球调查"询问海外受访者："您如何看待在贵国生活的华侨华人在当地发挥的作用"，可供选择的选项有：积极、一般和消极。调查数据显示（见图6），海外受访者认为华侨华人在当地起到的积极作用大于消极作用。52%的海外受访者认为华侨华人在当地起到积极作用，相较2018年增长4%；只有11%的海外受访者认为华侨华人在当地起到消极作用，与2018年的数据相比，几无差异。

中国政府始终重视与发展中国家的关系，坚持把与发展中国家的团结合作作为中国独立自主外交路线的基本立足点。① 根据外交部的数据，截至

---

① 刘青建：《中国与发展中国家关系60年：成效与挑战》，《思想理论教育导刊》2009年第12期。

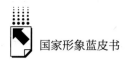

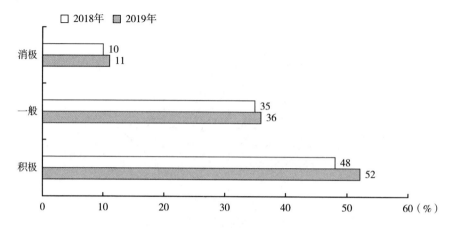

图6　海外受访者对华侨华人在当地发挥的作用的认知

资料来源：根据《中国国家形象全球调查报告2019》调查数据整理而成。

2019年9月，中国共与180个国家友好建交。① 根据"第七次中国国家形象全球调查"数据（见图7），无论是发达国家还是发展中国家的民众，均认同华侨华人在当地发挥的积极作用大于消极作用。不过，相较于发达国家，

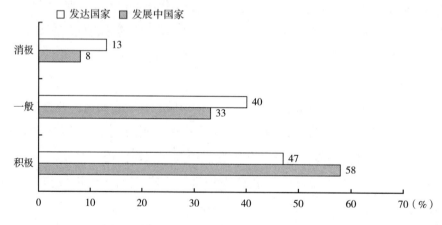

图7　不同类型国家的受访者对华侨华人在当地发挥的作用的认知

资料来源：根据《中国国家形象全球调查报告2019》调查数据整理而成。

---

① 《中华人民共和国与各国建交外交关系日期简表》，外交部官网，2019年9月，https://www.fmprc.gov.cn/web/ziliao_674904/2193_674977/。

发展中国家的受访者更加认可华侨华人在当地发挥的积极作用：在发展中国家，58%的受访者认可华侨华人的积极作用；而在发达国家，这个比例是47%。

二 中国精英群体的形象

精英群体活跃在世界舞台上，是中国国民形象的代言人。国际社会对于他们的关注度较高，他们在国际上的影响力也较为广泛。在国家品牌形象的建设和传播中，精英群体的价值是不可替代的。[①] 因此，精英群体是展现中国国民形象的重要主体。本文选取四大精英群体作为中国国民形象的代言人：（1）攻坚克难、创新自信的企业家形象；（2）不畏艰难、勇往直前的科学家形象；（3）顽强拼搏、追求卓越的体育界精英形象；（4）展露时尚、散发魅力的时尚界精英形象。

（一）攻坚克难、创新自信的企业家形象

一个国家的国民形象可以彰显为企业家的形象特质和精神面貌。[②] 在中国经济高速发展的背景下，中国企业响应改革开放的号召走向世界舞台，在不断增强自身竞争力的同时，开展各项海外业务和国际合作。2020年8月10日，美国《财富》杂志发布2020年世界500强企业排行榜，其中133家企业来自中国，比2019年增加4家，并实现了历史性的跨越，中国上榜公司的数量第一次超过了美国。[③] 根据2020年福布斯发布的全球亿万富豪榜（见表1），在前100位中有19位中国企业家，比2019年新增2位。[④] 商务部和外汇局的统计数据显示，2020年，中国境内投资者共对172个国家和地区的6790家企业进行非金融类直接投资，累计投资达

[①] 王佳炜：《名人策略在国家品牌形象建设中的应用》，《当代传播》2011年第3期。
[②] 张昆、张宇：《企业家是展示与传播国家形象的新名片》，《今传媒》2016年第5期。
[③] 《2020年财富世界500强排行榜》，财富中文网官方网站，2020年8月10日，http://www.fortunechina.com/fortune500/c/2020-08/10/content_372148.htm。
[④] 《2020福布斯全球亿万富豪榜》，福布斯官方网站，https://www.forbeschina.com/lists/1733。

7597.7亿元。① 在中国企业积极"走出去"的过程中，企业家也参与国家形象与国民形象的塑造与传播工作，成为海外民众认识中国国家和国民形象的重要载体。华为创始人任正非、恒大创始人许家印、阿里巴巴创始人马云、腾讯创始人马化腾、字节跳动创始人张一鸣等企业家，在国际形势复杂的局面下，展现出攻坚克难、创新自强的中国企业家形象。

表1　世界500强企业和全球亿万富豪榜中的中国企业与企业家

单位：家，位

项目	中国所占数量	较上一年增长
《2020年世界500强企业排行榜》	133	4
《2020福布斯全球亿万富豪榜》	19	2

资料来源：根据财富中文网和福布斯官方网站发布数据整理而成。

从2019年起，美国不断将中国科技企业纳入"实体清单"以打压中国高科技领域的发展，但中国企业和企业家并没有屈服。他们在对此制裁发表强烈反对意见的同时，积极维持企业的正常运转、提高企业的核心技术能力。以华为创始人任正非为例，根据华为官方财报，2020年华为实际销售收入为8914亿元，同比增长3.8%。② 对于华为来说，到了一个十分具有挑战性的时期，美国从2019年开始的持续打压让华为成为全球的焦点，也让创始人任正非频频出现在大众视野里。2020年暴发的新冠肺炎疫情带来的不确定性给予了华为更多压力和进步的动力。在回答北欧媒体关于华为不上市的提问时，任正非说："我们是员工集资，是一种新模式，可能未来大多数企业会使用这种模式。这种模式和北欧有什么区别？没有区别。"③ 他还在2019年11月26日接受CNN的采访中提到："我们相信自己有这个能力，

① 《2020中国对外全行业直接投资简明统计》，中华人民共和国商务部网站，2021年1月22日，http://www.mofcom.gov.cn/article/tongjiziliao/dgzz/202101/20210103033289.shtml。
② 《华为投资控股有限公司2020年年度报告》，华为官方网站，2021年3月31日，https://www.huawei.com/cn/annual-report/2020。
③ 《任正非接受北欧媒体采访纪要》，心声社区官方网站，2019年10月15日，http://xinsheng.huawei.com/cn/index.php?app=forum&mod=Detail&act=index&id=4471315&search_result=1。

在2~3年内完成世界生态系统的整合"，① 这展现出中国企业家面对诘难时的沉稳，面对质疑时的自信。2020年5月，美国宣布严格限制华为使用美国的技术、软件设计和半导体芯片，以进一步限制华为的发展。针对美国的轮番压制，任正非依旧持有向美国学习的观点。2020年8月31日，他在与战略预备队学员和新员工的座谈上讲，"向美国学习的精神并没有因为美国打击我们而改变"，向全世界展现出中国企业家的气魄和胸怀。

（二）不畏艰难、勇往直前的科学家形象

在中国实现"科技强国"目标的过程中，低调谦虚的中国科学家发挥着核心作用。为了摆脱"落后就要挨打"的局面，他们孜孜不倦地进行科研作业，发布的科研成果切实地为中国和世界发展做出了贡献；他们不忘初心、牢记使命，是中国国民形象的代表。早在1988年，邓小平同志便提出"科学技术是第一生产力"。现如今，面对疫情的持续和复杂的国际关系，习近平同志在给科技工作者代表的回信中强调："创新是引领发展的第一动力，科技是战胜困难的有力武器。"② 中国一直在努力实现从"科技大国"转变为"科技强国"的目标，因此国家既重视高科技人才的培养和创新能力的提升，又重视国家实验室的投资和建设。2020年，"中国天眼"正式开放运行、一箭双星发射成功、"天问一号"火星探测器正式启航、世界最长跨海公铁两用桥通车、"奋斗者"号载人潜水器测试成功、世界首座高铁悬索桥通车、"嫦娥五号"成功返回等事件，都表明中国科学家在不断攻克技术难题中已取得丰硕成果，中国的科技水平在努力向世界前列靠齐。

2019年10月22日，联合国教科文组织—赤道几内亚国际生命科学研究奖公布获奖名单，中国科学家屠呦呦荣获2019年度国际生命科学研究奖，该奖项的设立初衷是奖励提高人类生活质量的杰出生命研究者，全球仅有3位科

① 《任总接受CNN采访纪要》，心声社区官方网站，2019年12月3日，http://xinsheng. huawei. com/cn/index. php? app = forum&mod = Detail&act = index&id =4516349&search_ result =7。
② 《20句话回顾习近平对科技工作者的殷切期望》，人民网，2020年5月29日，http:// jhsjk. people. cn/article/31729118。

学家获此殊荣。屠呦呦关于"青蒿素"的研究，不仅在20世纪80年代治愈了大批中国病人，还将帮助非洲抗击疟疾。2019年11月28日，中国科学院国家天文台刘继峰、张昊彤研究团队借助郭守敬望远镜，发现了一颗迄今为止质量最大的恒星级黑洞，并提供了一种利用LAMOST巡天优势寻找黑洞的新方法，并在国际科学期刊《自然》上发表相关论文。其中提到，新发现的这颗70倍太阳质量的黑洞远超理论预言的质量上限，这颠覆了人们对恒星级黑洞形成的认知，有望推动恒星演化和黑洞形成理论的革新。2020年4月3日，在新冠肺炎疫情肆虐全球时，中国工程院院士、著名呼吸病学专家钟南山教授因在"抗疫"期间的突出贡献，以超过90%的得票率，获得爱丁堡大学有史以来首个杰出校友奖。2020年5月，世界经济论坛发布了2020年青年科学家榜单，全球共有25位科学家入选，其中包括5位中国科学家：浙江大学教授吴丹、清华大学副教授蒙克、香港科技大学副教授施凌、北京大学研究院易莉和中国科学院研究员徐颖，他们都在各自擅长的领域做出了极大的贡献。① 由此可见，中国科学家正在世界舞台上发挥越来越重要的作用，通过研究成果展现了中国科学家不畏艰难、勇往直前的精英形象。

（三）顽强拼搏、追求卓越的体育界精英形象

中国运动员在世界舞台上屡获佳绩，他们的精彩表现有目共睹。在体育竞技中，在国际舞台上光芒四射的体育界精英，是中国国民形象的代表性群体之一。

2019年9月14~29日，中国女排凭借11连胜的战绩获得第13届国际排联女排世界杯冠军。② 这是中国队第五次夺得该赛事冠军，打破古巴队四度夺冠的纪录。中国女排队员们向全世界展现了团结协作、顽强拼搏的女排精神。2019年10月18~27日，武汉市承办第七届世界军人运动会，这是

---

① 《顶尖青年科学家！中国5人入围世界经济论坛青年科学家榜单》，2020年5月29日，搜狐网，https：//www.sohu.com/a/398454325_100267589。

② 《中国女排夺冠，习近平致电祝贺》，《人民日报》2019年9月29日，https：//baijiahao.baidu.com/s？id=1646013789520311022&wfr=spider&for=pc。

历史上规模最大、参赛人员最多、影响力最广的一次军运会。中国人民解放军体育代表团共获得 133 枚金牌、64 枚银牌、42 枚铜牌，居金牌榜和奖牌榜第一位，他们向全世界展现了中国军人的风采和实力。2019 年 11 月 10 日，中国赛区的 FPX 战队三比零战胜欧洲赛区的 G2 战队，代表中国再一次获得英雄联盟全球总决赛的冠军，① 这不仅展现了中国电子竞技选手的极强抗压能力和满分竞技状态，还展现了中国战队超强的电子竞技实力。不仅在赛场上，退役后的中国体育精英依旧在世界舞台上发挥着自己的作用，2020年 6 月 29 日，曾获奥运会和世锦赛金牌的刘国梁担任世界乒乓球职业大联盟理事会主席。② 由于受新冠肺炎疫情影响，2020 年大型赛事延期或者取消，但运动员们仍在刻苦训练备战赛事，让我们期待着未来中国运动员们在世界舞台上的精彩发挥。中国运动员们在世界赛场多个领域的精彩表现，塑造出了顽强拼搏、追求卓越的体育界精英形象。

（四）展露时尚、散发魅力的时尚界精英形象

服装是文化的载体，是非语言性的信息媒体，其直观性利于促进更多的信息传播。③ 近年来，中国时尚设计师和模特多次出现在世界顶级秀场上，凭借着设计作品和专业实力震惊全球时尚界，并给国际公众留下深刻印象。"寰球民意指数（2020）"为了解哪些符号最能代表中国，向受访者提问："中国是一个传统的文化大国，也是一个新兴的时尚国度，您认为下列符号中哪些最能代表中国？"此问题，可单选也可多选，所列举的选项有 20 项，其中与国民形象相关的有两项："时尚设计师"和"中国模特"，如果有人选择这两项，则意味着受访者认为"时尚设计师"和"中国模特"群体能代表中国的形象。

各国受访者选择时尚设计师和中国模特代表中国符号（见图 8），这在一定

---

① 《恭喜 FPX 勇夺 2019 全球总决赛冠军!》，英雄联盟官网，2019 年 11 月 10 日，http：//lol. qq. com/news/detail. shtml? docid = 1245394621779613710。

② 《刘国梁出任世界乒乓球职业大联盟理事会主席》，2020 年 6 月 29 日，新华网，http：//sports. xinhuanet. com/c/2020 – 06/29/c_ 1126172793. htm。

③ 曾艳红：《服饰：文化的一种载体及传播媒介》，《丝绸》2013 年第 1 期。

程度上说明他们认同中国时尚精英的魅力。巴基斯坦（15.2%、16.4%）、印度（15.5%、17.1%）和南非（15.5%、18.3%）三国的这两个指标占比均超过15%。日本（1.1%、5.0%）、法国（4.0%、3.9%）和德国（4.5%、4.7%）三国的这两个指标占比均低于或等于5%。数据显示，与幕后的时尚设计师相比，台前的中国模特更能代表中国。不受民族、语言和文化的制约，作为视觉符号的中国模特更具有直观性和形象性，[①] 给国际民众留下更加深刻的印象。例如，为国际民众熟知的中国顶级模特刘雯，自2008年从业以来，直到2019年，从未缺席四大国际时装周。在2020年8月27日公布的《2020福布斯中国名人榜》中名列第66。[②] 后起之秀雎晓雯，也被时尚界宠爱，在2019年福布斯公布的"2019亚洲30位30岁以下的精英榜"中，她是唯一入选的中国超模。在国际舞台上表现亮眼的中国模特们，不仅在全球各地的时装周展现中国人的风采，还成为各大时尚品牌的全球代言人，进一步展现中国人的魅力。

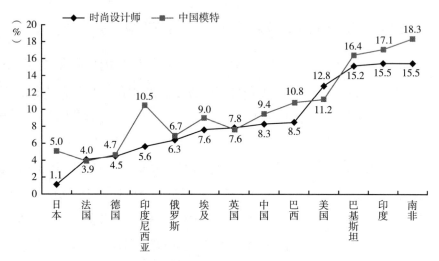

图8 各国受访者对能够代表中国的国民符号认知

资料来源：根据华中科技大学国家传播战略研究院"寰球民意指数（2020）"调研数据整理而成。

① 英明、罗忆：《视觉符号语境下的跨文化传播》，《当代传播》2007年第6期。
② 《2020福布斯中国名人榜》，2020年8月27日，福布斯官方网站，https://www.forbeschina.com/lists/1744。

三　中国网红群体的形象

国家形象的塑造是一项需要多元参与的系统工程，其中，民间文化在对外传播中的作用不可小觑。[①] 代表中国民间文化的网红群体，凭借自身的才能和人格魅力，从平民视角出发，在国际社交媒体上展现中国国民的风采。在目前国际话语体系失衡的情况下，中国的官方媒体和民间群体不断发声，想要国际民众看到更多元、更真实的中国。其中，在海外拥有众多粉丝的中国网红群体成为展示中国国民形象的一个新窗口，他们用自己的视频和人格魅力向全世界展示中国人的形象和文化。

（一）以李子柒为代表的美丽善良、勤劳智慧的国民形象

作为 YouTube 平台上首个粉丝破千万的中文创作者，李子柒极具代表性。关于李子柒和她的视频，新华网给予高度赞扬："在这个精彩无限的文化传播和交流的时代，讲好中国故事，塑造中国形象，我们需要更多的'李子柒'。"[②] 她充满诗意田园风的美食和工艺视频，展露智慧又治愈人心，被西方誉为"东方美食生活家"。当地时间 2020 年 4 月 22 日，美国媒体《纽约时报》报道称：李子柒沉浸在乡村的自然美景中，过着自给自足的梦幻生活，令人心生向往。她的视频充分向全世界展现了中国人的勤劳智慧和中华文化的博大精深。在她视频的评论区，经常会出现这样称赞她的话语：年轻有才华、让人不可思议的女性，耐心勤奋又美丽的女孩，有天赋和创造力的女孩等。

在视频中，李子柒身着棉麻材质或是旗袍样式的服装，配合淡雅的妆容，与中国乡村的美景美食融合成一幅美丽的画卷，让海外受众赏心悦目。她与动物如小羊和小狗的友爱相处，引起海外受众与自家宠物的美好回忆。

[①]　张莉：《民间文化对外传播在国家形象构建中的优势分析》，《河南大学学报》（社会科学版）2015 年第 2 期。

[②]　辛识平：《读懂"李子柒"，此中有真意》，新华网，2019 年 12 月 10 日，http://www.xinhuanet.com/2019 - 12/10/c_ 1125331625. htm。

她的勤劳智慧，更是体现在她的每一个视频之中；无论是怎样的食材，在她的手中总有百般的变化，让海外受众大开眼界的同时也让他们感受到了中国美食文化的底蕴。无论是木工、扎染还是刺绣等手工艺，她都用心学习并创作出优秀的作品。海外受众在评论区惊叹："真是不可思议""她太有创造力了"。以制作竹沙发的视频为例，如用来测量长度和定位的墨斗，对于海外受众来说新奇无比；再如，视频中展示出的古人智慧，如火烤竹子使其变形易于拼接等，都加深了海外受众对于中国智慧的认知。

在 YouTube 平台上，李子柒播放量最高的视频为"【柿饼】又是漫山红遍，秋天自然要做些吊柿饼尝下丰收的甜"，有超过 5000 万次的播放量。在视频中，李子柒从摘柿子开始，完整呈现了柿饼的整个制作过程。为了收获果实而辛勤劳作的过程展示出中国人民的勤劳；为了储存易变质的食物，加工处理的过程和时间的巧妙利用展露出中国人民的智慧。她和奶奶在一起吃柿子和处理柿子的画面，温馨美好。用户 Perry 在这期视频的评论区写道："在李子柒的视频评论区，有好多种不同的语言同时出现，她正在被全球人所认识，她应该是中国的形象大使。"截至 2020 年 9 月 23 日，李子柒在 YouTube 上的粉丝达到 1250 万人。她个人形象的展现，为海外受众对中国国民形象的认知带来积极影响，加深他们对中国人美丽善良、勤劳智慧形象的认知。

（二）以滇西小哥为代表的尊老爱幼、厨艺精湛的国民形象

民间视频创作者滇西小哥，是个地道的云南女孩。入驻 YouTube 平台 3 个月，涨粉 100 万人。截至 2020 年 9 月 23 日，她的频道在 YouTube 上拥有 611 万粉丝。2020 年 9 月 3 日，滇西小哥的视频还登上了《人民日报》（海外版）头版。不同于李子柒所展现的中华传统美食和文化，她的视频更加凸显地域性，主要展现云南特色，旨在为全世界讲述滇西美食的故事。习近平总书记在 2015 年春节团拜会上提到，中华民族自古以来就重视家庭、重视亲情。① 在滇西小哥

---

① 《习近平：在 2015 年春节团拜会上的讲话》，人民网，2015 年 2 月 17 日，http：//jhsjk. people. cn/article/26580837。

的视频中，常常出现她的弟弟阿豪及爷爷奶奶的身影，一家人一起劳作、品尝美食。海外民众在观看视频时，可以从他们的对话和互动中感受到中国家庭的友好和睦，加深对于中国国民爱护家庭、尊老爱幼的形象认知。

"厨艺精湛"这个词时常出现在滇西小哥视频的评论区。她用云南特有的食材和盛产的香料，结合自身精湛的厨艺、刀工，做出让人垂涎欲滴的美味佳肴，如滇式火腿、鲜花饼、云南腊排骨等。云南地处中国的西南部，拥有丰富的自然资源，是中国植物种类最多的省份，被誉为"植物王国"。云南又与缅甸、越南和老挝接壤，受多种文化的影响，极具民族特色。因此，滇西小哥的视频按照"一席一果""四季调料""特定节日"等版块，介绍具有云南特色的水果品种及调料，向海外民众展现中国丰富的物产资源。蘸水辣是云南富有特色的一种调味料，由十几种香料混合而成。在滇西小哥的视频中，常能见到蘸水辣的出现，水果与蘸水辣的新奇结合，也让海外受众大开眼界。

（三）以阿木爷爷为代表的纯粹专注、独具匠心的手工艺人形象

YouTube 平台上的阿木爷爷，是一位居住在中国农村的老木匠。他在视频中，用纯手工方式制作各种有趣的物件，如会动的小猪佩奇、能漂在水中的木头船、泡泡风车、苹果鲁班锁等。他用精湛的木工手艺吸引了众多海外民众，视频总播放量超过 2 亿次。2020 年 7 月 14 日，央视网评论他："匠心为本，充满工匠精神，令人敬佩。"① 他在视频中展现的中国传统榫卯技术，让全世界为之惊叹。他展现的木工技术，是古代中国建筑和家具物件的主要结构方式——在两个部件上采用凹凸部分（榫卯相结合的一种连接方式），不需使用钉子，就能连接所有部件，最终达到与使用钉子同样的牢固效果。

在科学技术如此发达的现代社会，工业制作衡量标准常常是效率优先。在此背景下，63 岁的阿木爷爷仍能够坚持纯手工制作，这让人心生敬佩。对于海外民众来说，他制作的物件新奇有趣，且能在较短时间内见证一个个

---

① 《阿木爷爷为何走红》，央视网，2020 年 7 月 14 日，http：//news.cctv.com/2020/07/14/ARTIEQKQTO57anw2Wn40e7Fd200714.shtml。

有趣作品的诞生。以播放量过千万次的视频"木拱桥"为例，阿木爷爷通过画、锯、钻、凿、磨，制作出每一个结构部件，再通过榫和卯的结合，做出精致实用的木拱桥。他的视频展现出的工匠精神，值得每一位观众学习。阿木爷爷展现出的纯粹、专注的形象，给国际公众留下深刻印象，加深了他们对于中国手工艺人工匠精神的形象认知。

四　中国游客的形象

随着人们生活水平的不断提高，选择出国旅游的人越来越多。根据文化和旅游部发布的《2019 年旅游市场基本情况》，2019 年，中国公民出境旅游人数达 1.55 亿人次，同比增长 3.3%。[①] 中国游客不仅将世界各地的美景收入眼中，还热衷于消费，带动了旅游地的经济发展。携程和银联国际联合发布的《2019 年中国人出境旅游消费报告》显示，2019 年中国人出境旅游消费稳居世界第一位。根据国家外汇管理局的数据，2019 年上半年，中国公民境外旅行支出为 1275 亿美元。[②] 报告还指出，2019 年中国游客选择的出境游度假产品范围涵盖 158 个国家，同比增长 17%。因此，中国游客在国际公众眼中的形象，一定程度上会影响他们对中国国民形象的看法。

为了解国际公众眼中的中国游客形象，"寰球民意调查"（2020）向受访者提问："随着越来越多的中国游客来到贵国旅游，您如何看待中国游客的形象？"并为此问题设置了四个选项：热衷购物，购买力强；文明程度有待提高；刺激本地经济发展；对当地生活造成不良影响。该调查要求被访民众就这四项表明自己的认同程度：1 是"完全不同意"，2 是"不同意"，3 是"半同意半不同意"，4 是"同意"，5 是"完全同意"，6 是"说不清"。由于选择"说不清"的受访者比例很低，在数据分析中，将选择此项的被访者设定为"缺失"。

①　《2019 年旅游市场基本情况》，中华人民共和国文化和旅游部官方网站，2020 年 3 月 10 日，https：//www.mct.gov.cn/whzx/whyw/202003/t20200310_851786.htm。

②　沈文敏：《2019 年中国人出境旅游消费报告》，人民网，2019 年 11 月 29 日，http：//sh.people.com.cn/n2/2019/1129/c134768-33590992.html。

（一）"热衷购物，购买力强，能够刺激当地经济发展"的游客形象

调查结果显示（见图9），海外12国受访者在总体上，对于中国游客"热衷购物，购买力强"（均值 M = 3.76）、"刺激本地经济发展"（均值 M = 3.86 分）持认同态度。《2019 年中国人出境旅游消费报告》显示，根据携程旗下旅行购物服务平台"全球购"的数据，日本、法国、美国和英国位列 2019 年中国人境外购物最热门的前 10 个国家中。① 调查数据也证实了这一点：日本（M = 4.26 分）、法国（M = 4.15 分）、英国（M = 4.04 分）和美国（M = 3.82 分）的受访者，均认同中国游客"热衷购物，购买力强"的形象。其中，日本受访者对中国游客"热衷购物，购买力强"形象的认同度最高（M = 4.26 分）；巴西对中国游客"刺激本地经济发展"形象持最高认同度（均值 M = 4.20 分）。据巴西《南美侨报》报道，随着 2014 年巴西世界杯和 2016 年里约奥运会的成功举办，拥有丰富旅游资源的南美大国巴西成为许多中国游客向往的境外旅游目的国。拥有"世界新七大自然奇观——伊瓜苏大瀑布"的巴西伊瓜苏市旅游局局长表示，2019 年 1 ~ 6 月，已有 10721 名中国游客来到伊瓜苏大瀑布游玩。②

调查结果显示（见图10），发达国家受访者对中国游客"热衷购物、购买力强"的形象持同意态度（M = 4.00 分），随后是金砖国家（M = 3.66 分）和发展中国家（M = 3.56 分）。贝恩咨询公司发布的《2019 全球奢侈品市场》报告显示，中国消费者是全球最大的奢侈品买家。在 2019 年，中国消费者的奢侈品购买额占全球销售额的 35%，金额高达 300 亿美元，这显示了中国消费者强大的购买力。海外奢侈品的价格往往因免税而更加便宜，因此相较于在国内消费，出国旅游者会倾向于在海外游玩时顺便购买。发展中国家（M = 3.90）和金砖国家（M = 3.95）的受访者，更倾向于认同

---

① 《2019 年中国人出境旅游消费报告》，中国民用航空网，2019 年 11 月 29 日，http: // www. ccaonline. cn/news/top/556502. html。

② 《华媒：旅游资源丰富 巴西渐成中国游客"新宠"》，中国侨网，2019 年 8 月 29 日，http: // www. chinaqw. com/hqly/2019/08 – 29/230190. shtml。

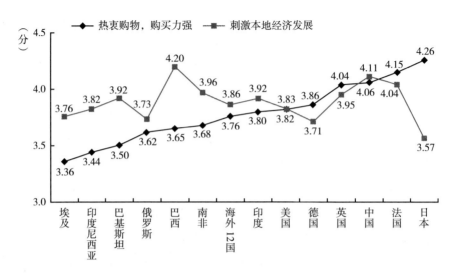

图 9 各国受访者对中国游客形象的认知

注："海外 12 国"是指埃及、印度尼西亚、巴基斯坦、俄罗斯、巴西、南非、印度、美国、德国、英国、法国、日本。

资料来源：根据华中科技大学国家传播战略研究院"寰球民意指数（2020）"调研数据整理而成。

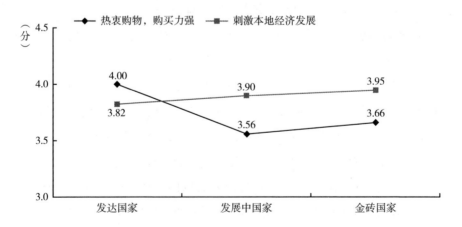

图 10 不同类型国家的受访者对中国游客形象的认知

资料来源：根据华中科技大学国家传播战略研究院"寰球民意指数（2020）"调研数据整理而成。

中国游客"刺激本地经济发展"形象，旅游能够推动当地的餐饮、购物、住宿、交通、娱乐等方面的运转，刺激当地经济发展。

（二）"文明程度有待提高，并未对当地生活造成不良影响"的游客形象

中国游客在出境旅游时表现出的不文明行为以及给出游地带来的困扰，也是国际公众关注的话题。部分游客的不文明行为走出国门，给中国国民带来负面形象。一些国外旅游景区甚至专门用汉字标识，劝告中国游客不要乱扔垃圾、不要大声喧哗。菲律宾《世界日报》报道，2019年1~5月，因违反法令，如吸烟、乱丢垃圾及在沙滩吃东西而被捕的中国游客，共有739人。[①]

了解中国游客形象的文明程度，对于中国国民的形象建构有重要意义。调查结果显示（见图11），海外12国受访者对中国游客"文明程度有待提

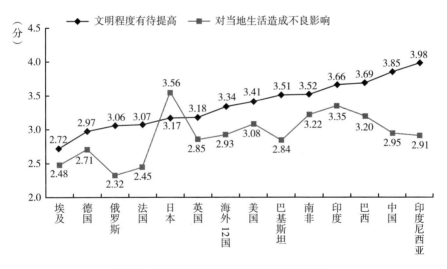

图11 各国受访者对中国游客形象的认知

资料来源：根据华中科技大学国家传播战略研究院"寰球民意指数（2020）"调查数据整理而成。

---

① 《长滩岛游客违规，中国人名列榜首》，《世界日报》官方网站，2019年4月28日，http：//sjrb.ph/News？id = fPs8mmkGT8AL1WLO6H9eeW0Qgx。

高"（M = 3.34 分）和中国游客"对当地生活造成不良影响"（M = 2.93 分），持较中立态度。其中，日本受访者更可能认为中国游客呈现"对当地生活造成不良影响"形象（M = 3.56 分）。印度尼西亚受访者更认可中国游客"文明程度有待提高"的形象（M = 3.98 分）。数据还显示（见图 12），发达国家受访者对中国游客"文明程度有待提高"持中立态度（M = 3.20 分），金砖国家（M = 3.49 分）和发展中国家（M = 3.46 分）则倾向于同意该观点。

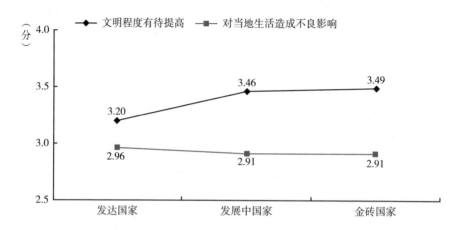

图 12　不同类型国家的受访者对中国游客形象的认知

资料来源：根据华中科技大学国家传播战略研究院"寰球民意指数（2020）"调查数据整理而成。

五　结论与建议

国民形象是国家形象的重要组成部分。在世界各地的中国国民，是中国形象的强有力代表，是实现全民外交的重要推手。随着中国经济发展和国民素质提高，国际公众对中国国民的印象逐渐好转。在复杂的国际关系形势下，中国要加强同其他国家的友好往来，塑造良好的国民形象，推动中国国家形象建设。通过分析华中科技大学国家传播战略研究院"寰球民意指数（2020）"、国家外文局当代中国与世界研究院"第七次中国国家形象全球调查"、U. S. News《2020 最佳国家排名》等调查数据和相关资料，本文有以下三点发现。

第一，国际公众对中国的国民形象认知，总体呈现积极正面的态度。国际公众普遍认为，中国人呈现勤劳敬业、积极进取、勇于创业和开拓创新的形象。相较于发达国家，发展中国家受访者对中国国民的看法更加积极。此外，国际公众还认为，中国人积极进取，在多个领域都展现出卓越的创新实力。同时，国际公众还认可华侨华人在当地起到的积极作用。

第二，国际公众普遍认可中国游客对于当地经济发展的积极作用，但认为游客的文明程度仍需提高。国际公众认为，中国游客热衷购物、购买力强，刺激了当地经济发展。相较于发展中国家和金砖国家公民，发达国家受访者更加认同此形象。多数国家的受访者并不认为中国人给当地生活带来了消极影响，但是部分国家受访者认为中国国民的文明程度有待提高。

第三，精英群体和网红群体的表现有助于国际公众了解中国国民的多元形象。在国际舞台上，企业家呈现的攻坚克难、创新自信形象，科学家呈现的不畏艰难、勇往直前形象，体育界呈现的顽强拼搏、追求卓越形象，时尚界呈现的展露时尚、散发魅力形象，都对国际公众认可中国国民形象大有裨益。在国际社交媒体平台上的中国网红，如以滇西小哥为代表的尊老爱幼、厨艺精湛的形象，以阿木爷爷为代表的纯粹专注、独具匠心的手工艺人形象，都推动国际公众对中国国民形象予以正面评价。

中国国民形象是国际公众了解全面、真实、立体的中国形象的重要媒介和载体。习近平总书记强调："我们期待时间能够消除各种偏见和误解，也期待外界能够更多以客观、历史、多维的眼光观察中国，真正认识一个全面、真实、立体的中国。"① 本文尝试就如何提升中国的国民形象，提升国际公众对中国国民形象的认可度，提出以下建议。

（一）提升国民形象"自塑"的能力，充分发挥华侨华人的积极作用

习近平总书记指出："中国的综合国力和国际地位不断提升，国际社会

---

① 《习近平在德国科尔伯基金会的演讲（全文）》，人民网，2014 年 3 月 29 日，http：//politics. people. com. cn/n/2014/0329/c1024 - 24772018 - 2. html。

对中国的关注前所未有，但中国在世界上的形象很大程度仍是'他塑'而非'自塑'。"① 面对各国媒体可能有失偏颇的报道，尤其是有可能负面报道中国和中国国民，我们要在国际舞台上提升国民形象的自塑能力，通过中国国民自身在海外受众面前的展现，传播中国国民的积极形象。要通过多种形式的公众外交，特别是常态化的民间直接交流，促进对彼此的了解，影响全球公众对中国国民形象的积极评价。要继续依托"一带一路"倡议，在促进中国与各国经济建设互惠互利的同时，通过与共建"一带一路"国家互办艺术节、电影节、音乐节等活动，促进民心相通，创造中国国民展现自我立体形象的机会。

相较于国内民众，华侨华人是直接接触海外国民的群体，他们所展现出来的形象，直接影响海外民众对中国人的认知。华侨华人要在工作中展现自己的勤劳敬业、积极进取形象，切实为当地作贡献，为国际公众留下积极正面的印象。

（二）拓宽国际传播的渠道，以讲好中国人的故事

要让全世界听到、听清中国的声音，就需要拓宽国际传播渠道，发动各方力量来讲述和传播中国故事。活跃在国际舞台上的中国精英群体和网红群体，为国际公众了解中国打开了新的窗口。在国际时尚领域，时尚设计师要努力传递先进的设计理念和传播优质的设计作品，模特要努力展现专业实力和迷人魅力，让海外民众感受到中国人的才华和美丽。在国际贸易领域，中国企业家应该弘扬开拓创新的精神，用优质的产品和完善的服务吸引海外民众。在国际传播平台上，官方和民间渠道应从各自擅长的领域出发，传播客观、多元的中国国民形象。官方媒体可以通过发掘更有创意的国际话语，让海外民众更关注、信服中国官方的报道；民间媒体、自媒体要利用平民化的视角，传播中国人的故事，塑造中国国民的积极形象。

---

① 《习近平：让全世界都能听到并听清中国声音》，人民网，2019 年 1 月 10 日，http：//jhsjk. people. cn/article/30514168。

热 点 篇

Key Issues

B.5
跨文明对话与中国国家形象塑造

毕研韬*

摘　要：　在百年未有之大变局时代，中国正面临空前机遇和挑战，亟待建立跨文明对话导向的全球接触理念。跨文明对话是指文明间接触、理解、沟通、借鉴，并达致相互尊重，它要求同时超越己方文明和对方文明，从更高维度俯视双方文明，这有助于理解环境、摸清边界、减少冲突、促进发展。鼓励民间发声是改善国家形象的捷径，跨文明对话要在认知安全状态下进行。本文针对国际舆论变化尝试提出战略对策，包括改变国际竞争范式，确立"大爱导向"；调整经济文化关系，提升文化亲和力；修正"正能量"内涵，讲全中国故事；弱

*　毕研韬，海南大学政治与公共管理学院教授，海南三略传播研究院执行院长，研究方向为战略传播、危机管理、宗教治理。海南大学政治与公共管理学院刘世奇、彭倩颖对本文亦有贡献。

化认知边界，扩大"生活空间"。

关键词： 跨文明对话　国家形象　战略传播　新认知安全

世界正处于"百年未有之大变局"，这是中国对世界格局做出的重大判断。为应对世纪大变局，推进人类命运共同体建设，实现中华民族复兴伟业，中国亟须从更高维度建立跨文明对话理念，以制度创新推动文明演进，以自变应万变。是谓"善用兵者，修道而保法"。

一　中国传播理念亟待革新

美国是当今世界唯一的超级大国，而中国是世界上最大的发展中国家，经济总量位居世界第二，所以澳大利亚前总理陆克文说，"中美关系不仅关乎两国人民，对整个世界而言都至关重要"。[①] 为此习近平主席强调，"我们有一千条理由把中美关系搞好，没有一条理由把中美关系搞坏"。[②] 但遗憾的是，尽管中国努力维护双边关系，但中美两国现在正逼近"新冷战"的边缘。对中国而言，现在是时候反省全球接触（engagement）理念与手法了。一个优秀的文明应该具备自我反省与自我修正的良好素养与能力。

创新是国家发展的不竭动力，是中国实现"两个百年"目标的战略重心。但在接触与传播领域，中国理论创新乏力，直到今天仍在以宣传理念指导国际传播。与此同时，当今世界上关于信息博弈的重要概念层出不穷，如"思想战""叙事战""软战争""政治战""混合战""非对称战争""第四代战争""灰色地带冲突""软实力""巧实力""锐实力""公

---

① 刁海洋：《澳大利亚前总理陆克文：中美关系之于世界至关重要》，中国新闻网，2015 年 9 月 19 日，http://www.chinanews.com/gj/2015/09-19/7532650.shtml。

② 程宏毅、常雪梅：《有一千条理由把中美关系搞好》，中国共产党新闻网，2018 年 1 月 4 日，http://theory.people.com.cn/n1/2018/0104/c416126-29746003.html。

共外交""战略传播""影响力行动"以及 COIN（反颠覆、反破坏、反骚乱、反渗透）、IIA（接触与影响行动）等。而中国只有军方专家提出的"超限战"① 具有广泛的国际影响，极其庞大的民间专家群体几无可与之媲美的重大贡献。

"沧海横流，方显英雄本色。"纵观近现代发展史，人类的重大社会实践往往会催生一些社会学科，譬如人类学、传播学。需要指出的是，世人现在所说的"传播学"，笔者称之为传播学 1.0，而"9·11"事件后应运而生的战略传播学笔者称之为传播学 2.0。在应对"百年未有之大变局"的社会实践中，我们亟须跨文明对话的指导。简言之，跨文明对话是对人类学、传播学和战略传播学等众多学科的吸纳和超越，其价值在于引导人们从更高维度观察文明间关系及互动，推动国际交往范式的改变，进而拥抱多元化，推动人类文明进化（见图 1）。

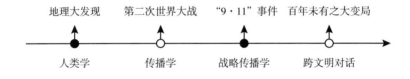

图 1　部分社会学科诞生时间轴

资料来源：本研究整理。

二　跨文明对话之概念与意义

何谓文明？文化与文明是什么关系？

在不同民族和语言中，"文明"的内涵有所不同。在《易经》中，文明指进步或文雅状态，如"见龙在田，天下文明"。美国人类学家摩尔根认为，古代文明的标志是出现了城市、贸易、简单机械、学校、科学、立宪君

---

① 中国军方专家曾提出"制脑战"概念，但笔者尚未发现系统化的深入阐述。

主制、国际法、成文法等。① 哈拉尔德·米勒发现，"我们的欧洲邻居以及美国人认为'文明'是在一定历史阶段，勇于克服生存问题的社会工具的总和"。② 综上所述，文明是与野蛮、蒙昧相对的状态。但在笔者看来，上述观点多囿于时代，而亨廷顿的站位更高一些："文明是对人最高的文化归类，是人们文化认同的最广范围"③；"文明是终极的人类部落"④。在施本格勒（Oswald Spengler）看来，文明是"文化不可避免的命运"，"是一些发达的人类能够达到的一些最外部的和人为的状态"，"是一个从形成到成熟的状态"。亨廷顿和施本格勒都认为，文明是发达文化的集合。换言之，文明是母概念，文化是子概念。这正是本文中文明之概念。当然，在特定语境中，文化与文明大致同义。

那么，何谓跨文明对话？其意义何在？

跨文明对话是指文明间彼此接触、理解、沟通、借鉴，并达致相互尊重，在此期间也会发生误解、曲解和冲突。联合国宣称，"不同文明对话年要我们重新面对多元性并寻求在包容基础上建立一种新关系体系。因此，对话年的目标就是要促成一种对话"。⑤ 在对话年启动之初，这一定位重在营造对话氛围，但在实践层面，该表述过于含混，人们不应为对话而对话，不具备具体功能的对话很难持续。2001年11月2日发布的《联合国跨文明对话年秘书长报告》指出，开展跨文明对话有助于减少冲突、促进发展。⑥ 对话何以实现上述目标？笔者认为这需要厘清对话的新内涵（见表1）。

---

① 林坚：《文化与文明：界定、联系、区别》，《文化学刊》2014年第9期。
② 〔德〕哈拉尔德·米勒：《文明的共存——对塞缪尔·亨廷顿〈文明冲突论〉的批判》，郦红、那滨译，新华出版社，2002，第31页。
③ 〔美〕塞缪尔·亨廷顿：《文明的冲突与世界秩序的重建》，周琪等译，新华出版社，2010，第22页。
④ 〔美〕塞缪尔·亨廷顿：《文明的冲突与世界秩序的重建》，周琪等译，新华出版社，2010，第184页。
⑤ 联合国：《不同文明之间对话的含义》，https：//www.un.org/chinese/dialogue/meaning.htm。
⑥ "United Nations Year of Dialogue Among Civilizations Report of the Secretary-general," *United Nations* （Nov. 2, 2001），pp. 3 - 4.

表1　对话的内涵演化

时间	基本目标	基本内涵
传统	达成共识	强调认同,忽略认异
	推动合作	建立基于共识的合作
现代	理解环境	利益相关者的诉求及其机理与趋势
	摸清边界	成因、性质,弱化策略

资料来源:本研究整理。

跨文明对话的前提是去除文化中心主义,在心态上将彼此置于平等地位。由于文明的内涵极为丰富,若从实际出发,文明之间应首先从彼此认为重大且紧迫的领域开启对话,重点识别文明间的同质性与异质性特征。在跨文明交往中,开展异质性研究具有特别重大的战略意义,一方面它会时刻提醒双方留意彼此"红线",从而避免冲突的发生和升级;另一方面,异质文明富含营养,彼此接触是自我发展的必由之路。这正如罗素所说,"不同文明之间的交流过去已经多次证明是人类文明发展的里程碑"。①

1972年,奥地利哲学家 Hans Köchler 致信联合国教科文组织,建议组织"不同文明之间的对话大会"。1977年,法国穆斯林学者 Roger Garaudy 创造了 Dialogue Among Civilizations(跨文明对话)这个术语。1993年,美国学者亨廷顿在《外交关系》杂志发表长文《文明的冲突?》,引起全球关注。1998年9月21日,时任伊朗总统 Mohammad Khatami 建议联合国把2001年定为"跨文明对话年",1998年11月4日联合国采纳了这一建议。虽然亨廷顿的"文明冲突"是一元化的产物,而"文明对话"或"文明共存"则是多元化的呼声,但本质上它们都服务于各自的战略利益。

跨文明对话需要战略理解(strategic understanding)的支撑。从战略传播来看,战略理解的主要内容包括人文地形系统(human terrain system)和人类动力系统(human dynamics system)两部分。根据英国军方 JDP-04 文

---

① 〔英〕伯特兰·罗素:《中西文明比较》,转引自汤一介《"文明的冲突"与"文明的共存"》,《北京论坛(2004~2015)主旨报告与特邀报告集》,北京大学北京论坛办公室,2004,第26页。

件，人文地形系统是一项战场文化情报准备项目。① 人类动力系统包括决策系统、影响系统等。2008 年初，驻阿富汗美军在旅一级作战单元配备了"人文地形小组"（Human Terrain Teams，HTTs）。② 曾任驻阿富汗国际安全支援部队司令官、中情局局长的戴维·彼得雷乌斯（David Petraeus）将军曾在美国参议院听证会上称，"在阿富汗与在伊拉克一样，最重要的是人文地形系统"。③ 中国在民族复兴进程中亟须强化对人文地形系统的重视和运用。

人类学者在考察目标社会时要进入对方文化，以当地人的视角理解对方文化，并能跳出对方文化，不为其束缚。跨文明对话则需要同时超越己方文明和对方文明，从更高维度俯视双方文明，进而更深刻、全面地理解两种文明的特质、关系及其发展。用费孝通先生的话说，"要从高一层的心态关系去理解民族与民族、宗教与宗教和国与国之间的关系"。④（见图 2）

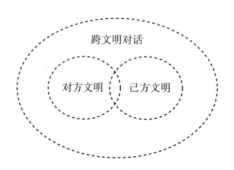

图 2　跨文明对话示意

资料来源：本研究整理。

---

① UK Development, Concepts and Doctrine Center, "JDP – 04 Understanding," *COV. UK* （December, 2010）.

② Dennis M. Murphy, "The Trouble with Strategic Communication," *Army War Coll Carlisle Barracks Pa Center for Strategic Leadership* 2（2008）：3

③ 转引自 Garfield, A., Understanding the Human Terrain：Key to Success in Afghanistan. *Small Wars Journal*（Jul. 16, 2010）, http：//smallwarsjournal. com/blog/understanding-the-human-terrain-key-to-success-in-afghanistan。

④ 费孝通：《文化与文化自觉》，群言出版社，2016，第 96 页。

三　跨文明对话对中国的启示

人类文明可分为两大类：视多元化为威胁的文明；视多元化为机会的文明。① 拥抱多元化是全球范围内政治正确的选择。在这方面，美国是敌视多元化的，与此相反，2020 年 7 月 9 日，国务委员兼外交部部长王毅公开呼吁中美之间"激活和开放所有对话渠道"。

亨廷顿说，"文化和文化认同（它在最广泛的层面上是文明认同）形成了冷战后世界上的结合、分裂和冲突模式"。② 德国学者哈拉尔德·米勒批评说，"文明的冲突现象并非自然之力的结果，而是人为引起的"。③ 中国学者汤一介反驳说，"最基本的发生冲突和发生战争的原因不是由文化引起的，而是由政治经济引起的"④。文化差异能使冲突复杂化、持久化。就中美关系而言，地缘政治、地缘经济、政治制度与意识形态是主要变量，但它们是作为影响因子群而发挥作用的。

国家形象是自塑和他塑相结合的产物。美国国家品牌专家西蒙·安浩认为，"国际声誉既不能靠传播打造，也不能靠传播来改变"。这与"桃李不言，下自成蹊"的喻义完全一致。社会和谐、人民幸福，这就是一流人类文明的标志，其国际声誉自会不胫而走。在一定程度上，这与"物质决定意识"相吻合。

"文明对话基金会"认为，"主要的跨文明对话者是思想者、领导者、

---

① 这份资料现已从 UN 官网删除，但 Wikipedia 依然保留了其部分观点。https：//en. wikipedia. org/wiki/Dialogue_ Among_ Civilizations#cite_ note－5，最后访问日期：2020 年 7 月 24 日。

② 〔美〕塞缪尔·亨廷顿：《文明的冲突与世界秩序的重建》，周琪等译，新华出版社，2010，第 4 页。

③ 〔德〕哈拉尔德·米勒：《文明的共存——对塞缪尔·亨廷顿〈文明冲突论〉的批判》，郦红、那滨译，新华出版社，2002，前言第 2 页。

④ 汤一介：《"文明的冲突"与"文明的共存"》，《北京论坛（2004～2015）主旨报告与特邀报告集》，北京大学北京论坛办公室，2004，第 27 页。

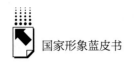
艺术家和所有仁慈的知识分子,他们才是各自文化和文明的真正代表者"。①在国际社会看来,来自民间的声音比官方信息更具权威性。为此,美国《2010年国家安全战略》将"美国人民"列为八大国家力量之一。因此,没有民间自发、真诚、积极的参与,单凭政府力量是无法实质性改善国家形象的。

国家形象与影响力是个人、私人组织与政府组织共同努力的结果,即 $y = f(ia + pb + gc)$。其中,y为国家形象(影响),i、p、g分别代表个人(individuals)、私人组织(private organizations)和政府组织(governmental organizations),a、b、c代表这三方各自的权重。由此可见,当一国政府的国际公信力降低时,要改善国家形象就要鼓励民间发声。如果该国政府赋权赋能于人民,其政府公信力自然会逐渐提升。另外,当一国国际公信力为负数时,就会出现传播学上的"不可沟通性"现象(incommunicability):你说得越多,双方隔阂越大。这就是斯图亚特·霍尔所说的对抗性解读。

四　新认知安全与跨文明对话

跨文明对话不可能永远在和平氛围中进行,内部的成见、误解与冲突,外部的离间、欺骗与操纵,都是不可避免的常态性挑战。为此,中国需要构建新认知安全意识与武装力量以保障跨文明对话健康进行。本文的新认知安全观是对传统认知安全的超越,它在本质上是认知战的一个核心领域。

(一)认知安全的定义

狭义的认知是指获取、转换、存储、提取和使用信息的过程,而广义的认知是指人类学习知识、认识世界的过程。所谓认知安全,是指人类智能和人工智能免受蓄意干扰和操纵(manipulation)的运行状态。这是笔者主张的

---

① The Foundation for Dialogue among Civilizations, "Our Mission", http://dialoguefounda tion. org/? Lang = en&Page = 29.

定义，是一个返璞归真的视角。由此得知，认知安全具有静态安全和动态安全两个维度，包含数据安全、信息安全、知识安全和智慧安全。

关于认知安全，在本文发表之前国内学界流传两个有一定关联的定义。其一，按梆梆安全研究院的界定，认知安全是指人工智能（AI）系统按照人类的设计规范运行，避免其伤害人类。[①] 其二，按 IBM 的界定，互联网安全分为外围控制（2005 年以前）、安全情报（2005 ~ 2014 年）和认知安全（2014 年以后）三个发展阶段（见图 3）。在第三个阶段，安全防御系统是个具有自学能力的认知系统。[②] 本文界定的内涵吸收了此二者的要义。

图 3　互联网安全防御概念演进

资料来源：本研究整理。

（二）新认知安全的意义

在 21 世纪，信息对国家安全的重要性与日俱增，外交、信息、军事和经济（合称 DIME）已成为国家实力的四大支柱。美国前总统克林顿曾预言："今后的时代，控制世界的国家将不是军事能力而是信息能力走在前面的国家。"[③] 在国际关系中，信息能力包括对目标群体的认知进行塑造和管理的能力。一般而言，影响了认知，就有可能影响其态度、情感和行为。

认知安全涉及理解与行动，是其他一切安全的基础。和现实世界相同，在虚拟世界中同样存在着欺骗与反欺骗、操纵与反操纵、破坏与反破坏的斗

---

① 梆梆安全研究院编撰《认知安全白皮书》，2018，第 2 页。
② IBM：《认知安全》，2016，第 4 ~ 5 页。
③ 毕研韬、王金岭：《战略传播纲要》，中央编译出版社、国家行政学院出版社，2011，第 5 页。

争，过程同样惨烈，危害同样巨大。美国国防科学委员会 2008 年 1 月版
《战略传播纲要》提醒说，"虚拟冲突和认知伤害与现实冲突、现实伤害一
样重要"。① 而国内学界对这方面的认识亟待深入。

通过人类智能和人工智能监测目标群体对华认知是否发生偏离，研判发
展趋势，识别影响因素，监控运行环境，及时发出预警，制定处置预案并监
督执行，这应是认知安全领域的基本内涵。在一定意义上，这是认知安全领
域的危机管理。需要澄清的是，在现实世界中，危机管理的主要工作在于危
机发生前的预防预警，而非危机发生后的处置。在认知安全领域，如何强化
预防预警则是个新课题。

综合近几年的国际传播现状不难看出，中国的投入与产出不成正比。究
其原因，笔者认为是系统性障碍所致：在认知层面，中国缺乏理解环境的心
态、理念、技术和人才，长期重战术情报而轻战略情报；在决策层面，决策
者及其支持者对国际形势缺乏准确了解，专家意见既难以上传，也难以下
达；在行动层面，中国相关机构与国际脱节，重政治正确而轻技术正确，不
能及早准确捕捉结构性矛盾，也就无法及时有效实施对冲与反击。如不能消
除结构性障碍，中国国际化与现代化之路必定困难重重。

五　小结与建议

习近平总书记指出："如果我们不识变、不应变、不求变，就可能陷入战
略被动，错失发展机遇，甚至错过整整一个时代。"② 面对世界大变局，中国
亟须革新对外交往理念，应从跨文明对话高度统筹各领域、各层面的国际交
流与合作。为此，我们建议校正全球传播理念，确立以下四项基本原则。

---

① 毕研韬、王金岭：《战略传播纲要》，中央编译出版社、国家行政学院出版社，2011，第
71 页。
② 《全国科技创新大会 两院院士大会 中国科协第九次全国代表大会在京召开》，中华人民共
和国中央人民政府官网，2016 年 5 月 30 日，http：//www. gov. cn/xinwen/2016 - 05/30/
content_ 5078085. htm#1 。

（一）改变国际竞争范式，确立"大爱导向"

虽然传统的国际竞争越来越强调信息与说服的价值，但其本质上是基于控制力的（power-oriented），而跨文明对话倡导大爱导向（love-oriented）。大爱导向并非放弃国家利益，而是要摒弃文化中心主义，在国内外真诚尊重多元化，以更加宽容的心态对待他者。对任何国家来说，完善自己才是最好的传播。只有热爱自己人民的政府和文化，才会具有全球吸引力，也才能赢得其他文明的真诚尊重。从这个意义上看，国家形象的改善是自塑为主，他塑为辅，而所谓自塑，概言之就是让自己的人民幸福。

（二）调整经济文化关系，提升文化亲和力

在国际关系中，经济是一种硬实力，经济援助与合作只有辅以文化交流与亲近，才是可持续的。笔者认同亨廷顿的这一结论。亨廷顿也曾说："经济交往使人们彼此接触，却不能带来彼此认同。历史上，它往往让人们更深刻地认识到民族之间的不同，让民族之间彼此更加恐惧。"① 笔者认同这一结论。但是，亨廷顿把文化共性对经济交往的意义扩大化、绝对化了。我们认为，在文化亲缘性的情况下，提升文化的亲和力才是全球传播与经济交往的努力方向。

（三）修正"正能量"内涵，讲全中国故事

要讲好中国故事，就必须讲全中国故事，否则就会讲坏中国故事。联合国新闻稿指出，跨文明对话意味着暴露而非掩盖不同的思维方式。② 全方位展示自己，不回避问题，就是传播正能量，否则就是传播负能量。根据

---

① Samuel P. Huntington, *The Clash of Civilizations and The Remaking of World Order* (New York: Simon & Schuster, 1996), p. 218.

② "United Nations Year of Dialogue Among Civilizations, 2001 Launched with Headquarters Round Table Discussion," *United Nations* (Sept. 5, 2000), https://www.un.org/press/en/2000/20000905. ga9747. doc. html.

"期望违背原理"，片面的宣传对自己的伤害远大于不做宣传。过去人们说，要传播事实而非观点，而在真相坍塌的今天，事实和真相都是多元的。正如诗论家薛雪所言："杜少陵诗……兵家读之为兵，道家读之为道，治天下国家者读之为政。"对传播而言，建立信任才是关键。

（四）弱化认知边界，扩大"生活空间"

库尔特·卢因认为，人的智力，准确地说是心智年龄，与其对环境的细分程度和心理环境存在密切关系。[①] 在当下的全球政治生态中，中国应设法弱化他者对中国的认知边界，推动其进一步细分对华认知，用更加多元的信息去对冲对华偏见。为达此目的，重塑双边关系是实践要点。一般而言，对抗性关系会促使他者强化已有边界，所以说建立信任关系是战略传播的重中之重。在与他者的交往中，中国应用心培育和善待我方"边界人员"（Boundary Spanner）[②]，因为他们难免会被对方质疑、误解甚至打击。

美国历史学家卡罗尔·奎格利（Carroll Quigley）认为，一个文明要存续就得拥有一个"扩张工具"（Instrument of Expansion），即一个军事的或政治的或经济的或宗教的系统，这个工具能将社会盈余积累起来并将其投入创新之中。当这个系统逐步固化，文明的扩张就会减缓。[③] 在世纪大变局中，这个"扩张工具"本身就是国之重器。笔者认为，从跨文明对话维度探索战略传播对人类文明的意义，就是重构"扩张工具"的有益尝试。

---

① 〔美〕库尔特·卢因：《社会科学中的场论》，中国传媒大学出版社，2016，第245页。
② 现在指跨越组织（文化）边界试图在其间推进理解、建立联系的人。
③ Carroll Quigley, *The Evolution of Civilizations* An Introduction to historical Analyis（Liberty Fund, Inc. 2nd ed. 1979），pp. 132–139.

B.6
以诗共情

——新冠肺炎疫情下中日援助外交的传播策略与扩散效应*

钟 新 蒋贤成**

摘　要： 新冠肺炎疫情暴发以来，中国与世界各国一起积极开展援助外
交，共同抗击疫情。例如，中日两国在援助外交中注重物资援
助与情感表达的相互支撑，不断传递善意以增进抗疫信心，实
现良好的传播效果。本研究依托中科闻歌开发的"闻海"大数
据平台，分析世界各国媒体对"山川异域，风月同天"这一中
日援助典型事件（简称"风月同天"事件）的报道，探讨援助
外交中的"古诗热潮"如何逐步"出圈"。本文发现，"风月
同天"事件主要经历了四次舆情扩散：日本用古诗传情、成功
设置议程；中国社交媒体与主流媒体议程互动；中日共同设置
议程；中国媒体从议题建构转为价值建构。本文尝试分析和提
炼援助外交中的共情传播模式，比较援助国和受援国的传播策
略，希望情感传播可以提升国际援助的效果。

关键词： 新冠肺炎疫情　援助外交　信息扩散　共情传播　人类命运共
同体

* 本文系国家社会科学基金重点项目"习近平总书记的大国传播与公共外交思想研究"（项目
编号：15AXW005）的阶段性成果。特别鸣谢：中科智库、"闻海"大数据平台对本研究的大
力支持。

** 钟新，中国人民大学新闻学院教授，博士生导师，中国人民大学新闻与社会发展研究中心研
究员，研究方向为国际传播、公共外交、国际广播电视新闻；蒋贤成，中国人民大学新闻学
院硕士研究生，研究方向为国际传播、公共外交。

新冠肺炎疫情暴发后，日本给中国捐赠物资上写的一句古诗，"山川异域，风月同天"令中国人民倍感温暖。病毒面前，中国与世界各国一起积极展开对外援助，共同抗击疫情。对外援助作为公共外交的一种重要手段，不仅起到了帮扶受援国民众的作用，还有利于提升援助国的形象、拉近援助国民众与受援国民众的距离。①

对外援助主要通过两种形式实现传播效果：一种是在实施对外援助的过程中，潜移默化地起到传播效果；另一种是援助方直接对援助成果进行宣传和推广。② 因此，援助外交信息的传播和扩散对于传播效果的实现起到了促进作用。在此次援助外交信息的传播扩散中，日本引领、中国呼应的"古诗热潮"备受关注。从"山川异域，风月同天"到"道不远人，人无异国"，一句句古诗承载了援助者的共情、善意与美好期许，联结着援助国与受援国的历史渊源与友好情谊。援助外交信息的传播扩散促进了中国与世界各国民众心意相通，增强了世界各国合作抗疫的信心。这充分证明了信息传播在援助外交乃至建构人类命运共同体中的重要作用，因此本文将以新冠肺炎疫情期间中日两国援助外交为例，探讨援助外交信息的扩散机制及传播策略。

一 研究目的：探讨援助外交中信息
传播对扩散效果的影响

随着全球化的深入发展，各种非传统安全问题成为国际社会需要共同面对与解决的难题。在这样的时代背景下，对外援助已成为一种重要的外交形式。事实上，从二战后美国推出马歇尔计划以对抗苏联③，到 20 世纪七八

---

① 刘诗琪：《中国对非洲的人道主义援助在公共外交中的作用》，《公共外交季刊》2018 年第
3 期。

② 王晓博：《日本对外援助在公共外交中的作用》，《东北亚学刊》2013 年第 3 期。

③ Inada, J., "Japan's Aid Diplomacy: Economic, Political or Strategic?" *Millennium* 18（1989）：
399 - 414.

十年代日本对东南亚展开经济援助以提升国际影响力①，对外援助一直是外交政策的重要组成部分，援助外交（Foreign Aid Diplomacy）也逐渐成为学界热议的话题。张清敏将援助外交定义为"国家通过外交活动或渠道争取获得援助或实施对外援助，或通过对外援助推行对外政策的行为"。② 除了常态化的援助行为，援助外交还包括灾难发生时短期对外援助行为，有学者将2010年海地地震时中国对海地的物资、医疗与现金救援纳入援助外交研究范畴，③ 因此灾难援助（Disaster Aid）可以被视为援助外交的一种特殊形式。

大众媒介与信息扩散在援助外交中发挥着重要作用。有研究认为，媒体在灾难援助中承担了信息发布者、舆论引导者、议程设置者、利益捍卫者四重角色。④ 一方面，信息传播可以影响其他国家援助政策。有学者通过对法国《世界报》⑤、日本《朝日新闻》⑥ 等媒体的实证研究，发现新闻报道与对外援助分配政策制定之间存在相关性。另一方面，援助行为的相关信息影响着援助外交的成效。例如，在印尼海啸后，印尼政府与"自由亚齐运动"组织为了救灾而展开偶然性合作，媒体对二者合作进行宣传报道，这提升了印尼人民的凝聚力与亚齐人民对印尼政府的好感度。而斯里兰卡政府和泰米尔猛虎组织通过媒体互相指责，发布关于对方救灾不力的新闻，加深了双方人民的不满之情。⑦

随着社交媒体的发展，信息传播对援助外交的作用机制影响变得更加复

① 白如纯：《安倍政府对菲律宾援助外交：方针、路径及评估》，《现代日本经济》2019年第5期。
② 张清敏：《援助外交》，《国际论坛》2007年第6期。
③ Zhang, D., & Smith, G., "China's Foreign Aid System: Structure, Agencies, and Identities," *Third World Quarterly* 38（2017）：2330 - 2346.
④ 袁晔：《灾难外交中西方媒体对中国"污名化"行为探究》，《传播与版权》2014年第7期。
⑤ Rioux, J. S., & Van Belle, D. A., "The Influence of Le Monde Coverage on French Foreign Aid Allocations," *International Studies Quarterly* 49（2005）：481 - 502.
⑥ Potter, D. M., & Van Belle, D., "News Media Coverage Influence on Japan's Foreign Aid Allocations," *Japanese Journal of Political Science* 5（2004）：113 - 135.
⑦ 寇志斌：《灾难外交探析》，硕士学位论文，华中师范大学，2012。

杂，但对援助外交的政策制定和效果实现有着日益重要的影响。本文将以
2020 年新冠肺炎疫情暴发后，中日两国援助外交中"风月同天"这一典型
舆情事件为例，探讨其信息扩散机制与传播策略。

二 研究设计：基于大数据分析"山川异域，风月同天"传播事件

2020 年 1 月，在新冠肺炎疫情暴发之后，日本汉语水平考试 HSK 事
务局在支援湖北高校的物资纸箱上撰写了"山川异域，风月同天"，这句
话因其隽永的情感引起了广大中国网友的共鸣。这句古语源于中日历史
上的佛教典故，日本相国长屋赠送给中国唐代佛教大德的上千件袈裟边
缘都绣着一首偈子："山川异域，风月同天。寄诸佛子，共结来缘。"[1] 这
句古语因承载了中日两国的历史情谊和共同抗击疫情的美好期许，在中国
社交媒体上迅速传播，并被中日官方借鉴使用，成为两国援助外交情谊的
一种符号。

本文借用舆情监测软件对这一事件的舆情演变情况进行分析，试图发现
相关信息是如何扩散、传播的。本文使用的"闻海"大数据平台覆盖 144
个国家，19 个语种，近 6000 家主流媒体，十余万个网站频道，八十余万个
境外社交账号，累计百亿条数据，平均日增 3500 万条数据，是国内唯一一
家集海内外多种语言数据于一体的大数据平台。[2] 该平台提供一段时间内按
关键词、语种、地域等条件搜索新闻报道的服务，并具有主题词分析、地域
分析、情感分析等功能。因此，使用"闻海"大数据平台可以大体反映
"风月同天"事件的舆情演变趋势。

经过"闻海"大数据平台对各国援助外交相关报道数据的初步分析，

---

① 魏圣曜、萧海川：《"山川异域 风月同天"折射中日历史文化纽带》，新华网山东频道，
2020 年 2 月 13 日，http：//www.sd.xinhuanet.com/news/2020 – 02/13/c_ 1125566643.htm。
② 中科闻歌：《"闻海"新媒体大数据平台》，中科闻歌官网，http：//www.wengegroup.com/
products/wenhai。

本文认为,"风月同天"事件主要有两点独特优势。首先,在本次新冠肺炎疫情中,与中国同其他国家的援助外交信息传播相比,中日援助外交的信息时间更早、影响更大。例如,2020年2月27日,中国驻韩国大使馆为韩国大邱市运送爱心口罩的货车上悬挂着新罗旅唐学者崔致远的"道不远人、人无异国"和"大邱加油!韩国加油!"的醒目横幅①,这一事件同样也引起了网民的广泛关注,但其中文媒体报道量远低于"风月同天"事件。同样,小米援助意大利②等事件的报道量也远远不及"风月同天"事件。其次,在中日援助外交信息的扩散传播中,"风月同天"事件影响力最大。例如在日本援助中国物资上的"青山一道同云雨,明月何曾是两乡"③"岂曰无衣,与子同裳"④ 等古诗都曾引起热议,但报道热度远低于"风月同天"事件。并且有关其他标语的报道多聚焦于援助本身,而"山川异域,风月同天"在媒体报道中常常被视为援助外交精神的代表。

因此,"风月同天"事件在此次新冠肺炎疫情的援助外交中具有典型意义,以此事件作为研究对象可以体现援助外交信息扩散的典型特点。本文基于"闻海"大数据平台,检索2020年1月至7月中文媒体关于这一事件的报道⑤,并将以英文媒体⑥和日文媒体⑦报道为辅助材料予以分析,试图刻画此次事件的舆情演变过程。

---

① 刘佳妮:《"道不远人、人无异国",驻韩使馆向大邱市捐医用口罩》,《新京报》官网,2020年2月27日,http://www.bjnews.com.cn/feature/2020/02/27/696119.html。

② 《小米向意大利捐赠上万只口罩,用上塞涅亚名言,获外媒盛赞》,腾讯网,2020年3月10日,https://new.qq.com/omn/20200310/20200310A01RT800.html。

③ 《日本援助物资上留言"青山一道同云雨,明月何曾是两乡",我们该如何回应?》,腾讯网,2020年2月12日,https://new.qq.com/omn/20200211/20200211A0OKNX00.html。

④ 郭丹:《"岂曰无衣,与子同裳"》,新华网,2020年2月20日,http://www.xinhuanet.com//globe/2020-02/20/c_138791784.htm。

⑤ 中文媒体报道检索条件为:搜索条件为标题或全文同时含有关键词"风月同天",语言为中文,媒体渠道来源不限。

⑥ 英文媒体报道检索条件为:搜索条件为标题或全文同时含有关键词"Japan""China""poem",语言为英文,媒体渠道来源不限。

⑦ 日文媒体报道检索条件为:搜索条件为标题或全文同时含有关键词"支援""中国""詩",语言为日文,媒体渠道来源不限。

三 研究发现：从古诗传情到援助精神建构的扩散效应

如图1所示，本文首先借助"闻海"大数据平台分析了2020年1月25日至4月24日[1]"风月同天"事件中文报道的演变趋势，发现相关报道于1月底开始出现，在2月12日到达顶峰，随后逐步递减。基于对相关报道的分析，本文认为"风月同天"事件的信息传播扩散主要经历了以下四个阶段。

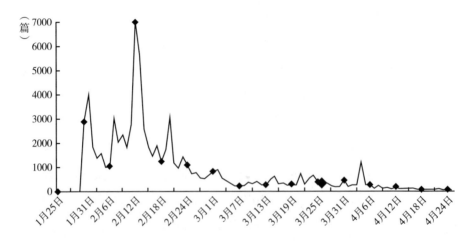

图1 "风月同天"事件中文报道趋势演进（2020年1月25日至4月24日）

资料来源：本研究数据基于"闻海"大数据平台整理而成。

（一）第一阶段（1月31日前）：日本捐助者借用古诗传情

麦克卢汉曾说，"电力使地球缩小，我们的地球只不过是一个小小的村落。"[2] 随着互联网和社交媒体的蓬勃发展，麦克卢汉说的"地球村"逐

---

[1] 由于之前手动检索到的日本援助中国的最早报道约在2020年1月28日，为避免遗漏更早的信息，研究者以1月25日为检索起始时间，但未见更早报道。从2020年1月至4月，疫情已成为全球共同面临的难题，中日两国的疫情管控也较稳定，因此研究者先以三个月为周期（1月25日至4月24日）探索舆情演变趋势，后对4月24日后的舆情进一步探索。

[2] 〔加〕马歇尔·麦克卢汉：《理解媒介：论人的延伸》，何道宽译，译林出版社，2019。

渐成为现实的写照。例如，"远处的苦难"（distant suffering）经过媒介和图片传播，进入世界各国人们的生活世界，从而引发所谓的"全球同情"（global compassion）。① 在本次新冠肺炎疫情中，社交媒体让世界各国民众及时获取有关中国疫情的信息。日本民众曾经历"3·11"东日本大地震等重大灾难，与中国有过互相援助的经历，他们对中国民众的境遇感同身受。

日本民间团体对中国展开援助，并在援助物资上书写"山川异域，风月同天"等语句以表达美好期许。在这一事件中，日本汉语水平考试 HSK 事务局作为民间团体发挥了公共外交作用。日本部分媒体对其援助行为进行报道，但数量有限。据日本雅虎新闻网报道，1 月 27 日，位于日本九州地区的大分市为其友好城市武汉市捐赠了 3 万只口罩，并在纸箱外写上了"武汉 加油！"此外，日本大型超市伊藤洋华堂为其九家分店所在的成都市捐赠了 100 万只口罩。② 在这一阶段，中文和英文媒体对日本援助行为报道较少。

（二）第二阶段（1月31日至2月3日）：中国社交媒体与主流媒体议程互动

1 月 31 日以后，日本民间团体在捐赠物资上所附的诗句引发了中国网民的广泛关注，成功设置了日本援助中国的新闻议程。在这一阶段，中文媒体大量报道该事件，英文媒体紧随其后，日文媒体报道数较少，报道内容主要涉及"风月同天"事件的历史渊源、中日两国的友好情谊、对日本人民的感谢、对传统文化之美的感慨等内容。

首先，这一阶段的信息传播者以网络意见领袖和大众媒体为主，微博等社交媒体平台对信息的扩散传播起到重要作用。首先，微博"大 V"账号

① 袁光锋：《"国家"的位置："远处的苦难"、"国家"与中国网民的"同情"话语》，《国际新闻界》2018 年第 7 期。

② 《日本企业や市、新型コロナウイルス感染拡大で》，日本雅虎新闻网，2020 年 1 月 28 日，https：//headlines. yahoo. co. jp/hl？a = 20200128 - 00010004 - bfj - soci。

发挥了意见领袖作用，推动该条新闻的迅速扩散。例如，1 月 31 日，@ 扎宝①、@ 五岳散人②等微博账号发布"风月同天"事件相关内容，掀起讨论热潮，讨论热点是"山川异域，风月同天"的语言之美好、情谊之深厚以及历史渊源。

其次，社交媒体对主流媒体实现了反向议程设置③，迅速跟进，发挥了舆论引导作用。例如，2 月 1 日至 2 月 2 日，大量个人账号、部分媒体账号跟进报道，主要介绍这句话背后鉴真东渡的历史渊源以及中日两国的友好情谊，如澎湃新闻发布文章《"山川异域，风月同天"：那个往唐朝运袈裟的日本人是谁?》④。但媒体账号得到的反馈量普遍小于 1 月 31 日个人账号的反馈量。2 月 3 日，继"山川异域，风月同天"之后，"岂曰无衣，与子同裳"受到了中国网民的关注，《三联生活周刊》⑤ 等媒体继续跟进报道。

这一阶段的"风月同天"事件在很大程度上是一场舆情事件，公众关注点仍在事件本身。根据"闻海"大数据平台的分析结果，该阶段内的报道热点词语为"日本""中国""鉴真""口罩"等，热门人物为"国王""林隆树"（日本汉语水平考试实施委员会工作人员）等，热门组织为"孔子学院""日本青少年育成协会"等，热门地点只包括中国和日本的相关城市。

在这一阶段内，日本援助中国的信息激发了中国民众对日本的感激之情，成功引起了中国网民对日本"风月同天"事件标语的共情。其主要原因是日本援助者采取了共情策略。宣传与说服研究中的一致性理论（consistency theory）认为，当信息与受众的关切、现有观点、信念和倾向相

---

① 扎宝：《日本汉语水平考试 HSK 事务所捐赠给湖北 20000 个口罩和一批红外体温》，微博，2020 年 1 月 31 日，https：//weibo. com/1218287234/Is1lGejd6？type ＝ comment # ＿rnd1600163470108。

② 原微博已不可获取。

③ 彭步云：《社交媒体受众对传统媒体的反向议程设置研究》，《当代传播》2019 年第 5 期。

④ 梁晓弈：《"山川异域，风月同天"：那个往唐朝运袈裟的日本人是谁?》，澎湃新闻网站，2020 年 2 月 2 日，https：//www. thepaper. cn/newsDetail_ forward_ 5723195。

⑤ 《最近日本捐赠物资时所用的典故》，《三联生活周刊》微博，2020 年 2 月 3 日，https：//www. weibo. com/1191965271/IssHjcqDx？type ＝ comment#＿ rnd1600163847850。

一致时，传播效果最佳。① 而"风月同天"事件在三个层面上与中国受众达成一致：首先是语言一致，易于中国受众理解；其次是文化一致，这句古语蕴含了中日共同的历史渊源与文化记忆；最后是关切一致，"风月同天"符合中国人民抗击疫情的愿景，给予中国民众精神支援。

（三）第三阶段（2月4日至2月17日）：中日共同设置议程

在2月4日至2月17日这一阶段，"风月同天"事件引起了中日两国政府的关注。中文媒体的报道数量在这一阶段达到峰值，日文媒体报道数量较前一阶段略有上升，而英文媒体的报道数量则有所减少，报道主要涉及两国的捐助信息以及共同情谊等内容。

在"风月同天"事件成为舆情热点后，中日官方媒体、民间组织、个人通过大众媒体、社交媒体、人际传播等方式积极展开互动，中日共同设置议程。例如，2020年2月4日，中国外交部发言人华春莹在例行记者会上对日本的援助表示感谢，并特别提到了"山川异域，风月同天"这句古诗②，不少主流媒体都对其进行了报道。日本放送协会（NHK）也对"风月同天"事件的渊源进行了报道③；日本前首相鸠山由纪夫亲书"山川异域，风月同天"来支持中国④。此外，两国政府还积极利用社交媒体平台开展公共外交，如日本驻华大使馆在微博上与中国民众互动，中国外交部利用推特与日本民众积极互动。两国民间组织也积极互动，发挥了重要的民间外交作用。张清敏认为，在此次新冠肺炎疫情中，非国家行为体积极参与并做出了

---

① Jowett, G. S., & O'donnell, V., *Propaganda & persuasion* (Sage publications, 2018).

② 《2020年2月4日外交部发言人华春莹主持网上例行记者会》，外交部官网，2020年2月4日，https://www.fmprc.gov.cn/web//fyrbt_ 673021/t1740183.shtml。

③ 《锐参考｜被中国"特别感谢"后，日本网友这样说》，新浪网，2020年2月8日，https://k.sina.cn/article_ 2375086267 _ 8d90f0bb02000x6ck.html? from = news&subch = onews。

④ 《日本两位前首相为中国加油：你们绝不是独自一人》，中国新闻网，2020年2月6日，http://www.chinanews.com/gj/shipin/cns – d/2020/02 – 06/news847041.shtml。

重要贡献，发挥了在其他领域从未有过的作用。①

在这一阶段，中日援助外交信息的传播呈现公共外交事件的基本特点，信息的传播从民众自发变为官方自觉、从关注事件本身转向关注事件对于中日两国的意义。根据"闻海"大数据平台的分析结果，该阶段的报道热点词语为"日本""中国""疫情""武汉"等，热门人物为"王昌龄"（"青山一道同云雨，明月何曾是两乡"的作者）、"华春莹"等，热门组织为"日本政府""外交部""日本学校"等，热门地点依旧为中国和日本的相关城市。

经过中日两国官方媒体及民间组织的互动，中日援助外交成为重要新闻议题，促进了中日两国民心相通。在这一阶段，援助外交对国家形象的宣传作用不仅依靠援助过程实现，也通过援助者对援助信息的宣传实现。中日两国的互动对于消除误解、增进民众感情、提升形象大有裨益。

（四）第四阶段（2月18日以后）：议题建构转向价值建构

2月18日以后②，随着日本和世界其他国家疫情严重程度的增加，中国开始对其他国家展开援助。关于"风月同天"事件的中文报道数量逐步减少且一直维持在一定水平，主要涉及中国对他国的援助、抗击疫情的经验和对战胜疫情的信心等内容，而英文报道和日文报道的数量均较少。在这一阶段，"山川异域，风月同天"成为援助精神的象征，蕴含了共抗疫情的信念和建构人类命运共同体的愿景。

中国政府与民间团体通过多种形式展开援助外交。截至2020年4月12日，中国已分5批完成了对139个国家和4个国际组织的抗疫援助计划，在这些物资上，有的印有"千里同好，坚于金石"等中国先贤的名言，有的印着法国大文豪雨果、南非前总统曼德拉的名言，甚至还有意大利歌剧中的

---

① 张清敏：《新冠肺炎疫情大流行重塑中国外交议程》，《国际政治研究》（双月刊）2020年第3期。

② 研究者后续又对4月25日至7月24日的数据进行分析，该阶段特征与2月18日至4月24日基本一致，故合并讨论。

佳句。① 这些话语秉承了日本"风月同天"事件一致性的原则，用与受援国语言、文化、期许相一致的标语传递情谊，增强了世界各国民众的抗疫信心，促进各国民心相通，增强了构建人类命运共同体的信念。②

这一阶段的"风月同天"事件信息传播具有较为鲜明的符号化特点。根据"闻海"大数据平台的分析结果，该阶段的报道热点词语为"日本""疫情""中国""韩国"等，热门人物为"邢海明"（中华人民共和国驻韩国大使）、"李白"、"周恩来"、"王毅"等，热门组织为"日本政府""世卫组织""韩国大使馆""上海市政府"等，热门地点除了中国和日本的相关城市外还有韩国和意大利。"风月同天"成为人类命运共同体精神的符号象征，中日模式成为跨国合作抗疫的示范，援助外交成为疫情期间构建人类命运共同体的新路径。

四 讨论：援助外交中的共情传播策略

总的来说，"风月同天"这一中日援助外交事件信息的传播与扩散呈现"舆论事件—公共外交事件—符号象征"的演变趋势。短期来说，这有利于鼓励中国人民积极抗击疫情、增强抗疫信心；日本民众的善意得到积极反馈，他们也会更具抗疫信念。长期来说，正面信息的流通与传播有利于弥合中日因历史遗留问题而产生的伤痕。有研究认为，在 2008 年汶川大地震和 2011 年东日本大地震中，中日双方以媒体报道和驻华使馆微博为载体展开互动，两国人民互表善意，这增加了中日民众的相互好感度及两国的相互认同感，并且呈现出良性循环的趋势。③ 布鲁金斯学会认为，此次新冠肺炎疫

---

① 吴绮敏：《共同维护各国人民健康福祉——从全球抗疫看国际人道主义精神》，新华网，2020 年 4 月 23 日，http://www.xinhuanet.com/world/2020 – 04/23/c_ 1125893676. htm。

② 史安斌、童桐：《全球危机与中国方案：新冠肺炎疫情下公共外交的反思》，《对外传播》2020 年第 6 期。

③ 季之逸：《灾害危机中的中日关系互动研究——以"汶川大地震"与"东日本大地震"为例》，硕士学位论文，复旦大学国际关系与公共事务学院，2014。

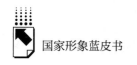
情中的中日"口罩外交"能促进两国弥合伤痕。①

经过上述分析可以发现，共情策略在此次中日援助外交信息的传播中发挥了重要作用。共情（empathy，或译作"同理心""移情"等）这一心理学名词有多种不同的理解方式，大致可分为三类：共情是一种认知和情感状态、共情是一种情绪或情感反应、共情是一种能力。但从本质上说，"共情是一种具有动态性、方向性的社会心理过程"。②"刘聪慧等人认为，共情是个体面对（或想象）一个或多个个体的情绪情景时，首先产生与他人情绪情感的共享，而后在从认知到自我与他人有区别的前提下，对其总体状况进行认知评估，从而产生的一种伴有相应行为（外显或内隐行为）的情绪情感反应，且主体将这种情绪情感和行为指向客体的心理过程。"③

由此可见，共情是人际互动和传播中的一种情感反应。"共情传播/交际"（empathetic communication）的研究多见于医患之间和师生之间的人际传播研究，如医患沟通相关研究认为"共情是将自己置身于他人处境、想象他人的生活"④。共情对医患沟通至关重要，"良好的沟通可以使患者提升对疾病的适应能力，减轻疼痛和身体症状，更加坚持治疗，提高对护理的满意度"。⑤

吴飞探讨了共情传播这一概念的理论基础与实践路径，并将"共情传播"概念运用于大众传播和国际传播领域⑥。本文延续吴飞的思路，讨论大

---

① Cheng Li & Ryan McElveen, "Mask Diplomacy: How Coronavirus Upended Generations of China-Japan Antagonism," *Brookings Institution* (March 9, 2020), https://www.brookings.edu/blog/order-from-chaos/2020/03/09/mask-diplomacy-how-coronavirus-upended-generations-of-china-japan-antagonism/.

② 刘聪慧、王永梅、俞国良、王拥军：《共情的相关理论评述及动态模型探新》，《心理科学进展》2009 年第 5 期。

③ 刘聪慧、王永梅、俞国良、王拥军：《共情的相关理论评述及动态模型探新》，《心理科学进展》2009 年第 5 期。

④ Back, A., Arnold, R., & Tulsky, J., *Mastering Communication with Seriously Ill Patients: Balancing Honesty with Empathy and Hope* (Cambridge University Press, 2009).

⑤ Back, A., Arnold, R., & Tulsky, J., *Mastering Communication with Seriously Ill Patients: Balancing Honesty with Empathy and Hope* (Cambridge University Press, 2009).

⑥ 吴飞：《共情传播的理论基础与实践路径探索》，《新闻与传播研究》2019 年第 5 期。

众传播和国际传播范畴中的共情传播策略，将共情传播定义为传播者在传播时主动与受众共情、受众在接受信息时与传播者共情的良性情感互动过程。在此次中日援助外交信息传播中，中日积极展开互动，实现了两国人民的双向共情，堪称一次成功的共情传播实践。

共情是在传播者和接受者的互动中实现的，需要传播者从接受者立场出发选择传播内容，也需要接受者正确理解传播者的信息，因此成功的共情传播实践需要传受双方的共同建构。一国对他国的援助外交因共情而起，援助过程中共情传播策略的使用可以最大化发挥援助外交的正面作用，因此本文结合此次中日援助外交的传播实践，试从援助国与受援国两方归纳出援助外交的共情传播策略。

（一）援助国：因共情而起，借共情而传播

援助外交行为与援助外交信息的传播是因共情而产生的。正如前文所述，远方的苦难能够引发本国人民的共情，这是人的本能在信息时代的体现，也符合建构人类命运共同体的美好愿景与现实需求。同时，援助外交信息的传播也应以受众正面反馈为期许。有研究发现，在学生群体的人际传播中，相似性、相关性与可接近性是影响共情效果的三个重要外部因素，即学生更易对与自己相貌或经历相似的人共情、更易对自己认为重要的授课内容共情、更易在容易接近他人的环境中共情。① 援助国可以借鉴这一策略，通过完善传播主体、传播内容、传播渠道这三方面因素来尽可能提升受众的共情效果。

在传播主体上，应发挥多元主体的作用，合力传递援助信息。政府部门和主流媒体（尤其是外宣媒体）应积极发挥议程设置和舆论引导作用。例如在"风月同天"事件中，中日两国外交部奠定了这一舆情事件的基调，对舆论方向发挥了重要的引领作用。而个人、企业、社会组织等民间团体更

---

① Valente, F., "Empathy and Communication: A Model of Empathy Development," *Journal of New Media and Mass Communication* 3 (2016): 1-24.

有利于拉近距离、实现主体对受众的可接近性。

在传播内容上，应提升与受众的相关性，站在受众立场上，想对方之所想，传递符合对方关切、能产生共情的信息，如医疗科普信息、与当地有关的援助信息、实际经验等有利于受援国解决实际问题的信息内容，而古诗、音乐、舞蹈等软性内容更有利于形成情感共鸣，较易被受援国民众接受。传播内容还应使用易于受众理解、接受的方式，例如使用对方的语言、贴近对方的文化传统和习俗。如果与受众有共同的文化背景，可以唤起共同的文化记忆，创造共同的文化空间，如中日两国可以用汉字、古诗表达历史情谊，以历史连接现实来体现两国人民情谊的源远流长、绵延不绝，唤起两国人民对共同情谊的珍视。如无共同文化背景，应站在对方的立场上，使对方能正确理解传播者的意图，如小米在给意大利捐赠的物资上书写的标语便是出自古罗马哲学家塞内加（Seneca）之手，且用意英双语书写，这大大拉近了中国人民与意大利人民的距离。

在传播渠道上，社交媒体有利于拉近与受援国民众的距离。社交媒体使传统单向的、以政府为中心的公共外交模式发生了巨大改变，它建立了一个政府可以直接与他国民众互动的线上公共领域，凸显连通性和互动性，强调对话与协作。[①] 所以，应发挥社交媒体在公共外交中的重要作用，鼓励政府机构、个人通过社交媒体向受援国民众表示支援，以增进信息在受众中的可接近性。同时也应发挥人际传播的作用，如中国可以通过在海外的华侨华人直接向当地民众传播援助信息。

援助外交中的共情传播不仅有利于增强受援国民众应对风险的信心，而且在客观上也有利于提升本国在受援国民众心中的形象。例如，有研究认为，中国在印度洋海啸之后的援助外交实践了以人为本的传播策略，取得了巨大成效，极大改善了中国在东南亚的国家形象。[②] 提升本国国家形象、促进民心相通是援助外交中共情传播的实际效果，同时也是援助国的合理期

① Jia，R.，& Li，W.，"Public Diplomacy Networks：China's Public Diplomacy Communication Practices in Twitter During Two Sessions，" *Public Relations Review* 46（2019）．

② 毛维准、阙天舒：《灾难外交：一种新的外交方式》，《世界经济与政治》2005 年第 6 期。

许，有利于促进各国展开对外援助与国际合作，共同抗击各种非传统安全威胁。

除了对受援国的共情传播之外，还需要注意援助国对本国民众的援助信息传播。研究发现，援助国的舆论对援助决策制定有重要影响，然而公众通常对对外援助了解不够，其中一个重要原因在于民众主要从精英和媒体传递的信息中了解援助政策。[①] 因此援助国在对外援助时，也要注重用更多元的方式向本国民众讲述援助故事，增进本国民众对援助政策的理解，使他们感受到援助政策与自己的关联，以达到共情效果。例如，中国主流媒体对中国医生援助非洲的报道就起到了良好的效果。[②]

（二）受援国：给予援助国正向反馈，提升共情效应

共情是在双向互动中实现的，援助外交信息的共情传播同样也是传受双方共同建构的一个过程，其中受援国的信息传播和对援助国的反馈对于共情传播的实现至关重要。

一方面，需要援助的国家应积极传递有关本国的准确、全面、真实的信息，塑造本国形象，以获取国际社会的支持。如有学者认为，在 2008 年汶川大地震时中国通过"地震外交"树立了正面的国家形象，赢得了国际社会的认可与帮助。[③] 另一方面，受援国需要针对援助行为做出积极的反馈。在人际传播中，人对自我的认识是在社会互动中形成的，而反馈（feedback）是达成和谐人际关系的密钥。[④] 因此，给予援助国积极反馈是对援助行为的认可，有利于提升本国形象，争取更多支持。反馈行为可以是单纯的肯定、感谢，也可以是更积极的互动，如上海以排演日本话剧的形

① Heinrich, T., & Kobayashi, Y., "How do People Evaluate Foreign Aid to 'Nasty' Regimes?" *British Journal of Political Science* 50（2020）：103 - 127.
② 黄小希、曹凯：《大爱无疆　命运与共——献给中国援非医疗五十六载非凡岁月》，新华网，2019 年 8 月 19 日，http：//www. xinhuanet. com/politics/2019 - 08/19/c_ 1124892745. htm。
③ 李德芳：《灾难外交：公共外交的危机反应模式》，《国际论坛》2008 年第 5 期。
④ 靳琰、曹进：《人际传播学的关系模型及构建研究——基于自我意识发现 - 反馈理论的视角》，《现代传播》（中国传媒大学学报）2019 年第 3 期。

式为日本松山芭蕾舞团送上回礼。①

受援国在援助外交中实践共情传播策略，同样可以在传播主体、传播内容、传播渠道三方面展开。在传播主体上，应在政府、主流媒体引导下发挥多元主体的公共外交作用，受援国官方应该对援助行为予以积极、正向回应。在传播内容上，应重点传播本国的实际情况、对国际社会和援助者的感谢以及援助行为在本国的成效等内容，同时可以表达对进一步参与国际治理和全球协作的期盼。在传播渠道上，应发挥大众媒体的议程设置作用，同时使用社交媒体拉近与其他国家民众的距离。受援国通过议程设置，既凝聚内部力量，增强本国民众的信心，又给予援助国正向反馈，对外形成示范效应，争取更多的国际支持与合作。

李克、朱虹宇认为："共情修辞具有较强的可调节性，修辞目的并非现实修辞实践中的真实结果，修辞目的和结果有可能重合，也有可能不同甚至相反。"② 从这个层面来说，提出援助外交中的共情传播概念并不是为了苛求援助者和受援者一定要实现"援助者在传播时与受援者共情 - 受援者在接受信息时与援助者共情 - 援助者对受援者的感谢共情"这样一个完整的过程，而是建议二者在传递和接收信息时尽可能地考虑对方的想法，从而使援助外交对参与者的正效应最大化。

五　结语

"无穷的远方，无数的人们，都和我有关"，鲁迅先生曾如是言。人如此，国亦然。在建构人类命运共同体的时代背景下，远方的灾难已成为各国人民的现实关切。吴飞指出，为了实现人类命运共同体，人类应首先建立一种与他者共在的理念，并努力发展共情的关爱，如此方有利于解决全球传播

---

① 李一能：《投我以木桃，报之以琼瑶！上海为日本松山芭蕾舞团送上回礼》，腾讯新闻网，2020 年 2 月 24 日，https：//xw.qq.com/cmsid/20200224A0FCAA00。

② 李克、朱虹宇：《共情修辞研究助推民心沟通》，中国社会科学网，2020 年 9 月 15 日，http：//news.cssn.cn/zx/bwyc/202008/t20200804_5165219.shtml。

中"对空言说"的困境。① 因此，共情传播不仅是促进援助外交正面效果最大化的关键，也是建构人类命运共同体的重要一环。

本文的主要贡献在于以"风月同天"事件作为切入点，分析了2020年新冠肺炎疫情暴发后中日援助外交信息的传播扩散机制，并基于此探讨了援助外交的共情传播策略，思考了跨文化传播中的情感因素、传播者与受众的互动关系等问题，以期能为后续理论研究和实践提供参照。

---

① 吴飞：《共情传播的理论基础与实践路径探索》，《新闻与传播研究》2019年第5期。

B.7
中国城市国际形象传播影响力
研究报告（2020）

杨卫娜　单学刚　廖　芮　史凯迪*

摘　要： 城市的国际形象是一个城市综合实力和国际影响力的具体表
现，也是国家整体形象的重要组成部分。本文共选取北京、
上海、广州等国内15座主要城市为研究对象，基于互联网时
代全媒体传播的发展背景，尝试建立中国城市国际传播影响
力的评价指标体系并对研究对象进行评价。研究发现，当下
中国城市国际传播实践呈现管理规范化、格局矩阵化、主体
多元化等特点，但同时也出现了如"伪个性化"、"文化折
扣"、难以突破一级传播壁垒等问题。建议城市在进行国际形
象传播时应当提升议题设置能力，用大数据进行传播效果评
估和风险监测，发动并整合民间力量，实现城市国际形象的
整体化设计与传播，进一步扩大国际影响力。

关键词： 城市形象　国际形象　跨文化传播　国际传播影响力

---

* 杨卫娜，人民网舆情数据中心副主任，人民网新媒体智库研究员，研究方向为新媒体、跨文
化传播；单学刚，人民网舆情数据中心副主任，人民在线总编辑，武汉大学媒体发展研究中
心兼职研究员，研究方向为网络传播、新媒体、危机管理；廖芮，华中科技大学新闻与信息
传播学院硕士研究生，人民网新媒体智库见习助理研究员，研究方向为公共关系、网络传播；
史凯迪，清华大学新闻与传播学院硕士研究生，人民网新媒体智库见习助理研究员，研究方
向为国际传播。

一　研究背景与设计

互联网新媒体技术的变革改变了传统的城市国际形象传播逻辑，对城市对外传播能力提出了更高的要求，而国内各城市间国际形象传播建设发展水平极不平衡。习近平总书记在党的十九大报告中指出："推进国际传播能力建设，讲好中国故事，展现真实、立体、全面的中国，提高国家文化软实力。"[1] 这一论述为中国新时代对外传播工作指明了前进方向，提出了更高要求。作为国家形象的重要组成部分，主要城市的国际形象对构建动态多元的国家形象、提升国家在全球化进程中的话语权有很大意义。本文以全媒体时代中国主要城市的国际形象传播为研究对象，对新时代城市形象对外传播的现状和经验进行总结，以探索多媒体融合视域下城市形象国际传播的路径与趋势。

（一）研究对象

本文通过综合国内外不同的城市评价标准，选取在国际上具有竞争力、在国内具有区域中心地位和引领示范作用的城市作为研究对象。[2] 入选标准可参考国家中心城市指数、全球化与世界城市研究网络（GAWC）指数、全球城市竞争力研究指数、第一财经·新一线城市研究所发布的《2020城市商业魅力排行榜》等标准。

根据国家发展改革委的定义，国家中心城市是引领区域发展、参与国际竞争与合作、代表国家形象的现代化大都市。[3] 目前包括北京、上海、广

---

[1] 习近平：《决胜全面建成小康社会夺取新时代中国特色社会主义伟大胜利——在中国共产党第十九次全国代表大会上的报告》，共产党员网，2017年10月18日，http://www.12371.cn/2017/10/27/ARTI1509103656574313.shtml。

[2] 本文所选择的中国样本城市不含港澳台地区。

[3] 国家发展改革委：《国家发展改革委关于支持武汉建设国家中心城市的指导意见》，中国城市规划协会网站，http://www.cacp.org.cn/u/cms/www/201702/08090201r0e3.pdf.2016-12-14。

州、天津、成都、重庆、武汉、西安、郑州 9 座城市。

英国拉夫堡大学发布的全球化与世界城市研究网络（Globalization and World Cities Study Group and Network，GAWC）指数关注城市在全球各领域活动中的引领和辐射作用，评估城市的对外关系和影响力。GAWC 将世界城市分为四个大的等级：Alpha（一档城市）、Beta（二档城市）、Gamma（三档城市）、Sufficiency（自给自足城市，亦可称为四档城市）。① 本文选取了入选一档和二档的中国城市。

《全球城市竞争力报告》（Global Urban Competitiveness，GUCP）是中国社会科学院和联合国人居署发布的报告。报告通过理论研究和实证调查，建立了衡量全球 1000 多个城市经济竞争力和可持续竞争力的指标体系。② 本文选取了中国在全球城市经济竞争力排名中位列前 15 的非港澳台城市（总排名均为前 84 位）。

第一财经·新一线城市研究所发布的《2020 城市商业魅力排行榜》③在国内具有一定的影响力，本文所选的城市是其中的一线城市和排名前 10位的新一线城市。

借鉴上述的城市排名，基于区域平衡性原则，本文去除了华东、华南地区的部分城市，最终确定了国内 15 座城市为研究对象（见表 1）。

表 1 报告研究对象一览

城市	国家中心城市	GAWC 世界级城市等级	《2020 城市商业魅力排行榜》	2019 全球城市经济竞争力排名（国内前 15 位）	区域
北京	是	A +	一线城市	17	华北
上海	是	A +	一线城市	10	华东
广州	是	A	一线城市	18	华南

① 《世界城市名册》，GAWC 官网，https：//www. lboro. ac. uk/gawc/world2018t. html. 2018。
② 中国社会科学院、联合国人居署：《全球城市竞争力报告（2019~2020）》，2019 年 11 月 15 日，http：//gucp. cssn. cn/yjcg/yjbg/201911/W020191118666044996886. pdf. 2019 – 11 – 15。
③ 《2020 城市商业魅力排行榜》，第一财经·新一线城市研究所，2020 年 6 月 9 日，https：//new. qq. com/omn/20200609/20200609A0DHVX00. html。

续表

城市	国家中心城市	GAWC 世界级城市等级	《2020 城市商业魅力排行榜》	2019 全球城市经济竞争力排名（国内前 15 位）	区域
深圳	—	A −	一线城市（排名前 10 位）	4	华南
天津	是	B	新一线城市	82	华北
重庆	是	B −	新一线城市	81	西南
成都	是	B +	新一线城市	54	西南
杭州	—	B +	新一线城市	64	华东
武汉	是	B	新一线城市	43	华中
南京	—	B	新一线城市	42	华东
西安	是	—	新一线城市	—	西北
郑州	是	—	新一线城市	64	华中
长沙	—	B −	新一线城市	68	华中
苏州	—	B −	新一线城市	25	华东
沈阳	—	B −	—	—	东北

资料来源：根据国家中心城市指数、全球化与世界城市研究网络（GAWC）指数、全球城市竞争力研究指数、第一财经·新一线城市研究所发布的《2020 城市商业魅力排行榜》数据整理而成。

（二）研究方法

本文尝试构建中国城市国际传播影响力指数（City International Communication Influence Index，简称 CICII）的三级指标体系（见表2）。首先，基于媒介在城市国际形象生成机制中的显著影响，本文构建包含媒体传播指数、综合社交指数、传播创新指数、全球认知指数四个维度的评价模型，根据所收集的数据及专家意见，分别为这四个维度赋予 0.35、0.25、0.2、0.2 的权重。

本文构建的指标体系的一个重要特点是既涵盖了城市传统媒介渠道在不同语种下的对外传播情况，又考虑了视频、短视频、图片等传播形式在当下国际传播中的重要作用，此外，也将搜索引擎数据及互联网平台生活类数据纳入考量，尽可能客观地呈现各城市在国际上的影响力。综合考虑多种媒介平台和各类社交网络排名数据后，本文选择以推特（Twitter）相关数据诠释城市形象综合社交影响力，以照片墙（Instagram）作为研究平台衡量图片社交影响力，以优兔（YouTube）、谷歌趋势（Google Trends）、抖音海外版（TikTok）的相关数据分别作为评价城市的视频社交影响力、短视频社交影响力的指标。同时，为了更全面地考察城市形象在海外的传播效果及认知情况，我们选取了城市在谷歌趋势（Google Trends）平台和全球领先的旅游评价网站猫途鹰（Trip Advisor）的相关数据来衡量城市的搜索引擎影响力和国际访客影响力。

表2　中国城市国际传播影响力指标体系

序号	一级指标	权重	二级指标	三级指标	权重
1	媒体传播指数	0.35	媒体报道影响力	城市英文报道量	0.2
				城市其他外文语种报道量	0.15
2	综合社交指数	0.25	综合社交认知力	城市推特（Twitter）日均推文量	0.25
3	传播创新指数	0.2	图片社交影响力	照片墙（Instagram）城市英文标签话题量	0.05
			视频社交影响力	优兔（YouTube）近一年城市视频1万以上观看量	0.05
				谷歌趋势（Google Trends）视频搜索指数	0.05
			短视频社交影响力	抖音海外版（TikTok）城市英文标签话题量	0.05
4	全球认知指数	0.2	国际访客影响力	猫途鹰涉城市的点评总量	0.1
			搜索引擎影响力	谷歌趋势搜索指数	0.1

资料来源：本课题组绘制。

在以上数据中，媒体报道影响力数据来源于Factiva道琼斯新闻数据库，该数据库可以获取指定时间段内城市的媒体报道曝光度数据，涵盖英文和其他外文语种报道；综合社交认知力数据、视频社交影响力数据、搜索引擎影响力数据均来源于相关官方平台。以上所有数据的采集时间为2019年7月1日至2020年6月30日，以城市英文名为关键词进行检索（除城市其他外文语种报道外）。图片和短视频社交影响力数据分别源自照片墙（Instagram）和抖音海外版（TikTok）平台上相应城市的标签数量；国际访客影响力数据来源于猫途鹰网站，以城市英文名为关键词进行检索，获取城市在猫途鹰的点评总数。

二　中国城市国际传播影响力的现状分析

经过数据标准化处理，2019 年 7 月 1 日至 2020 年 6 月 30 日中国 15 座入选城市的国际传播影响力指数榜单如表 3 所示。

表 3　中国城市国际传播影响力指数榜单（2019 年 7 月 1 日~2020 年 6 月 30 日）

单位：分

排名	城市	媒体传播指数得分	综合社交指数得分	传播创新指数得分	全球认知指数得分	总得分
1	武汉	90.76	93.63	86.32	85.68	89.57
2	北京	89.00	90.70	86.22	89.90	89.05
3	上海	88.26	78.35	87.25	92.18	86.37
4	深圳	80.20	61.65	77.99	79.68	75.02
5	广州	75.33	64.13	75.10	79.99	73.41
6	杭州	71.88	59.04	67.49	72.68	67.95
7	成都	69.86	55.03	73.28	75.42	67.95
8	南京	71.74	55.28	69.51	70.40	66.91
9	重庆	69.08	58.86	65.87	67.94	65.66
10	天津	71.89	51.90	63.23	69.71	64.72
11	西安	66.92	46.02	70.86	77.62	64.62
12	苏州	67.35	45.20	59.10	68.97	60.49
13	长沙	63.73	59.45	52.55	62.52	60.18
14	沈阳	63.70	40.16	55.40	62.34	55.89
15	郑州	62.62	39.48	50.68	62.01	54.32

资料来源：本课题组整理。

（一）城市国际传播影响力呈现阶梯式分布且分化问题明显

整体来看，国内 15 座城市的国际传播影响力主要呈现五个梯队。第一梯队为武汉、北京、上海，影响力总得分在 85 分以上；第二梯队为深圳和广州，影响力总得分在 71~85 分；第三梯队为杭州、成都、南京、重庆，总得分在 65~70 分；第四梯队为天津、西安、苏州和长沙，总得分在 60~64 分；第五梯队为沈阳和郑州，总得分在 60 分以下。

此外，不同城市间的 CICII 值差距较大，两极分化严重。15 座城市的 CICII 平均值为 69.49 分，但仅有 5 座城市得分高于平均值。其中，第一梯队城市平均值为 88.33 分，第五梯队城市平均值为 55.10 分，差值高达 33.23 分（见图 1）。

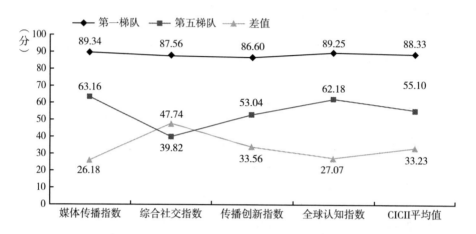

图 1　第一梯队和第五梯队城市各维度平均得分

资料来源：本课题组整理。

（二）城市国际传播影响力与政治经济发展水平紧密相关

不同行政等级的城市在资源配置、行政效率等方面存在巨大差异，其城市国际传播影响力程度也有很大不同。对不同行政等级城市的 CICII 值进行比较分析，可以发现城市国际传播影响力按其行政级别呈阶梯状递减态势（见表 4）。直辖市位于第一层级，CICII 的平均值高达 76.45 分，平均排名位次为 6；此外，在 15 座样本城市中，传播影响力总得分排名第二位和第三位的都是直辖市，分别为北京和上海；副省级城市位于第二层级，CICII 的平均值为 70.17 分，平均排名位次为 7；其他城市位于第三层级，CICII 平均值为 58.33 分，平均排名位次为 13。

除此之外，城市国际传播影响力也与城市的经济发展水平密切相关。如表 5 所示，位于 GDP 排行榜前列的一线城市（北京、上海、广州、深圳）

也在国际传播影响力榜单上名列前茅。从统计分析结果来看，城市的国际传播影响力程度与GDP呈正相关，相关系数为0.754，P值＜0.01，有显著的相关关系（见表6）。

表4　不同行政等级城市的城市国际传播影响力指数及排名

单位：分，位

城市行政级别	CICII平均值	平均排名位次
直辖市	76.45	6
副省级城市	70.17	7
其他城市	58.33	13

资料来源：本课题组整理。

表5　2019年样本城市的GDP

单位：分，亿元

序号	城市	总得分	GDP	序号	城市	总得分	GDP
1	武汉	89.57	16900	9	重庆	65.66	23605
2	北京	89.05	35371	10	天津	64.72	14104
3	上海	86.37	38155	11	西安	64.62	9321
4	深圳	75.02	26927	12	苏州	60.49	19235
5	广州	73.41	23628	13	长沙	60.18	12580
6	杭州	67.95	15373	14	沈阳	55.89	6470
7	成都	67.95	17012	15	郑州	54.32	11380
8	南京	66.91	14030				

资料来源：本课题组依据各地统计局发布的数据整理而成。

表6　样本城市GDP与CICII值的相关分析

		CICII值	GDP
样本城市GDP	皮尔森(Pearson)相关	1	0.754 **
	显著性（双尾）	/	0.001
	N	15	15
CICII值	皮尔森(Pearson)相关	0.754 **	1
	显著性（双尾）	0.001	/
	N	15	15

** 相关性在0.01层上显著（双尾）。

资料来源：本课题组整理。

（三）一线城市综合传播能力强，网红旅游城市弯道超车

从单项维度来看，榜单前五名被武汉、北京、上海、深圳、广州牢牢占据，体现其强劲的传播能力和综合传播实力。值得注意的是，尽管长沙、成都和西安在榜单中的总得分一栏处于中等位置，但它们在不同子领域社交平台上都有突出的表现。在综合社交指数方面，长沙以 59.45 分位居榜单第 6；在传播创新指数方面，成都以 73.28 的分值位居榜单第 6，远高于全样本均值（69.39 分）；在全球认知指数方面，西安以 77.62 的分值位居榜单第 6，远高于全样本均值（74.47 分）。

对比直辖市天津与国际知名旅游城市西安，两者总排名相近，总得分分别为 64.72 分和 64.62 分。得益于"京津冀"的区位优势和雄厚的经济实力，天津在媒体传播指数和综合社交指数方面略优于西安，但其在社交媒体传播方面表现欠佳。相比之下，西安利用多种媒体平台进行差异化、立体化、趣味化的全方位传播，提高了城市传播影响力和受众感知度。从各项维度来看，西安在照片墙（Instagram）、优兔（YouTube）、抖音海外版（TikTok）和猫途鹰等平台的数据值均远远高于天津。数据显示，天津与西安的传播创新指数得分差值为 7.63 分，全球认知指数得分差值为 7.91 分。

（四）公共卫生事件成为中国城市国际形象传播的重要"机遇"

受新冠肺炎疫情影响，武汉自 2020 年 1 月以来受到国际舆论界的持续性关注。2020 年 1~5 月的外文媒体报道总量高达 500742 篇，月均外文报道量为 100148 篇，远远大于 2019 年的月均外文报道量（3202 篇）。2020 年 6 月，北京新发地批发市场暴发新冠肺炎疫情后，媒体关注的焦点逐渐从武汉转移至北京，关于武汉的媒体报道量稍有回落，涉及北京的媒体报道量呈现激增态势。2020 年 6 月关于北京的外文媒体报道量高达 88061 篇。

除此以外，从全样本城市的数据来看（为确保数据客观性，已剔除北京和武汉），2020 年中国各大城市的媒体关注度和曝光度也普遍高于 2019年（见图 2）。2019 年 7~12 月，媒体月均外文报道量为 5156 篇，而 2020

年 1~6 月，媒体月均外文报道量上升至 7206 篇，这表明自新冠肺炎疫情暴发以来，中国较多城市被国际舆论界所关注，而疫情也成为中国城市国际形象传播的重要"机遇"。图 3 为 2019 年 7 月~2020 年 6 月武汉和北京的媒体月均外文报道量。

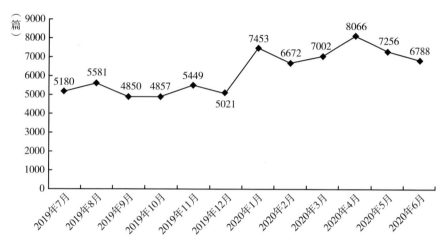

图 2　全样本城市的媒体月均外文报道量

注：为确保数据客观性，已剔除北京和武汉。
资料来源：本课题组整理。

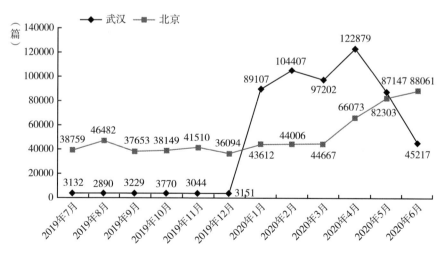

图 3　2019 年 7 月~2020 年 6 月武汉和北京的媒体月均外文报道量

资料来源：本课题组整理。

（五）运用巨头社交媒体的能力影响城市对外传播水平

在运用传统媒体和社交媒体进行对外传播方面，各城市间存在较大差异。具体来说，传统媒体传播情况总体表现良好且各城市间分值差距相对较小，这在一定程度上反映出，国内城市普遍在运用传统媒体传播方面已积累了不少有益经验。相比之下，社交媒体平台影响力差距显著。数据显示，15座样本城市在媒体传播指数和全球认知指数方面均表现良好，平均值分别为73.49分和74.47分，标准差分别为9.08和9.33；但是在综合社交指数和传播创新指数方面整体表现偏低，平均值分别为58.86分和69.51分，标准差分别达到15.86和11.55（见图4）。

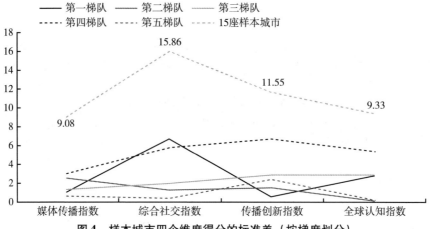

图4 样本城市四个维度得分的标准差（按梯度划分）

资料来源：本课题组整理。

如图5所示，第一梯队城市（武汉、北京、上海）在四个维度上的表现较为均衡，平均值分别为89.34分、87.56分、86.60分、89.25分；其余四个梯队城市在四个维度上的平均值均低于第一梯队城市。其中，综合社交指数方面的差距尤为明显：第一梯队城市的综合社交指数得分均值为87.56分，其余四个梯队城市的均值为53.02分，两者差值为34.54分，这表明大部分城市还未充分利用以推特（Twitter）为代表的国际社交媒体平台进行对外传播，他们在社交媒体传播方面还有较大的提升空间。

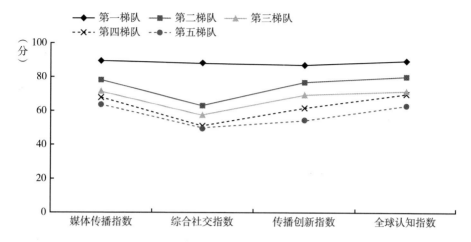

图5　样本城市四个维度平均得分（按梯度划分）

资料来源：本课题组整理。

（六）新兴社交媒体平台成为中国城市国际形象传播新渠道

由于海外社交媒体平台具有开放、多元等特性，而以图片、视频为主的视觉化信息易于传播和接受，因此，以照片墙（Instagram）、抖音海外版（TikTok）为代表的新兴社交媒体平台逐渐成为中国城市海外形象传播的新渠道（见表7），部分城市在新兴社交媒体平台传播方面持续发力。

表7　照片墙（Instagram）和抖音海外版（TikTok）平台上城市相关数据

单位：条

序号	城市	照片墙城市英文标签话题量	抖音海外版城市英文标签话题量	序号	城市	照片墙城市英文标签话题量	抖音海外版城市英文标签话题量
1	北京	6951000	126400000	9	西安	541000	4900000
2	天津	369000	482500	10	南京	542000	14500000
3	上海	10360000	134500000	11	杭州	860000	13400000
4	广州	2413000	12400000	12	深圳	1600000	30300000
5	重庆	538000	3000000	13	苏州	450000	1000000
6	成都	957000	74700000	14	沈阳	165000	970000
7	武汉	754000	254000000	15	长沙	193000	200500
8	郑州	95000	65000				

资料来源：根据照片墙（Instagram）、抖音海外版（TikTok）数据整理而成。

与此同时，图片与短视频社交也逐渐成为中国城市国际形象传播的重要着力点，特别是在政治、经济方面并不占据优势的非一线城市（见表 8）。以成都为例，它充分发挥社交媒体平台优势，利用图片和短视频的形式传播观赏性强、娱乐性强的内容，将传播热潮从国内带到国外，社交影响力方面的成绩十分亮眼（见表 8）：在短视频社交影响力方面，成都位居榜单第 4，得分为 87.67 分，远高于全样本均值（75.96 分）；在图片社交影响力方面，成都位居榜单第 5，分值为 71.44 分，同样高于全样本均值（70.18 分）。

表 8　短视频和图片社交影响力 TOP5

单位：分

序号	城市	短视频社交影响力得分	序号	城市	图片社交影响力得分
1	武汉	93.58	1	上海	83.97
2	上海	90.51	2	北京	81.72
3	北京	90.21	3	广州	76.23
4	成都	87.67	4	深圳	74.10
5	深圳	83.30	5	成都	71.44
全样本均值		75.96	全样本均值		70.18

资料来源：本课题组整理。

三　中国城市国际形象传播的实践和亮点

通过系统分析近年来中国城市国际形象传播探索实践，本文发现目前中国城市对外传播呈现管理规范化、格局矩阵化、主体多元化、理念创新化等亮点，为中国其他城市的国际形象传播提供了有益的经验。

（一）中国城市国际形象传播的制度化与规范化发展趋势

近年来，不少中国城市均把国际形象传播与城市国际形象建设作为城市发展的重要规划，并且结合城市特色勾勒出具体的实践路线。如 2020 年 4 月北京市人民政府颁布的《北京市推进全国文化中心建设中长期规划

（2019～2035 年）》（以下简称《规划》）① 提出，到 2035 年，北京作为国家文化走出去战略实施的代表，将更加巩固其自身的龙头地位，并将成为与世界其他文明交流互鉴的首要窗口，发挥其彰显大国形象和中华文化魅力的重要作用。《规划》还提出，为构建讲好中国故事的全球平台，北京将利用重大活动和重要节展赛事，抓住国家级重要会议、重大纪念活动、重要国际会议、国际论坛等主场外交外宣活动契机，精益求精地做好主场外宣工作。由此可见，《规划》细化了工作重点和具体措施，为北京市国际形象建设明确了方向。

2019 年 2 月，成都正式公布建设"三城三都"（世界文创名城、世界旅游名城、世界赛事名城、国际美食之都、国际音乐之都、国际会展之都）的三年行动计划。"三城三都"被看作成都建设世界文化名城的时代表达。为此，成都市还专门成立了推进"三城三都"建设工作领导小组。2020 年 7 月，深圳市政府在《深圳加快建设区域文化中心城市和彰显国家文化软实力的现代文明之城实施方案》中提出了打造精神文明建设典范、国际时尚创意之都、公共文化服务标杆、文化创意产业先锋、世界级旅游目的地、国际文化交流中心六个目标。

（二）矩阵化传播格局成为城市走出去的"标配"

在移动互联网时代，公共信息的生产和传播方式发生了转变，挑战了传统媒体的传播方式，促使其进行改革。海外新媒体平台因受众广、影响大、速度快等特性受到关注。在中国城市国际形象传播的过程中，传统媒体在不同性质的社交平台上传播差异化内容，此举打通了媒介平台之间的壁垒，并在互动中形成信息的互补和影响力的叠加。由此，立体化传播格局成为提升城市传播能力的"标配"。

国内城市在塑造城市品牌时，通常借助多个海外互联网平台来打造新媒

---

① 《北京市推进全国文化中心建设中长期规划（2019～2035 年）》，北京市人民政府网，2020 年 4 月 9 日，http://www.beijing.gov.cn/zhengce/zhengcefagui/202004/t20200409_1798426.html。

体传播矩阵。目前，城市大多采取"1 + N"的海外全媒体立体传播模式，
即一个多语种官方网站加多个不同类型新媒体平台账号。通过新媒体平台，
有重点地发布信息，进行隐性的议程设置，发挥城市在网络社会中的作用，
这也是城市形象国际推广的关键。

例如，北京市文化旅游局打造的海外社交平台矩阵便发挥了较好的传播
效果。其借助"Visit Beijing"品牌，搭建 Visit Beijing 多语种官方网站，侧
重于旅游资讯的传递；利用照片墙（Instagram）、推特（Twitter）账号发布
北京城市、生活、人文相关图文；在优兔（YouTube）上则以视频形式进行
城市文化传播，由此形成了立体多元的矩阵化传播格局（见表9）。

表9　北京市文化旅游局"Visit Beijing"社交账号一览

单位：人，条

平台	账号	粉丝量	发布数量
推特（Twitter）	Visit Beijing@ VisitBeijingcn	117400	3015
优兔（YouTube）	Visit Beijing	1470	153
照片墙（Instagram）	Visit Beijing@ visitbeijingofficial	35000	2167

资料来源：根据北京市文化旅游局社交账号数据整理而成。

广州、天津、重庆、成都、深圳、杭州等城市均采取类似模式，构建城
市海外旅游立体传播体系。经过前期的实践，各城市官方账号在运营方面均
积累了不少经验。推特（Twitter）作为一款综合社交软件，致力于实时提供
新闻、体育、娱乐等信息并与受众即时互动。苏州、武汉、北京的官方账号
粉丝量都在 10 万人以上，其中苏州的账号粉丝量更是超越北京，超过 18 万
人（见表10）。另外，部分账号虽然粉丝量不多，但是在传播内容和与受众互
动方面也展现出潜力。例如，在推文转发、评论、点赞方面，沈阳账号@
ShenyangChina、深圳账号@ szdaily1、南京账号@ DiscoverNanjing、杭州账号@
TOURISMHANGZHOU 等均有突出的表现（见表11 ~ 表13）。

（三）政媒合力构建城市国际形象传播矩阵

在日益开放、互动频繁的全球传播格局中，对外传播的多维、多元、多

表 10　城市官方推特（Twitter）账号粉丝量排行 TOP5

单位：人

序号	城市	官方账号	粉丝量
1	苏州	@ VisitSuzhou	188033
2	武汉	@ visit_wuhan	154793
3	北京	@ VisitBeijingcn	117525
4	杭州	@ TOURISMHANGZHOU	99950
5	沈阳	@ ShenyangChina	98072

资料来源：根据城市官方推特（Twitter）账号数据整理而成。

表 11　城市官方推特（Twitter）账号推文平均转发量排行 TOP5

单位：人，条

序号	城市	官方账号	粉丝量	推文量	推文平均转发量
1	武汉	@ visit_wuhan	154793	1430	6.52
2	沈阳	@ ShenyangChina	98072	1361	5.68
3	北京	@ VisitBeijingcn	117525	2574	5.44
4	杭州	@ TOURISMHANGZHOU	99950	1410	4.69
5	苏州	@ VisitSuzhou	188033	3198	4.58

资料来源：根据城市官方推特（Twitter）账号数据整理而成。

表 12　城市官方推特（Twitter）账号推文平均评论量排行 TOP5

单位：人，条

序号	城市	官方账号	粉丝量	推文量	推文平均评论量
1	深圳	@ szdaily1	1198	2747	0.28
2	北京	@ VisitBeijingcn	117525	2574	0.27
3	南京	@ DiscoverNanjing	62411	3638	0.26
4	苏州	@ VisitSuzhou	188033	3198	0.23
5	成都	@ Chengdu_China	4695	3697	0.20

资料来源：根据城市官方推特（Twitter）账号数据整理而成。

表 13　城市官方推特（Twitter）账号推文平均点赞量排行 TOP5

单位：人，条

序号	城市	官方账号	粉丝量	推文量	推文平均点赞量
1	武汉	@ visit_wuhan	154793	1430	83.05
2	沈阳	@ ShenyangChina	98072	1361	45.07

续表

序号	城市	官方账号	粉丝量	推文量	推文平均点赞量
3	杭州	@ TOURISMHANGZHOU	99950	1410	34.10
4	南京	@ DiscoverNanjing	62411	3638	31.57
5	北京	@ VisitBeijingcn	117525	2574	18.02

资料来源：根据城市官方推特（Twitter）账号数据整理而成。

样成为一种新趋势。对于城市对外传播而言，政府与媒体机构的有效合作，有助于集中资源，实现更准确、更有效的权威发布和传播。

当前，不少中国城市的外宣账号都由政府部门与地方媒体合力打造。例如杭州对外传播官方社交账号"hangzhoufeel"（韵味杭州）在照片墙（Instagram）、推特（Twitter）、优兔（YouTube）、脸书（Facebook）等平台均有开设，这些账号由杭州市政府新闻办主管、《都市快报》运营。深圳市政府打造的"EYESHENZHEN"（聚焦深圳）英文门户网站，从2016年上线至今，不断向海外传播深圳形象，成为外国人了解深圳、融入深圳的重要窗口。据悉，EYESHENZHEN网站由深圳市委宣传部、《深圳日报》（英文版）、深圳新闻网联合主办，是"深圳文化创新发展2020"重大项目之一。

近年来，上海充分利用丰富的媒体资源，打造对外传播媒体平台。SHINE（《上海日报》客户端）、ShanghaiEye（上海广播电视台外宣新媒体平台）、SixthTone（第六声）、YicaiGlobal（一财全球）、东方网海外头条等外宣新媒体也在纷纷探索新路，建立各具特色的传播模式，吸引大批海外网民。据上海市人民政府新闻办介绍，自新冠肺炎疫情暴发以来，"第六声"利用脸书（Facebook）账号推出《隔离日记：我的护士妻子确诊了》等3条系列短视频，短时间内便收获609万海外覆盖人数、267万次观看量、147万次互动。① 截至2020年4月21日，《上海日报》、上海外语频道、"第

---

① 《上报集团社长裘新万字长文谈未来：向前是涅槃，向后是平庸》，界面新闻，2020年2月28日，https：//www.jiemian.com/article/4042558_ qq.html。

六声"、"一财全球"、《新民晚报》海外版、东方网海外头条等媒体累计刊发疫情相关报道 3000 多篇，涉及防控、治疗、复工复产、社会运行等多方面内容。上海外语频道及其新媒体平台"ShanghaiEye"全天候滚动推送国务院、国家卫健委、外交部、上海市人民政府等多部门新闻发布会的重要信息，及时向海外社会传递中国抗击疫情的权威消息。"一财全球"依托自身资源，采访了诺贝尔经济学奖得主迈克尔·斯宾塞和拉尔斯·彼得·汉森以及英国《金融时报》副总编辑马丁·沃尔夫等海外知名人士，并刊发系列报道，以此展现全球顶尖经济学者对中国经济持续发展的信心。①

（四）关键意见领袖和个体扩大城市传播合意空间

近年来，在中国城市对外传播中，KOL（关键意见领袖）和个体成为不可忽视的新力量。在网络平台上，KOL 通过与其粉丝群体、受众互动，来扩大城市国际形象传播的合意空间。

在 2019 年成都的热门视频中，观看量最多的视频是由"办公室小野"（办公室小野官方频道 Ms Yeah Official Channel）发布的《如何用中国乐器制作成都天妇罗》，视频观看量高达 6400 万次。日籍导演竹内亮拍摄的纪录片《南京抗疫现场》《好久不见，武汉》则用平民化的视角、接地气的方式，客观真实地记录城市抗疫生活，外交部发言人评价其纪录片"朴实无华，透着真善美"②。中国国际问题研究院特聘研究员贾秀东指出，在抗击疫情过程中，中国不仅遭受疫情冲击，还要面对西方舆论的"攻击"。③ 城市纪录片的播出有助于化解国际舆论对中国城市的偏见，帮助世界了解疫情之下的中国城市生活和中国人在抗疫中的努力。

此外，在移动互联网时代，个体既是海量信息的接受者，又是信息的创

---

① 上海市人民政府新闻办：《发出中国战疫声音讲述上海抗疫故事》，《对外传播》2020 年第 5 期。
② 《外交部发言人点评〈好久不见，武汉〉：朴实无华，透着真善美》，澎湃新闻，2020 年 7 月 4 日，https://www.thepaper.cn/newsDetail_ forward_ 8112067。
③ 《海外网评：疫情或加剧国际舆论不平衡》，海外网，2020 年 4 月 9 日，http://m. haiwainet. cn/middle/353596/2020/0409/content_ 31763043_ 1. html。

造者和传播者，城市形象的构建与推广往往在个体对信息的接受、加工、反馈中实现。在照片墙（Instagram）、优兔（YouTube）、抖音海外版（TikTok）等社交平台上，以用户为代表的个体也成为城市国际形象构筑的新力量。如以抖音海外版（TikTok）为代表的短视频平台降低了内容生产的要求，普通用户也可以创作和发布短视频。上海的传播创新指数在样本城市中位列第一，这与众多用户分享上海美食、上海生活及上海地标建筑等内容息息相关。

（五）丰富中国城市国际形象的内涵与表达

观察发现，不少城市已努力改变过去"我说，你听"的模式，努力使传播视角"去自我化"，树立受众意识。一方面，注重本土化叙事，跨越文化壁垒。从目标受众的语言习惯、接受心理以及组织叙事的技巧与技术出发，通过个人体验唤起情感共鸣，淡化意识形态的色彩。以重庆为例，在进行城市国际形象传播时，为了向海外用户传播重庆故事，重庆官方海外传播平台 iChongqing 聘用了外籍记者，以他们的视角去发现重庆的美好。2019 年，重庆官方还发起海外民众@ Chongqing 视觉大赛，用照片和短视频的形式讲述外国友人与重庆的故事，并发起互动话题 " # CaptureChongqing#" 来调动外国友人参与的积极性，最后还通过脸书（Facebook）、推特（Twitter）、照片墙（Instagram）、优兔（YouTube）平台的 iChongqing 官方账号展示优秀作品。

另一方面，贴近大众化视角，表达"接地气"内容。本文以优兔（YouTube）平台为例，搜索关键词"Chengdu"后，选取了 50 条观看次数高的视频作为分析样本，发现这些视频内容涵盖了街头美食尝试、夜生活探索、旅游、大熊猫、体育电竞等方面，其中排名第一和第二的视频内容都是国外美食自媒体账号记录街头美食的做法和测评，观看量分别达到 168 万次和 149 万次。此外，还有 9 个美食体验类视频和 6 个大熊猫视频。这些热门视频表明，更"接地气"的产品符合当下国际受众的喜好。

四 中国城市国际形象传播话语体系建设的困境

尽管近年来中国主要城市的国际形象传播能力已有了明显的提高，但通过分析也不难看出，中国城市在国际形象传播话语体系建设的进程中，仍然面临一些困难。

（一）围绕热点事件的议题设置能力不足

中国城市进行国际形象传播的突出困境之一是与国家策略、倡议、规划等热点事件结合得不紧密以及议题设置能力不足。以广州为例，学者王大可、李本乾在《全球媒体语境下广州城市形象的传播与建构》① 中提到，前些年，随着国家对外开放格局的变化，广州在国家对外开放事业中的引领地位有所下降。近年来，随着"一带一路"倡议、"粤港澳大湾区"建设等国家战略的实施，广州在新时代对外开放格局中的重要性再度凸显。在此背景下，广州应深入挖掘自身优势，改革创新，不断加强国家中心城市的内涵建设。在深度参与"一带一路"等国家倡议的过程中，提升广州在全球事务中的存在感和参与度，丰富广州国际形象对外传播的形式。很多研究表明，全球媒体对某个城市的关注，往往和对该城市举办的重大活动的关注相重叠。虽然广州近年来也承办了亚运会等重大国际赛事，但在重大活动的数量、频率和影响力方面仍有提升空间。中国城市的国际形象传播如何达到时新性？及时地与国家热点事件相结合、巧妙地进行议题设置是重要途径。

（二）风险监测能力受限，难以有效消除负面舆论影响

通过分析 2019～2020 年中国城市国际形象传播的数据，本文发现武汉在传播影响力榜单上超越了北京、上海等城市，新冠肺炎疫情这样的全

---

① 王大可、李本乾：《全球媒体语境下广州城市形象的传播与建构》，《中国名城》2020 年第5 期。

球性公共卫生事件应该是武汉排名上升的主要原因。武汉疫情的相关情况与抗疫举措成为境外舆论的关注焦点，同时也导致一些负面舆论，对中国城市的国际形象构建与传播产生了一定的消极影响。在境外负面舆论风险评估和舆情回应方面，中国城市常常处于失语或缺席的状态，往往只能看到外交部等国家机构的回应。城市应当意识到自身作为对外传播的主体，在构建自我形象方面具有权威性，可以通过提高城市曝光率和塑造正面形象来消除负面舆论影响。

（三）城市形象符号"同质化"，出现"伪个性化"困局

近年来，中国城市在国际形象传播方面逐渐增强了策略意识，主动利用社交媒体等平台进行传播，但一个明显困局在于，很多城市都期望将自身打造为"网红"城市，致力于构建社交媒体平台上的专属"个性化"形象，却往往陷入了"伪个性化"困局。很多城市效仿"网红"城市的"成功路线"，把城市标签定位在美食、网红街区、历史故事等方面。虽然这些城市各有特色，但是在整体上大同小异，给受众以高度同质化的观感。城市要突破国际形象"伪个性化"的困境，应当把注意力深深扎根于城市日常生活，找到将该城市诸多文化标签串联起来的核心主题，给受众呈现完整而深刻的城市形象。

（四）跨文化传播语境下的"文化折扣"

始终困扰中国城市国际形象传播的一个问题是跨文化传播语境下的"文化折扣"。文化折扣亦称"文化贴现"，指因文化背景差异，国际市场中的文化产品不被其他地区受众认同或理解，从而降低产品价值。这个概念是霍斯金斯和米卢斯在1988年发表的论文《美国主导电视节目国际市场的原因》[1]中首次提出的。有些城市认为自身的城市形象设计已非常完美，在深度、广度与形象统一性方面达到了较高的水平，但却无法通过跨文化传播渠

---

① Hoskins C., Mirus R., "Reasons for the U. S. Dominance of the International Trade in Television Programmes," *Media Culture & Society* 10 （1988）: 499 – 515.

道顺畅地被其他文化语境下的受众接收。当前，中国城市对外传播理念仍带有国内宣传的思维定式，将着力点放在如何将宏大的、抽象的、相对空洞的理念和信息传递给受众，在情感冲击力和共鸣性方面的发力明显不足，从而较难让思维方式和传播习惯迥异的海外受众理解和接受，使城市国际形象构建的努力大打折扣。

（五）海外社交媒体平台难以突破一级传播壁垒

多数国内城市已重视并运营海外社交媒体，但是其传播层次往往只局限在一级传播层面，未能有效引导受众进行扩散，从而无法形成从点到面的多级传播态势。众所周知，社交媒体平台传播的原动力在于内容的多次转发，从而促进信息流和意见流不断向外扩散。因此，城市国际形象传播的"社交性"应当被赋予更多权重，传播主体应当采取相应策略，将受众的社交需求与内容需求相结合，促使受众产生转发分享的动力，以打破一级传播壁垒，推动完成"账号主体—相应受众—社会网络"的传播路径转变，进而提升传播的广度和深度。

（六）系统性的多语言传播矩阵尚未形成

当下，国内各城市国际形象构建与传播的平台建设快速发展，但仍处于粗放式发展阶段，内容和平台较为分散，未能形成体系化的传播矩阵，传播内容与账号也未能实现良好的联动。建立较为完整有序的多语言传播矩阵，传播平台和内容兼具差异化和系统化特征，将是中国城市国际形象传播走向持续化、优质化的重中之重。

五　中国城市国际形象传播与建构的策略与展望

伴随着海外传播格局和生态的不断变化，中国城市国际形象传播亟须以更为广阔、创新、理性的视角展开。面向世界、面向未来的中国城市国际形象传播应该从以下几点发力。

（一）在跨文化传播理念的推动下，提升中国城市国际形象传播能力，在交流中讲好城市故事

相较于国家形象的整体传播，中国城市国际形象传播往往更容易拥有独特性、灵活性等优势，因而在中西文化差异的壁垒之下，中国城市国际形象传播既要讲好历史、文化、景观等方面的故事，又要有效挖掘引发跨文化共鸣的企业、社群、人物的故事。用好可感可知的"寻常"文化元素，通过对传播内容的个性化设计，增强感情色彩和感染力，突出移动化、场景化和社交化特点，从而推动海外受众实现"从感性印象到理性评价、从情感唤起到认知构建、从模糊态度到文化认同"的转变。

（二）发挥中国在互联网新技术和数字传播领域的领先优势，推动城市对外传播朝着立体化、体验式、沉浸式方向发展

当前，传播技术的突飞猛进使很多过去难以想象的新型传播方式成为可能。毫无疑问，中国在互联网技术和数字传播等领域已处于全球领先地位，主要城市都汇集了大量的科创企业，如果将中国城市的丰富素材与高薪技术相结合，制作出高质量的立体化、体验式、沉浸式的内容产品，这些新内容一定能够更好地吸引海外受众的关注和参与。

（三）抓住重大节事活动的宣传热点，将中国城市国际形象传播落实到个体化的体验

在每个人都是传播者的今日，熔铸"城市国际粉丝文化"或是降低海外传播壁垒的有效路径。当前，中国主要城市即将频繁举办大型体育赛事和国际交流活动，如北京 2022 年冬奥会、成都 2021 年大运会、杭州 2022 年亚运会等，这都是向海外受众进行体验式传播的好机会。各城市可与当地知名博主合作，寻找表现力强、互动性高、信息传播效率高的内容生产者，让他们以亲身体验的方式去感知并传播城市的文化，以"个人"对"个人"的方式进行城市国际形象传播，从而产生跨越国界和文化的个体情感共鸣。

（四）利用大数据手段监测海外舆论，建立风险评估机构，精准把握受众

大数据技术赋能创新传播已成为趋势。一方面，运用大数据工具分析中国城市全球舆情现状，以及海外对中国城市的主流认知和价值态度，建立中国城市国际形象舆论监测研究的中心枢纽，为国际传播的选题和策划提供支撑，最大限度地防范传播风险。另一方面，充分利用大数据技术进行海外传播效果评估，了解海外用户的阅读习惯、个性化诉求，为开展精准营销、分众传播和海外传播内容定制化设计等工作提供数据支持。

（五）中国城市国际形象传播要走产业化、专业化发展之路，从供给侧提高对外传播能力

当前，各类受众都对中国城市国际形象传播提出新需求，单一政府主导的海外传播模式难以满足上述需求，因此未来的中国城市国际形象传播要形成以政府为主导、以专业机构为主体、以个体社交平台为延伸的复合式、立体化传播矩阵。政府还需出台与内容生产相关的激励计划与政策，鼓励社会上跨文化传播人才以作品投稿的方式加入中国城市国际形象传播行列，从而形成既有秩序、又有活力，既有传承、又有创新的良性运作态势。同时，积极建立中国城市国际形象传播的专家智库，发挥地方高校的多学科资源优势，为中国城市国际形象传播提供强有力的智力支持。

专 题 篇

Special Topics

B.8

中国企业海外形象研究报告[*]

翟慧霞　刘笑天[**]

摘　要： 　2020年是中国企业海外形象构建史上颇为重要的一年。一方
　　　　　面，新冠肺炎疫情在全球肆虐给中国企业的国际化经营和形
　　　　　象建设带来了多重挑战；中美关系正面临建交以来最严峻的
　　　　　局面，各领域交流合作均受到干扰，中国企业发展遭受更大
　　　　　的国际压力。另一方面，面对疫情带来的不利影响，中国企
　　　　　业克服重重困难，在拉动全球经济增长和抗疫中展现出"中
　　　　　国力量"与"中国责任"。这也使国际社会特别是共建"一
　　　　　带一路"国家民众对中国企业的认可度不断增加。展望未来，

---

　*　本文系2020年国资委专项委托课题"中央企业海外形象及话语建构"的阶段性成果。
　**　翟慧霞，中国传媒大学博士研究生，中国外文局中国报道社战略研究部副主任、副研究员，
　　研究方向为区域与国别问题研究、国际民意调查分析、企业形象研究；刘笑天，吉林大学生
　　命科学学院教师，研究方向为中国共产党形象研究、公共外交。

在当今国际格局深刻变化和国内发展迎来重要战略机遇期的背景下，中国企业的海外形象建设面临新的考验。因此，中国企业要通过加强与世界沟通、加强舆情分析研判能力、加大履责实践传播力度、完善企业对外话语体系建构等多种方式向世界讲好中国企业发展故事。

关键词： 企业形象　中美关系　本土化传播

中国企业是国际社会认识中国、了解中国的重要窗口。中国企业形象是中国国家形象的重要组成部分。随着中国经济的迅速发展，"走出去"的中国企业在推动对象国和全球经济发展中发挥的作用日益重要。新形势下，讲好中国企业故事，不仅对于建设具有全球竞争力的世界一流企业至关重要，而且是向世界讲好中国故事、增进国际社会对中国了解的重要渠道。

一　中国企业海外形象总体态势

2020 年，中国企业海外形象在保持总体平稳态势的同时，也呈现复杂多元的特点，在不同国家和地区、不同的时间节点上呈现较大差异。从大背景上看，一方面，2020 年初暴发的新冠肺炎疫情至今仍在全球肆虐，这对全球经济发展造成冲击的同时，也给中国企业海外形象建设带来巨大的挑战。另一方面，美国特朗普政府对华政策中的遏制成分进一步加大，中美经贸关系不断受到冲击，以华为为代表的中国企业相继被美国商务部列入"实体清单"。这对中国企业的海外形象产生了巨大负面影响。但与此同时，中国企业参与"一带一路"建设的程度逐渐增加，即便在疫情影响下，中国企业仍履约践诺，完成了一批重要项目、重大工程的建设任务。此外，在抗击新冠肺炎疫情和助力对象国可持续发展方面，中国企业积极履行社会责任，实施的多项举措获得当地民众肯定。这些都有助于国际社会特别是共建

"一带一路"国家民众增加对中国企业的好感度。除此之外，党的十九大以来，中国企业自身的国际传播能力建设也在加速推进，在国际传播工作机制、人才队伍建设上不断完善，国际传播渠道建设和跨文化融合传播的能力都得到了一定提升。这也使中国企业海外形象建设的"自塑"能力不断提升。

二 国际舆论关注的主要内容

通常而言，评估国际社会对中国企业海外形象的看法主要从两个方面着手。一是通过媒体①的视角分析国际舆论中的中国企业媒体形象；二是通过调查海外受访者对中国企业的看法，呈现民意视角下的企业形象。

（一）国际舆论对中国企业报道的主要内容

为更全面地了解国际媒体对中国企业的报道情况，我们选取了全球 31 个国家的媒体，特别是经济类媒体，分析他们对中国企业的报道情况。②

1. 国际主流媒体涉中国企业报道的基本特点

根据中国外文局国际传播大数据平台的分析，在 2020 年 1～10 月，57

---

① 本文中的媒体指的是大媒体的概念：不限于新闻媒体，也包括图书、电视台等传统媒体以及智库等研究机构的成果在媒体上的报道情况。

② 媒体名单包括：美国的《财富》杂志、《福布斯》杂志、彭博新闻社、彭博商业周刊、美联社、《华尔街日报》、《纽约时报》、合众国际社、《华盛顿邮报》，加拿大的《环球邮报》《多伦多星报》，阿根廷的《号角报》，墨西哥的《至上报》，巴西的《圣保罗页报》，智利的《信使报》，英国的《经济学人》杂志、《泰晤士报》、路透社、《金融时报》、《卫报》，德国的《法兰克福汇报》，法国的《费加罗报》、法新社，意大利的《晚邮报》，捷克的《今日报》，塞尔维亚的 FONET 通讯社，匈牙利的《匈牙利新闻报》，澳大利亚的《时代报》、《澳大利亚人报》，俄罗斯的俄通社 - 塔斯社、俄新社、《俄罗斯报》，日本的共同社、《读卖新闻》、《产经新闻》、《朝日新闻》，韩国的韩联社、《中央日报》，新加坡的《联合早报》《海峡时报》，印度的印度报业托拉斯、《新印度快报》，印度尼西亚的《雅加达邮报》，泰国的《早报》，马来西亚的《星报》，巴基斯坦的巴基斯坦联合通讯社，菲律宾的菲律宾通讯社，土耳其的《沙巴日报》，沙特阿拉伯的《经济日报》《半岛报》，埃及的中东通讯社，卡塔尔的半岛电视台，哈萨克斯坦的哈萨克通讯社、泛非通讯社，南非的《星期日时报》《每日太阳报》，肯尼亚的《旗帜报》等。

家国际主流媒体涉中国企业报道共有 10129 篇。从报道来源上看，排在前 5 位的媒体分别是英国路透社（3544 篇）、美国彭博新闻社（750 篇）、美国《华尔街日报》（571 篇）、美国彭博商业周刊（548 篇）、新加坡《海峡时报》（536 篇），这说明以美国、英国为主的西方媒体在有关中国企业报道方面占有绝对的话语权。从报道时间上看，2020 年 5 月、6 月、7 月、8 月的报道量较多，呈现出多个阶段性高峰，特别是 7 月份的报道量达到 1431 篇。从报道内容上看，以美英为主的西方发达国家主流媒体更关注中国信息通信、科技企业的相关情况；而发展中国家特别是共建"一带一路"国家的媒体更关注中国基础设施建设类企业的情况，报道倾向较为正面。从报道信息来源的层面来看，国际主流媒体所报道的新闻内容多来自西方国家，极少引用中国政府、媒体、智库等机构的内容。根据大数据统计，在涉中国企业相关报道中，意见领袖最主要的来源国是美国，有 4725 篇文章被引用；其次是澳大利亚（327 篇）和英国（215 篇）；而引用来自中国的意见领袖文章的报道数量较少。这也反映了西方国家在涉中国企业报道上的偏见和片面性。

2. 国际主流媒体对中国企业报道的主要内容

从议题上看，通过大数据对热点议题聚合分析发现，在 2020 年前 10 个月，国际主流媒体涉中国企业报道主要关注以下几方面内容。

一是重点跟踪报道华为、TikTok（抖音国际版）等科技类、互联网类中国企业的相关信息。持续报道美、英等国对华为和 TikTok 威胁其网络安全的不实指控。路透社报道称世界上最大的移动通信网络公司之一的沃达丰集团宣布将以 2 亿欧元的成本，将华为的设备从其欧洲核心网络中移除；美联社对美国政府是否有权禁止 TikTok 的听证会做了详细报道；路透社整理报道了 TikTok 从蜚声世界到进入特朗普政府严格审查的时间轴。同时，海外媒体也报道了中方对以上行为坚决反对，以及 TikTok 建立内容审核中心并发布透明度报告等自证行为。马来西亚《星报》对此评论称，美国对华为、腾讯、TikTok 等采取的一系列限制行为旨在阻止中国公司访问美国的数据。这只是"清洁网络"的开始，接下来发生的事情可能会重塑未来数十年内的全球经济。

还有媒体关注到中国互联网安全企业的相关活动。路透社报道了奇虎360发现美国中央情报局通过入侵中国的航空和能源行业、科研组织、互联网公司和政府机构对中国从事间谍活动的新闻，称该公司在数字安全领域具有深入的洞察力。

二是对中国企业投身全球抗疫的行为予以正面评价。相关报道认为中国企业向全球供应防疫物资并积极开展疫苗研发等行为，彰显其有担当的形象。《纽约时报》报道，中国多家企业向美国捐赠了诸多防疫物资。① 彭博新闻社报道称，中国企业正在加紧生产给新冠肺炎重症病人使用的呼吸机，尽可能完成来自全世界的订单，这是对中国制造的速度和质量的考验。欧盟行业负责人也表示阿里巴巴、华为等公司向欧盟国家捐助防疫物资的行为体现了全球团结抗疫的精神。路透社报道，中国国家生物技术集团表示新冠病毒候选疫苗在临床实验中的结果令人鼓舞。此外，路透社还报道了汉文公司研发出一项能够在佩戴口罩的情况下进行面部识别的技术，它还能与温度传感器连接测量体温，而这一技术的应用将会使全世界受益。

三是报道中国企业在新冠肺炎疫情影响下的运营情况。疫情虽然阻碍了大部分中国企业的正常运营，但也为部分互联网公司带来了发展契机。有媒体认为新冠肺炎疫情的暴发给中国企业正常运营带来极大挑战，但也为一些线上服务型企业提供了发展机遇。路透社通过分析近4000家中国上市公司的资产负债表，得出中国航空业、建筑和工程行业、移动通信行业、物流业和服务业均在不同方面表现脆弱的结论。② 另外，还有媒体注意到，人们在居家隔离期间增加了对在线游戏的需求，这使腾讯公司的游戏收入获得极大增长，并巩固了腾讯全球销量最大的游戏公司的地位。③

四是关注中国企业在美上市情况，报道中国企业拓展海外业务的进展。2020年以来，美国政府采取多项举措限制中国企业在美上市，并对已上市

---

① 安娜·斯旺森（Ana Swanson）：《一架载满来自中国方面抗疫医疗物资的飞机抵达美国》，《纽约时报》官方网站，2020年3月29日，https：//www.nytimes.com/2020/03/29/business/economy/coronavirus – china – supplies.html。

② 报告全文见 https：//www.reuters.com/article/us – health – coronavirus – china – cash – graphic – idUSKBN20R0FE。

③ 报告全文见 https：//www.reuters.com/article/us – tencent – results – idUSKBN22P1BU。

的中国企业加强审查。媒体对这些情况进行了持续关注。有媒体注意到美国针对计划在美上市的中国企业出台了一系列限制政策，包括禁止支持中国军方的公司进入美国资本市场、建议全球证券交易所收紧对中国公司在美上市的规则、计划取消美国和中国审计机构之间的协议等。有媒体认为，随着局势进一步紧张，中国公司将搁置在美上市计划。2020年上半年中国企业通过纽约IPO筹集了17亿美元，包括金山云控股有限公司自新冠肺炎疫情暴发以来在美国的首次大型公开募股。对于已在美上市的公司，媒体也注意到美国政府加大了审查力度。路透社报道称特朗普政府官员敦促总统将不符合审计标准的在美上市的中国公司除名。此外，海外主流媒体还报道了中国企业国际化经营的相关情况。如中国车企利用高技术、使用清洁能源等优势开拓印度市场。

2020年6月，美国知名智库战略与国际研究中心（CSIS）发布的一篇关于中国企业品牌价值的研究报告受到较多关注。① 该报告围绕《财富》世界500强和英国品牌金融咨询公司世界500强榜单，从总营业额、上榜企业数量、品牌价值三方面分析了中国企业的崛起及其在全球的地位。该报告认为，随着中国成为新兴超级经济大国，许多中国企业也开始在全球市场上扮演关键角色。只是中国的品牌总值目前虽然排名全球第二，但其与排名第一的美国品牌总值（3.2万亿美元）还是有不小的差距。在英国品牌金融咨询公司的排名中，美国的上榜品牌数量远超中国（有205个美国品牌跻身榜单，而中国品牌只有75个）。此外，中国的顶级品牌性质与其他经济强国明显不同。在中国排名前十的品牌中，大型国有银行占了四席，其中中国工商银行（ICBC）位居榜首。与之相比，美国排名前四的品牌（同时也是全球排名前四）均是科技企业，即亚马逊、苹果、谷歌与微软。另外，报告还注意到中国企业的独特之处，通过在国企内部设立党组织，以及委派国企高层管理人员担任中国共产党内重要职务，党在国企中

---

① 报告全文见"How Dominant are Chinese Companies Globally?" *ChinaPower*，https：//chinapower.csis.org/chinese – companies – global –500/。

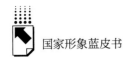

拥有重要影响力。党和政府在私营企业中也同样活跃。通过"政党建设"扩大了党在私营企业的影响力,通过向企业派驻政府官员,增强政府在这些企业中的影响力。

(二)国际民众对中国企业整体形象的认知特点

除媒体报道外,海外受访者的看法对中国企业形象也有重要影响。基于2020年国际知名民调机构和中国自主开展的中国企业海外形象调查等多项数据分析,本文认为2020年海外受访者对中国企业的认知呈现以下四个特点。

1.周边国家特别是东盟国家对中国企业好评度较高

自2020年以来中国与东盟国家经贸合作逆势增长,东盟成为中国第一大贸易伙伴,并形成中国与东盟互为第一大贸易伙伴的良好格局,中国同东盟步入经贸合作的黄金时期。在此基础上,东盟国家受访者对中国企业的认可度也达到新的高度。中国外文局中国报道杂志社、当代中国与世界研究院等机构联合开展的《中国企业海外形象调查报告2020("一带一路"版)》[①]显示,2020年泰国、印度尼西亚、马来西亚、巴基斯坦、俄罗斯、哈萨克斯坦6个周边国家的受访者对中国企业的认可度达80%,高于其他国家4个百分点;接受调查的3个东盟国家受访者对中国企业的平均认可度为86%,比12国平均水平高8个百分点。在中国企业海外形象的各个维度(责任、公平、可信、成功等)表现上,周边6个国家的认可度也较高。特别是泰国受访者,对中国企业的责任维度认可度为91%、公平维度为91%、可信维度为89%、成功维度为91%,其对中国企业的积极评价最高。这些高认可比例一定程度上说明中国企业在东盟地区具有较正面的企业形象。媒体和智库层面的相关报道和报告也证明了这一点。新加坡知名智库尤索夫伊萨东南亚研究院亚细安研究中心发布的《东南亚态势:2020》(*The State of*

---

① 《重磅发布!〈中国企业海外形象调查报告2020〉("一带一路"版)全文来了》,中国报道网,2020年11月3日,http://www.chinareports.org.cn/djbd/2020/1103/18252.html。

Southeast Asia：2020）报告①显示，在东盟 10 国的受访者中，有 79.2% 的受访者认为中国是区域内最有经济影响力的国家。印度尼西亚外交政策协会（FPCI）2020 年开展以"评估现状、展望未来"为主题的中国—东盟关系民意调查②显示，东盟 10 国受访者在中国—东盟未来合作领域方面，选择振兴东盟制造业的比例达到 90%；85% 的受访者对"中国—东盟未来经济合作"表示有信心；69% 的受访者认可"'一带一路'是双方合作标志"；80% 的受访者希望"'一带一路'倡议能够继续推进和完善"；79% 的受访者高度评价"中国帮助东盟抗击新冠肺炎疫情"。受访者对双方合作"最为满意"的五个领域是贸易（57%）、投资（55%）、旅游（49%）、工业（43%）、科技（39%）。泰国《曼谷邮报》2020 年 9 月报道华为在澳大利亚撤资、裁员，并拟在泰国建立 5G 生态系统创新中心的事件。泰国数字经济和社会部部长就华为投资一事更是表示："这是一个重要的里程碑，表明泰国已准备好通过利用 5G 技术提高经济和社会发展水平，从而成为东盟的数字枢纽。"③ 而在智库方面，通过智库共识推动政府共识、以智库合作推动国家合作是中国与东南亚智库长久以来的努力方向。东盟各国智库也对中国企业在带动就业、帮助减贫、援助抗疫等领域做出的贡献给予高度评价，如柬埔寨皇家科学院副院长、亚洲研究中心主任宋春奔多次强调中国—东盟战略伙伴关系迫切需要深化和扩大，把双方战略伙伴关系推向一个新的高度，双方政府与企业应携手对现有的许多跨区域、区域和次区域倡议加以有效应用。

2. "一带一路"建设有效提升中国企业海外形象

"一带一路"倡议提出 7 年多来，中国已同 138 个国家签订了共建"一带一路"合作文件，共同开展了 2000 多个项目，为改善民生做出了重要贡

---

① 报告全文见 https：//www. iseas. edu. sg/articles – commentaries/state – of – southeast – asia – survey/the – state – of – southeast – asia – 2020 – survey – report – 2/。

② 报告全文见 https：//www. fpcindonesia. org/2020/10/23/launching – of – asean – china – survey – 2020/。

③ 报告全文见 http：//www. china – asean – media. com/show – 12 – 22947 – 1. html。

献。中国企业作为诸多项目的主要实施者之一，推动共建"一带一路"国家间合作，为各国和各国人民带来实实在在的好处。特别是在克服新冠肺炎疫情带来的不利影响、履约践诺、助力对象国经济增长等方面做出了重要贡献。《中国企业海外形象调查报告 2020（"一带一路"版）》显示，在 12 个共建"一带一路"国家中平均有 75% 的受访者关注"一带一路"建设，其中有 44% 的人表示非常关注或比较关注。受访者最认可"一带一路"建设在推进国家间经贸合作和加强基础设施联通方面的作用。同时，受访者还认为"一带一路"建设有以下作用："有助于国家和地区的投资贸易合作"（37%），"有助于国家和地区基础设施互联互通建设"（35%），"使得国与国之间的相互合作更加深入"（33%），"发展空间更加广阔"（33%）。受访者还认为中国企业给本国的经济发展带来积极影响，主要表现在以下方面：带来先进的技术（42%），带来新的资金投入（40%）和提供了新的就业机会（40%）；并期待在科技（50%）、加工制造（38%）、基础设施建设（36%）方面同中国企业合作。①

3. 发达国家和发展中国家对中国企业的认知差距较大

虽然共建"一带一路"国家以及民众对中国经济未来发展趋势持乐观态度，并认可中国经济发展及中国企业对本国经济发展的推动作用。但以美国为代表的部分西方国家仍戴有色眼镜看中国企业。全球知名咨询公司博然思维 2020 年 5 月 18 日发布的《国际视野中的中国企业：发达国家和新兴市场渐行渐远的两种认知》②调查报告，指出不同区域对于中国企业认可程度存在明显差距，并且这种差距还会在新冠肺炎疫情的影响下进一步扩大。此项调查涉及 23 个国家的 9700 名受访者。该报告还指出，与新兴市场对中国企业的认可度提高相比（新兴市场对中国企业的信任度从 2019 年的 77% 上升至 2020 年的 80%），发达国家对中国企业的信任度在不断下滑（从 2019 年的 56% 下降到 2020 年的 51%）。在中国企业海外发展对当地的影响方面，

① 翟慧霞、孙敬鑫：《2020 年度中国企业海外形象调查分析报告》，《对外传播》2020 年第 12 期。

② 报告全文见博然思维官方网站：https://www.brunswickgroup.com，2020 年 5 月 18 日发布。

多项调查也显示，发展中国家受访者对中国企业的认可度比发达国家受访者更高。以《中国企业海外形象调查报告2020（"一带一路"版）》为例，在12个受访国中，沙特阿拉伯受访者对中国企业海外形象的整体评价最高，认可比例达91%；其次是泰国（90%）；排在第三位的是马来西亚（88%）；意大利受访者对中国企业形象的认可度最低，认可比例仅为53%。在中国企业对本国的影响方面，肯尼亚最认可中国企业给本国经济带来的积极影响，认可比例达67%；其次是巴基斯坦（63%）；相对而言，认可度最低的国家也是意大利，仅有15%的受访者表示认可。[1]

4. 抗击新冠肺炎疫情有助于中国企业树立负责任的海外形象

2020年突如其来的新冠肺炎疫情虽然给中国企业的国际化经营和发展带来了多重挑战，但中国企业在抗疫过程中展现出的责任和担当也在国际社会上赢得了很多的认可。"走出去"的中国企业在对象国积极开展疫情防控，捐赠医疗物资、兴建医疗设施，有效缓解了当地医疗物资供给压力。一大批中国科技公司的抗疫"黑科技"也让国际社会受益匪浅。中国企业在抗击疫情中的表现让"中国制造"和"中国智造"实力经受住突发事件的考验，提升了海外民众对中国企业的认可度。[2] 中国企业助力全球抗疫不仅赢得所在地政府、合作方及各界的认同和尊重，更是树立了中国企业负责任的国际形象，成为2020年中国企业海外形象中的一个亮点。这在《中国企业海外形象调查报告2020（"一带一路"版）》中得到证明。调查显示，中国企业助力当地抗疫的行为获得肯定。在12国中，平均有70%的受访者对中国企业助力当地抗击新冠肺炎疫情的表现给予了积极评价。分国家来看，泰国对中国企业的抗疫表现总体印象最好，认可比例高达87%；其次是印度尼西亚，认可比例为82%；排在第三位的是沙特阿拉伯，认可比例为81%。分区域来看，共建"一带一路"国家（泰国、马来西亚、印度尼西

---

① 翟慧霞、孙敬鑫：《2020年度中国企业海外形象调查分析报告》，《对外传播》2020年第12期。

② 翟慧霞：《疫情背景下中国企业海外形象建设的思考》，《对外传播》2020年第7期，第14页。

亚、巴基斯坦、哈萨克斯坦、俄罗斯）受访者对中国企业抗疫表现的总体
印象最好，平均认可比例为 73%，比其他 6 个国家高了 6 个百分点。从具
体举措来看，海外受访者对中国企业遵守防疫规定、提供防疫帮助、分享应
对经验的举措认可度最高。尤其是泰国，八成的受访者对中国企业协助本国
的各项具体表现表示赞同。调查还显示，共建"一带一路"国家受访者对
中国企业自身抗疫举措最深刻的印象是"把企业员工生命健康放在第一位"
（60%），肯定企业应对疫情时"采用灵活的管理办法"（57%）、"公正平
等地对待员工"（55%），认为中国企业面对疫情"承担起企业的社会责任"
（57%）。

三　当前中国企业海外形象建设面临的风险和挑战

在新冠肺炎疫情全球大流行的背景下，国际经济、政治、安全、文化格
局正在发生深刻演变。特别是在当前国际形势日益复杂严峻和国际传媒生态
环境复杂多变的现实情况下，中国企业海外形象建设面临更加严峻的挑战。

（一）贸易保护主义、单边主义、民粹主义思潮上升，国际舆论环境愈加复杂多变

在当前新冠肺炎疫情肆虐和全球经济持续低迷的情况下，世界正在经历
新一轮大发展、大变革、大调整。当前经济全球化遭遇逆流，单边主义、贸
易保护主义倾向上升，世界面临的不稳定性、不确定性更加突出，中国企业
国际化发展面临巨大压力。从国际涉中国企业舆论报道来看，在美国加大对
中国的国际传播机构打压①的情况下，国际传媒生态环境更加复杂严峻，中

---

① 截至目前，美国已将 15 家中国媒体列为"外国使团"，其中包括：2020 年 2 月 18 日，被
列入名单的新华社、中国环球电视网（CGTN）、中国国际广播电台、《中国日报》发行公
司和《人民日报》（海外版）的美国总代理海天发展公司；6 月 22 日，被列入名单的中央
广播电视总台、中国新闻社、《人民日报》和《环球时报》4 家中国媒体的驻美机构；10
月 21 日，被列入名单的《北京周报》、《经济日报》、《解放日报》、中国社会科学杂志社
（SSCP）、《新民晚报》、"一财全球"（第一财经英文版）。

国企业国际传播面临的挑战加大。长期以来，西方媒体对中国企业的报道价值取向明显，对中国企业"价值判断多，事实判断少"，偏见化、负面化、情绪化、标签化情况突出。更有一些海外媒体有意渲染中国企业的"国有"属性及受到政府严密"管控"，其根本矛头指向中西之间所固有的制服文化冲突。这无形中导致中国企业在海外遭到来自政府和民众的"差别化"对待，无疑将损害中国企业的海外接受度。[①]

（二）美国政府对中国企业限制还会增多，尤其在科技和安防领域

虽然拜登作为新一任美国总统上台，但美国政府目前的对华遏制政策会有一定的延续性。鉴于目前美国两党都对中国政府和中国企业抱有怀疑和紧张情绪，这种情绪不太可能在未来几年内消失。新一任美国总统可能对中国企业打压的方式不同或更为微妙，但不排除仍会有中国企业特别是科技和安防领域的企业被美国商务部列入"实体清单"，新的中美贸易壁垒还将不断出现。

（三）疫情给中国企业形象建设带来的挑战还将持续，部分涉企议题易引发外媒炒作

在目前仍未看到疫情拐点的情况下，未来一段时期内，疫情防控将常态化。这些管控举措给中国企业海外生产经营带来众多不利影响，有可能导致项目中止或延期，一些海外项目可能面临所在国更为严格的审查。在此背景下，部分外媒可能会在中国企业冲击当地企业发展、破坏当地环境、文物古迹保护、劳工纠纷、管理人员腐败等议题上加大炒作力度。一些西方媒体可能会借助他们的话语权优势，对中国企业的一些正常商业行为进行"政治化"解读，进行"污名化"攻击。对照中国企业与西方国家企业在疫情下的不同应对措施及后果，在嫉恨的心理下，可能增加对中国企业的舆论攻

---

① 席志武、刘银银：《准确把握动向　掌握国际舆论主动权——从〈金融时报〉对中国企业形象报道看中美"认知逆差"》，《媒体融合新观察》2020 年第 1 期。

击。如英国《经济学人》杂志 10 月 8 日①刊文称，疫情使全球经济体的表现呈现较大差距。文章以"后疫情经济：赢家与输家"为主要内容介绍了中国经济已经迅速反弹，但是美国和欧洲却面临经济停滞甚至萎缩。虽然文章表面上较为客观，但难掩其中对中国经济发展的不信任。

（四）中国企业的跨文化融合和对外话语构建能力与现实需求不匹配

在跨文化融合方面，中国企业仍面临着较大的压力。首先，全国工商联发布的《"一带一路"沿线中国民营企业现状调查研究报告》显示，半数出海民营企业存在"中外员工之间因文化习俗方面的差异造成相处与沟通方面的障碍"等问题，三成企业则表示"当地员工因民族宗教、生活习惯、文化习俗方面的差异对企业正常生产活动造成负面影响"②，这从一定程度上说明中国企业开展本土化传播还面临着较大的跨文化融合的障碍。其次，在对外话语体系方面，有学者认为，中国企业海外形象建设存在话语偏向，即过多、过重的经济成功言说，而全面、系统的原生性话语供给不足。③ 在中国企业的国际传播中，大多以经济因素为主导进行话语选择，呈现"中国企业成功维度得分较高、责任维度需进一步提升"的形象，中国企业友好合作者的身份被忽视，这也使中国企业海外形象片面化，美誉度不够高。

四　思考及对策建议

在当今国际格局深刻变化和国内发展迎来重要战略机遇期的双重背景

---

① 原文见 https：//www. economist. com/leaders/2020/10/08/the – pandemic – has – caused – the – worlds – economies – to – diverge。
② 李晓红：《关注｜民营企业出海系列：这些"锦囊"民企出海常备》，中国"一带一路"网，2020 年 8 月 16 日，https：//www. yidaiyilu. gov. cn/xwzx/gnxw/142950. htm。
③ 李继东、蒋雪颖、金明珠：《中国企业海外形象建设的话语偏向与转向》，《中国社会科学报》2019 年 12 月 5 日，第 3 版。

下，中国企业的形象建设面临新的考验。虽然中国企业近年来在提升自身形象方面做了很多努力，如致力于国家品牌的建立，利用新媒体扩大传播影响，推动传播手段的创新，加强跨文化融合传播和人文交流，为建构和平、合作、发展、负责任的中国形象贡献了企业力量，但当前中国企业国际形象仍有一些较为明显的短板。以国有企业为主体的中国企业在国际社会上存在明显的"两个不匹配"问题：软实力和硬实力不匹配，美誉度和贡献度不匹配。截至 2020 年，中国有多家国有企业长期位居《财富》世界 500 强前列，但尚未有国有企业入选《财富》"全球最受赞赏公司"榜单。中国国有企业在全球建设中所做的经济和社会贡献是有目共睹的，但企业形象却不尽如人意。① 在后疫情时代，"面对错综复杂的国际局势，中国应该更加警惕国内外政治矛盾、全球市场干扰、企业声誉风险，同时必须认识到投资、贸易、金融、社会和文化领域不断变化的模式与需求"。② 中国企业形象不仅是指"企业要成为优质产品和优质服务的提供者，还要成为合规经营者、环境保护者、社区建设者、文化交流者、公共传播者"③。为进一步提升中国企业海外形象，本文提出以下思考及建议。

（一）准确把握和主动应对全球化发展的新趋势，通过高质量发展展现企业良好形象

面对复杂的国际形势和国际传播生态环境，中国企业要认真分析、准确把握后疫情时代全球化发展的新特征。中国企业要主动参与国际竞争合作，引导全球化向着更加综合多样、结构合理、有序发展的方向前进。一方面，企业要有效地把自身海外形象融入新的全球化大背景，融入全球产业发展链。另一方面，企业的高质量发展和实力本身就是企业形象的核心要素。在企业国际化发展和海外事业拓展中，要积极转变发展方式，更加注重海外发

---

① 李美琳：《宣传视角下国有企业海外形象建设实践研究》，《企业文明》2020 年第 7 期。
② 《博然思维发布报告解读中企出海环境变化》，《中国日报》中文网，2020 年 5 月 18 日，http://caijing.chinadaily.com.cn/a/202005/18/WS5ec2610fa310eec9c72b9cf1.html。
③ 胡钰：《中国企业海外形象建设：目标与途径》，《中国软科学》2015 年第 8 期。

展的长远利益和长期价值，推动产品创新和服务升级，通过先进的技术、高效的管理、优质的产品和完善的服务提升美誉度和品牌影响力，从而有效提升企业的海外形象。

（二）要通过多种方式进一步加强与对象国的沟通，增进对方对中国企业的信任

信任源于了解，提高企业海外认知度是提高认可度的重要前提。特别是在当前中美关系紧张的背景下，在美国经营的中国企业需要用适当的方式与美国政府打交道，并努力与政府之外的利益相关方进行建设性对话。2019年5月30日，CGTN主播刘欣在与FOX商业频道女主播翠西·里根（Trish Regan）就中美贸易等相关话题进行对谈之后，说："中美之间最大的逆差不是贸易逆差，而是认知逆差。"[1] 在新一届美国政府上台后，更要做好沟通工作。即使意见相左，中国企业也需要考虑对方的疑虑，而不是完全不理会。中国企业应当全面了解美国当局的关键利益相关方，比如行业监管机构和智库，努力与利益相关方之间建立联系。同时，要多讲述自己与对象国增进沟通的企业故事。如讲述中国企业为当地经济发展做出的贡献，包括创造就业机会、推动社区发展等，让更多海外民众对中国企业与当地共生发展的形象有所了解。

（三）强化企业战略传播，健全舆情危机预防研判的机制

一方面，战略传播是企业为实现特定利益，充分调动相关资源向目标受众传递信息、施加影响的过程。在企业海外发展中，战略传播起着越来越重要的作用。通过强化战略传播，使关键受众理解并参与企业行为，从而为企业赢得内部团结并提升外部形象，构建有利于企业长期发展的运营环境。[2]

---

① 《〈面对面〉专访刘欣：中美之间最大的逆差不是贸易逆差，而是认知逆差》，央视新闻，2019年5月30日，http：//m. news. cctv. com/2019/05/30/ARTINCpfkDfibc6v2T3eliYc190530. shtml？spm = C96370. PsikHJQ1ICOX. EZkZSILJCLZn. 3。
② 袁胜、许清茂：《国外企业战略传播研究的启示》，《青年记者》2015年第29期。

增强中国企业对战略传播的重视度，有助于从顶层设计层面加强企业国际传播能力建设。另一方面，与以往相比，在新的国际形势下，中国企业面临的国际舆论风险增加。为了更好地提高抵御外部风险的能力，需要对相关国际舆论保持密切关注，要进一步建立健全企业海外舆情应对机制，规范海外舆情突发事件应对流程，建立专业舆情研判人才队伍。要利用全球企业传播云服务平台的舆情监测功能及全球媒体数据库，主动搜集媒体动态和行业信息。及时监测全球涉中国经济、中国企业、中国项目等信息，并从传播态势、舆论观点、风险议题等方面实施评估，推出有针对性的舆情研判方案。要根据对象国的不同情况，建立与海外项目、分公司的舆情信息沟通与应对机制。①

（四）创新传播方式，加大中国企业海外履责实践的传播力度

虽然中国企业助力海外抗疫的表现受到了国际社会的认可，但整体而言，海外民众认为中国企业在履行社会责任方面还有较大提升空间。多项调查都显示，相较于其他领域，中国企业在环境、社会和治理领域的表现较差。这不完全是因为我们的履责实践不够，也与我们多年来在履责传播方面的低调有关。新形势下，履行社会责任已成为国际社会衡量企业形象的重要标准，也是企业国际竞争力的组成部分。我们要加大履责传播的力度，创新传播方式，为推进对象国可持续发展贡献力量。在履责意识上，中国企业要进一步增强可持续发展意识，将社会责任、社会与环境管理纳入企业发展战略。要提升企业履责高度，从顶层设计开始谋划企业履责的具体内容。一方面，中国企业要积极与国际规则相融合，主动发声，披露企业信息，回应国际关切。另一方面，中国企业要开阔思路，大胆创新，利用云计算、人工智能等高新技术实现企业的履责目标，开展符合当地民情和民众需要的项目。同时要团结各方力量，携手智库、媒体、公益组织等共同推进，形成合力，以实现企业履责效应的最大化。

---

① 翟慧霞：《疫情背景下中国企业海外形象建设的思考》，《对外传播》2020 年第 7 期。

（五）进一步加强跨文化传播，完善中国企业对外话语体系建构

在当前国际舆论形势复杂严峻的背景下，加强跨文化传播对中国企业海外形象建设具有重要意义。若想将企业海外形象建设与国家形象塑造有机结合起来，就要以积极开放的姿态主动塑造企业形象。中国企业开展多种形式的文化交流活动，让中华传统文化精髓与所在国人文传统相融合，赋予中国企业、中国制造、中国产品深厚的文化内涵和鲜明的文化标识，从而吸引更多的海外民众关注中国企业、了解中国企业。中国企业要重视与所在国的文化差异，建立完善的企业文化融合机制，培育独具特色的企业文化。同时，要重视人脉关系的建设，广结人缘，不断扩大海外朋友圈。另外，在全球风险社会到来之际，环境、健康、贫困等问题正成为人类社会共同面对的难题。中国企业在海外形象建设方面，也要在提高话语道义感召力上下功夫。全球知名咨询公司博然思维发布的《走出去的中国企业新认知》调查报告①显示，海外民众非常关注中国企业价值。有48%的民众希望了解企业的愿景和价值观，有42%的民众希望了解企业社会影响力举措和理念，有42%的民众希望了解企业的核心信念。在今后的企业国际传播活动中，中国企业要通过多种方式加大企业价值和企业文化的传播力度，并通过文化传播扩大企业的对外话语权建构。

---

① 报告全文见博然思维官方网站：https：//www.brunswickgroup.com，2019年1月22日发布。

B.9
游戏与中国的文化形象传播

熊 硕 彭 宇*

摘 要: 游戏是一种高度综合的数字媒体艺术形态,也是一种新兴的媒体形式,游戏在文化形象传播中有不可替代的作用。本文首先主要通过计算机网络理论与游戏学架构,分析了游戏传播信息的独特能力;然后结合具体案例,分析近几年在海内外各个游戏平台上所呈现的中国文化历史形象;最后根据数据统计分析,验证了近两年借着中国游戏出海风潮,国产游戏在海外接受程度的变化,以及中国国家形象、中国文化传播的变化。基于此,本文认为,中国文化形象的传播可以着力于游戏平台,以温和稳定的方式对外输出,并且对未来中国游戏在文化形象传播上给出几点建议。

关键词: 国家形象 文化形象 游戏传播 游戏出海

随着中国国家实力的不断提升,中国的国际地位有了极大的改善。然而,在文化以及信息传播领域,中国的短板还是非常明显的,以疫情时代推特等社交平台上的对华言论来看,中国亟须解决软实力较弱以及文化输出不畅的问题。然而在西方话语权所构建的信息茧房环境中,中国的声音、故

---

* 熊硕,华中科技大学新闻与信息传播学院讲师、硕士研究生导师,研究方向为游戏信息学、严肃游戏、游戏博弈与智能;彭宇,华中科技大学新闻与信息传播学院硕士研究生,研究方向为游戏信息学、严肃游戏、游戏博弈与智能。

事、价值观很难通过传统媒体的渠道定向传递给海外民众。鉴于此，本文以计算机网络的通信为架构来打通传播理论模型，通过案例分析和数据分析方法，对游戏进行文化输出的能力进行归纳分析，试图对中国文化形象传播做出贡献。

一 研究背景

游戏是一种新兴的媒体形式，在全世界都有着广泛的关注和应用。在传统的社会认知中，游戏只是一种娱乐工具，但近几年严肃游戏（Serious Game，也翻译为"功能游戏"）正在诸多领域发挥着教育与宣传的作用。严肃游戏是指以教授知识技巧、提供专业训练和进行文化推广为主要内容的游戏，应用于军事、传播、医学、工业、教育、科研等诸多领域，游戏本身具有娱乐性之外的其他特定目的。2018年初，中国游戏业开始正式布局严肃游戏，在这一年内，各游戏专业平台或者手机应用市场上的严肃游戏数量持续增加。

严肃游戏最初的定义是由阿伯特（Clark C. Abt）在1970年发表的《Serious Games》一书中界定的①，他认为"严肃游戏既非游戏，也非严肃，而是二者兼而有之。这种游戏不以纯粹的娱乐为主要目的，而是采用寓教于乐的形式，让用户在游戏过程中接受信息，并获得个性化、互动性和娱乐性极强的全新学习体验，从而激发学习者的创造力和创新意识"。之后，美国军方曾有科研人员在退役后基于军事对抗模拟的目的，设计了简单的培训教育游戏，这便是"Serious Game"实践的源头。以美国、欧洲和日本的经验为例，《使命召唤》和《战地》系列游戏被美军用于训练士兵，以减少训练成本，降低无谓伤亡；法国育碧公司开发的《刺客信条》系列游戏，对诸如佛罗伦萨这样的历史文化名城进行文化推荐。所以，电子游戏不仅仅只是一种用于消遣放松的数字娱乐工具，在这个大数据和人工智能技术普及的时代，

---

① Abt, C. C., *Serious Games* (The Viking Press, 1970).

相较于传统媒体传播的一些限制与先天不足，游戏传播具有速度快、范围广、影响力度深的优势，甚至可以打破各国间语言和文化的壁垒。

关于游戏的传播价值，中国在 20 世纪末就已有相关研究，1997 年 12 月，王军在《软件世界》上发表的《电子游戏：一种戏耍方式，或者时代精神状态》一文①，肯定了电子游戏作为一种新兴大众文化形式的价值，他的文章中提出了文化研究的诸多新切入点，为后辈探究文化研究的许多课题提供了启发。2000 年 6 月，郝月梅发表的《电子传媒文化与儿童文学》② 一文，认为电子游戏打破了公众被动接收由文学、影视作品传递的信息的传统方式，儿童的参与意识、自我实现的愿望在游戏过程中得以实现。2006 年 1 月，邓晶华发表的《故事性电子游戏与传统文学的互文性研究》③ 一文，探讨了故事性电子游戏的文学价值，认为电子游戏结合传统文学是历史和文学发展的必然趋势。

从 2007 年开始，国内学者开始意识到游戏是一种媒体，甚至是一种广告形态。2007 年 1 月，宋瑾、陈思在《当代传播》上发表的《电子游戏广告潜力初探》④ 一文，将电子游戏视作一种新媒体形态，认为庞大的用户市场和独特的传播优势使电子游戏广告传播潜力巨大。该文章从电子游戏产业数据分析、电子游戏传播特征两个方面印证电子游戏将在传播方面发挥巨大影响力。2007 年 11 月，潘正业发表的《历史文化知识在电子游戏中的传播》⑤ 一文，认为目前比较成功的案例大多通过角色扮演游戏（Role Playing Game）、即时战略（Real Time Strategy）、策略角色扮演游戏（Strategy Role-Playing Game）类游戏来传播历史文化知识。并以《文明》系列游戏为例，分析电子游戏传播历史文化知识的方法，总结出历史文化知识在电子游戏中

---

① 王军：《电子游戏：一种戏耍方式，或者时代精神状态》，《软件世界（Z1）》1997 年第 12 期。

② 郝月梅：《电子传媒文化与儿童文学》，《上海大学学报》（社会科学版）2000 年第 3 期。

③ 邓晶华：《故事性电子游戏与传统文学的互文性研究》，《海南师范大学学报》（社会科学版）2006 年第 1 期。

④ 宋瑾、陈思：《电子游戏广告潜力初探》，《当代传播》（汉文版）2007 年第 1 期。

⑤ 潘正业：《历史文化知识在电子游戏中的传播》，《中小学电教》2007 年第 11 期。

的传播策略及传播影响。他认为正确运用电子游戏这个载体，可以使其成为传播历史文化的重要途径，电子游戏在文化层次的传播价值得到了肯定。2010年1月，冯东、付玉、薛勇发表《电子游戏视觉艺术设计中的民族文化元素应用研究》①一文，讨论民族文化元素在电子游戏视觉艺术设计中的应用问题，在分析电子游戏视觉文本的基本构成元素的基础上，研究电子游戏视觉艺术设计中的民族文化元素应用转化途径。该文章认为优秀的民族化电子游戏是对传统文化的良好传承和保护，也是将传统民族文化传播开来的重要途径。2014年7月，包媛媛发表《中国神话在电子游戏中的运用与表现——以国产单机游戏〈古剑奇谭：琴心剑魄今何在〉为例》②一文，她从游戏叙事和游戏场景两个方面分析了中国神话在游戏中的运用。

随着电子游戏技术的快速发展，越来越多的文化形态得以在电子游戏中以精美的画面呈现，很多人开始研究电子游戏背后依托的文化及文化传播方式。2015年7月，范军、欧阳敏发表《论文学经典的青年亚文化传播文本、特征及启示——以〈三国演义〉为中心》③一文，认为以《三国演义》为原文本的电子游戏是《三国演义》青年亚文化传播的主要渠道之一，它为受众提供一种情感与理智的交流式体验并扩大传播的影响力。关萍萍在其《互动媒介论——电子游戏多重互动与叙事模式》④一书中明确指出，电子游戏具有独特的交互叙事模式和独有的传播方式。2017年11月，杨赫发表的《从中西游戏文化探讨文化传播力》⑤一文，通过对比几款最流行的游戏，阐述中西方游戏所呈现的文化差异，论证文化传播需要的关键因素。他认为游戏是一个独立的传播形态，并且拥有一套完整的传播体系，合理利用

① 冯东、付玉、薛勇：《电子游戏视觉艺术设计中的民族文化元素应用研究》，《宁夏大学学报》（人文社会科学版）2010年第1期。
② 包媛媛：《中国神话在电子游戏中的运用与表现——以国产单机游戏〈古剑奇谭：琴心剑魄今何在〉为例》，《云南师范大学学报》（哲学社会科学版）2014年第4期。
③ 范军、欧阳敏：《论文学经典的青年亚文化传播文本、特征及启示——以〈三国演义〉为中心》，《西南民族大学学报》（人文社会科学版）2015年第7期。
④ 关萍萍：《互动媒介论——电子游戏多重互动与叙事模式》，博士学位论文，浙江大学，2010。
⑤ 杨赫：《从中西游戏文化探讨文化传播力》，《戏剧之家》2017年第22期。

游戏这个新型媒介可以扩大中国文化输出的影响力。2018 年 5 月，李华、鲜文丽发表《外国网络游戏中的中国传统文化传播探析——以韩国网络游戏〈剑灵〉为例》① 一文，提出观点"网络游戏是传播中国传统文化的重要载体"，并从网络游戏传播文化的可能性、优势及《剑灵》这款游戏的代表性等方面加以论证。以上研究都说明国内学者开始意识到游戏作为媒体在传播中不可替代的作用。

二 游戏的传播模型

游戏是一种高度综合的数字媒体艺术形态，著名游戏设计师 Jesse Schell 从游戏学角度，提出"元素四分法"②，将电子游戏分解为"机制（Mechanics）、故事（Story）、美学（Aesthetics）及技术（Technology）"四个系统维度。四个元素既是电子游戏的组成部分，也是"对游戏本体的认知框架"（见图 1）。其中美学是玩家最容易看见的元素，而技术往往隐藏于底层，下一层是上一层的基础，越接近上层，则越触及用户的体验核心。考虑到本文的篇幅问题，以及传播学中的技术元素对于轻度游戏用户并没有发挥实质性的信息输出作用，故而本节主要从机制、美学与故事三个层面分析传播模型。

（一）机制——"三次握手"

"三次握手"（TCP 3 – Way Handshake）是计算机网络的专业术语，所谓"三次握手"是为解决网络传输过程中发送者和接收者的信息联通确认问题。我们日常使用的 TCP（传输控制协议）就建立在"三次握手"模型之上。

---

① 李华、鲜文丽：《外国网络游戏中的中国传统文化传播探析——以韩国网络游戏〈剑灵〉为例》，《今传媒》2018 年第 5 期。

② Schell，J.，*The Art of Game Design*：*A Book of Lenses*（Carnegie Mellon University and Schell Games，Pittsburgh，Pennsylvania，2019）.

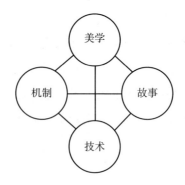

图1　"元素四分法"中电子游戏传播的四个层面

资料来源：Schell，J.，（2019）．*The Art of Game Design：A Book of Lenses.*

如图 2 所示，客户端首先向服务器发送一个请求，如果服务器收到请求，便返回一个与请求相对应的响应给客户端，此时两者的联通并未结束，客户端需要再次发送一个"收到响应"的回复给服务器。当三次通信全部结束后，网络传输才可被视为一次成功的连接，这样的机制便称为"三次握手"，这一机制用以保障网络数据传输的稳定。

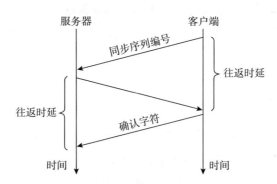

图2　计算机网络传输的"三次握手"概念

资料来源：根据本研究整理而成。

相较于广播、电视等传统媒介，游戏能够让用户更为主动地获取信息，这可以强化传播效果，发挥文化保存与推广作用。如图 3 所示，我们可以发现游戏媒体在传播与反馈上，正好满足"三次握手"机制。

在依赖书籍、动画、电影进行信息传播时，信源与信宿几乎无法互动，文字、图片和动画呈现什么内容，用户则被动地接收什么内容。而且用户在接收信息时，可以以选择不思考或者一心二用的方式对待信息，那么如果信宿不主动或者不刻意接收，他们就很容易遗忘信息。

虽然传统媒体可以通过阅读读者来信或拨打观众热线等方式来进行互动，现在的微信留言也属于这种方式，但这样的互动方式存在效率低下、成本过高、没有办法与所有使用者进行反馈等缺陷。对于选择不主动思考或者不刻意寻求知识的用户，其传播效果与书籍、动画、电影并无太大区别。而新媒体，比如微博和微信，虽然解决了效率与成本问题，甚至能够在P2P（Peer to Peer）模式下完成"三次握手"，但存在"碎片化"与"去中心化"的问题，这种快餐式的传播既可能让信息缺乏真实性与权威性，又容易被遗忘。同时，信源也由于时间成本而不可能与所有信宿进行一对一的互动。

电子游戏弥补了传统媒体与新媒体的几个缺陷。第一，用户必须主动参与并控制游戏，才能推动故事的进程。第二，用户要为自己的选择与行为负责。这两点要求用户在使用电子游戏作为传播媒介时，必须高度集中注意力，并且频繁与系统进行互动，且每一位用户都可以充分与信宿进行互动，不存在厚此薄彼的状况。我们可以用计算机网络传输中的"三次握手"机制描述这个过程，"三次握手"不仅是网络科学中保证信息稳定传输的有效模型，而且也符合传播学原理。在电子游戏这一媒介中，所有的信宿与信源之间，必须完成"三次握手"才可以完成传播过程，这是其他媒体形式暂时无法做到的（见图3）。

"三次握手"在不同电子游戏中有不同的互动反馈形式。比如角色扮演类游戏，"三次握手"体现在虚拟角色的成长上；剧情类游戏，"三次握手"体现在用户的选择与剧情的改变上。在少数的情况下用户能够学习历史文化，比如瑞典公司开发的《十字军之王》将时代背景放到了欧洲中世纪的封建时代，在这一背景下，游戏的玩法极其重视"联姻"、"继承"和"血缘"的交互操作。而Paradox Interactive公司的另一款游戏《维多利亚》的

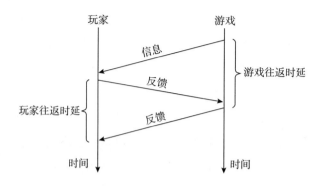

图3　游戏传播的"三次握手"机制

资料来源：本研究整理。

背景是工业革命到第一次世界大战期间，游戏的核心玩法是"工业化"与"政治改革"两点交互上。可以说，机制与玩法是一款游戏的核心，美学、叙事都应该服务于机制，机制在很大程度上决定了游戏其他组成部分在游戏中的重要程度和呈现方式。玩法在大多数情况下并不直接向玩家展现历史文化，它决定了游戏模式，影响玩家对游戏中各个部分的关注程度，从而影响其他组成部分对于历史文化的传播效果。例如，对于欧洲历史，玩家到底重视"血缘"还是重视"科技"，就需要 Paradox Interactive 根据游戏所处时代背景刻意设置的交互系统进行引导。

（二）美学——环境与场景

美是游戏作为第九艺术从视觉上吸引人的核心要素。在近些年的著名历史游戏作品中，美学基本已达到完全模拟现实场景的水平。不同于现实题材和未来科幻题材的电子游戏，文化与历史题材的电子游戏在设计时存在一定的限制，它既不能完全重现现实场景，也不能完全依赖设计者天马行空的想象力来制作出不符合文化逻辑的作品。文化与历史题材游戏的场景只能通过古籍上对于环境及建筑物的描述，结合某些现在还留存的遗迹来设计，想要完全重现历史场景是相当困难的，只能尽可能地还原场景。

尽管重现历史场景十分困难，但依托现代高性能的游戏引擎的游戏设计者依旧可以设计出逼真且符合大众期望的历史场景。例如,《刺客信条》中将耶路撒冷与大马士革等著名历史名城、大马士革圣保罗教堂、倭马亚大清真寺、努尔丁陵墓和耶路撒冷大清真寺等标志性建筑物都塑造了出来,让玩家真切地体会第三次十字军东征时期的文化特色,让玩家看到了 12 世纪中东地区的样子,白色系的建筑风格和人烟稀少的街道也让玩家感受到那一时期中东人民的生活状态、宗教战争与高压统治者的残酷。又比如《刺客信条》展示了文艺复兴时期的意大利,玩家可以在游戏中发现这一时期的建筑都是注重秩序和比例、拥有严谨的立面和平面构图以及从古典建筑中继承下来的柱式系统。于是人们开始追求希腊、罗马的古典文化,并在此基础上进行创新。人们在游戏中可以很直观地看出建筑色彩的多样化与建筑本身的规范性,意识到当时人们的思想已经开始解放并步入一个科技与文化都飞速发展的新时代。

游戏制作了或逼真、或具有艺术性的环境与场景,玩家可以通过自己的眼睛,了解到各个地区在各个时期的文化内核,了解到不同地区的环境和历史氛围。通过游戏的场景,玩家能突破平面的限制,通过机制与互动,穿越到几百年、几千年前,领略那个时代的风采,真真切切地在游戏呈现的地点停留、注视、记忆、展开故事线。这些经历可能很难通过一些图片或文字呈现,而电影与视频也是单向描述,并不能达到游戏的沉浸与互动效果。所以电子游戏中的美学,在传播效果上能给玩家带来独特感受。

《刺客信条》中的巴黎城,在 1∶1 高度复原历史景观的基础上,更是将电子化的巴黎街区化作可玩性极强的关卡,闯关者则是由玩家操控的主角。主角一开始就拥有身轻如燕、飞檐走壁的特殊能力,哪怕只有一丝墙缝,主角也能抠着它并顺着 90 度的墙壁向上攀爬。栏杆、烟囱、屋顶、阳台、旗帜、石块、绳子、屋檐、管道、杂物等,只要是从光滑的墙壁上伸出来的东西,主角都能加以使用。这样设计的效果是,主角像丛林里的猴子一般敏捷,在玩家控制下,在巴黎高高矮矮的屋顶上飞檐走壁,在一个个或恢宏或精致的建筑表面留下自己的手脚印。重点在于,这种方式是以一种全新的姿态观看历史建筑,3D 建模技术可以将过去容易损毁、难以修复、直立

于地的历史建筑复原成永不损毁、任意角度观看、随意"攀爬"的虚拟模型，这不仅可以让千里之外的观众如身临其境，更能让观众按照喜好自行调整视角、近距离观察细节，这便是游戏这一新型媒介的先天优势。图4是现实中已经被烧毁的巴黎圣母院照片与游戏中数字档案建模的巴黎圣母院的对比，可以发现游戏场景的精细度与逼真度极高。事实上，法国政府在修复巴黎圣母院时，也向该游戏出品方育碧公司寻求帮助，来获取建筑的数字档案。

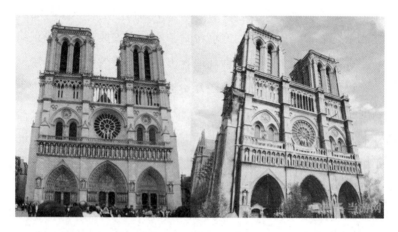

图4　现实中已被烧毁的巴黎圣母院与《刺客信条》中的巴黎圣母院

资料来源：《刺客信条》。

（三）故事——角色与叙事

有了机制与美学后，就可以向游戏填充文化传播中最核心的元素——故事，而其又分为角色与叙事两个部分。角色是电子游戏的重要组成部分之一，玩家会将自身带入角色，通过与角色交互，玩家可以直观地了解与体会相应历史时期的社会文化氛围。游戏中的角色通常分为两种。一种是游戏内角色，即 Non-playable Character（NPC）。NPC 指游戏中不受玩家操纵的角色，可以认为其是游戏世界的原住民，一般起推动游戏进程和服务玩家的作用。在文化类的电子游戏中，很多真实存在的历史人物被设计成 NPC，而也有一些 NPC 是以历史人物为原型设计而来的。虽然这些角色的灵感来源不同，但他们都有一个共同点，就是都体现着相应历史时期的文化背景，他们的出现可以让玩家体会该历史时期的社会氛围。

除了 NPC 之外，电子游戏中的另一种就是可控角色（Controllable Roles）。比如腾讯出品的《王者荣耀》，大部分英雄角色改编自历史人物，复旦大学教授葛剑雄还被腾讯邀请担任《王者荣耀》的历史顾问。NPC 和可控角色有相似之处，在合理的游戏机制调配下，两者都能很好地体现历史文化特色，发挥文化保存与推广的作用，把冷冰冰的知识与纯美学背景板变得"有血有肉"，让玩家在游戏中能够更好地融入相应的历史文化氛围，在不知不觉中将自身代入到角色中。

以《刺客信条》为例，玩家将扮演白衣刺客阿泰尔，通过角色代入，玩家可以深刻地体会到在欧洲中古黑暗的第三次十字军东征时期，统治阶层对于普通劳苦大众的剥削与压迫，玩家接触统治阶层角色与普通百姓角色后，可以明显地感受到那个时期的社会矛盾，激起玩家对于残暴统治阶层的憎恶与对无辜百姓的同情。同时，中国玩家可以很好地了解基督教与伊斯兰教在历史上的冲突，加深玩家对该时期历史文化的印象。所以角色既是玩家感受文化的接口，也是游戏展现历史文化的重要渠道。没有角色的游戏无法展现文化与历史，没有角色的游戏也就没有文化媒体的精髓与灵魂。

角色是珠玉，叙事则是链条，叙事串联起角色，完成文化传播中的故事刻画。对于很多玩家而言，电子游戏之所以能吸引他们，并不仅仅是玩法机制的新颖，也不只是画面在美学上的冲击，还有荡气回肠的剧情。特别是单机游戏，其不利用玩家之间的社交来维系游戏生命。在这种情况下，剧情就成为吸引用户群体，事后为人长期津津乐道的核心要素。相较于传统的小说、电影等文艺作品，电子游戏讲故事的成本更高，因此通过一个好的叙事模型来表达文化内核显得尤其可贵。

叙事在游戏中传播历史文化的作用是不可忽视的。如果一款游戏没有叙事，那么这类游戏就只能成为"休闲类游戏"，比如常见的棋牌类游戏《扫雷》《消消乐》等。极少数休闲类游戏具有文化保存价值，更谈不上发挥对外传播推广的作用。市面上存在专注做剧情、通过叙事来让玩家们感兴趣并且留下深刻印象的游戏。很多角色扮演类游戏就非常注重剧情，例如《古剑奇谭》《轩辕剑》《魔兽世界》等。在众多游戏中，叙事占比最高的是日本厂商生产的文字冒险类游戏，这类游戏玩法的核心就是玩家选择剧情走向，剧情占据了游戏的绝大部分内容。《逆转裁判》《寒蝉鸣泣之时》《命运石之门》等较有名气的文字冒险类游戏因为其吸引人的剧情已被制作成动漫和真人电影。与文字冒险类游戏类似，2020年中国游戏公司制作一款视频类文字冒险游戏《隐形守护者》，是以中国共产党传奇特工袁殊为原型的谍战故事游戏。这款游戏在2020年3月左右便引起了互联网游戏界的大讨论，不少游戏爱好者毫不吝啬地给出好评，并在各个网络社区讨论游戏中的故事与人物。

游戏剧情对于历史文化的表现，通常会采用两种方法，第一种是稍微修改真实历史事件，第二种是选取一个历史时期，并在此基础上创造故事。前者的代表作有《三国志》《全面战争》等，后者的代表作有《刺客信条》《汉武大帝》等。这两种游戏的剧情都能很好地向玩家展现特定历史事期的文化，但是展现的方式和内容会有所不同。在前一类型的游戏作品中，玩家通常会操控历史人物来体验历史事件，在了解历史事件的基础上深入感受，而玩家可能会得到一些从单纯的文字、画面中体会不到的感受。在这个真实历史事件游戏化的过程中，游戏设计者对于文化部分的修改较少。

而在后一类型的游戏作品中，故事都是由游戏设计者根据特定历史时期二次创造而来，这些故事都是由游戏设计者对于该历史的独特理解加上期望传递给玩家的文化思想融合而成，这种模式通常针对一些较为冷门的文化内容，设计者试图用游戏唤起被传播者的兴趣。比如《侠客风云传》是基于明朝背景，虽然游戏本身不会涉猎太多明朝时事，但描绘的明代市井风貌与人文形象，可以让玩家很好地体验明朝时江湖与平民的生活。因此，无论是前者还是后者，好的叙事都能做到让玩家对文化进行深度交互体验，给玩家留下深刻印象。电子游戏的叙事在历史文化的传播方面起到至关重要的作用，随着游戏研发技术的进步和电子游戏行业的竞争加剧，好的游戏叙事逐渐成为电子游戏的主要竞争力。未来，电子游戏的剧情会越来越完善，拥有更好的文化传播效果与价值。

三　案例分析：游戏中的国家形象

（一）《三国志》系列游戏中的国家文化形象

游戏文化传播的属性在传播价值观以及丰富人们对于历史认知方面发挥了作用。中国的历史文化博大精深，给游戏制作者提供了丰富的素材和背景资料。比如三国系列、仙侠系列、战国系列等游戏，都是以中国的历史事件为背景，融合各类元素呈现出来的创意产品。

在这些游戏中，以三国系列为题材的电子游戏一直以来凭借其历史底蕴和故事性成为热门游戏。20 世纪 80 年代至今已有 200 多款以三国为题材的游戏，从《三国杀》、《三国志》到《全面战争：三国》，此题材的游戏一直以来都是跨国界、跨文化传播的领先者。《三国杀》由中国传媒大学动画学院 2004 级游戏专业学生设计，由北京游卡桌游文化发展有限公司出版发行的一款热门线上游戏。《三国志》是由日本光荣株式会社研发的一款历史模拟类游戏，发行于 1989 年。《全面战争：三国》（Total War：Three Kingdoms）是一款由英国游戏公司制作、SEGA 发行的策略类游戏，是全面战争系列游戏的最新作品。从三个游戏的制作商可见，三国系列的游戏产品深受各个国家和地区的青睐，在游戏传播的同时，其背后的三国文化也在潜移默化中影响着玩家。

其中，日本光荣株式会社研发的《三国志》系列游戏最为著名，也是最忠于原著《三国演义》的一款游戏。《三国志》系列对三国时代的历史还原度比较高，对人物的刻画比较传神，在剧本的打造方面也比较专业，同时还将三国时代的政治军事融入战略模拟中。在游戏过程中，用户不仅可以体

验游戏的娱乐性，还可以体验东汉末年三国时期的政治、经济、文化各方面的发展历程。这款游戏在潜移默化中，传播着三国文化。刘天玮在其《中日动漫与游戏中的三国人物形象分析》①一文中表示《三国志》游戏有丰厚的历史文化内涵，"它不单是策略类的系列游戏，还是一部史诗画卷，处处透露着博大精深的历史文化"。

三国时期的湖北地区可谓是文化的重要发源地，而《三国志》系列游戏作为三国历史故事的衍生创意产品，无论是在整体历史架构上，还是在故事情节方面都尽量还原历史。所以《三国志》系列游戏在传播过程中，也潜移默化地宣传了湖北的部分文化，体现了湖北特有的地域文化和遗址文化。许多不了解湖北的国人，或者是一些不了解中国的外国人，也常常因为《三国志》系列游戏对湖北的荆州、襄阳、赤壁等地有很深的印象，这也是为何许多日本人不知道武汉却知道荆州、襄阳等地的原因。图5为《三国志》系列游戏与日本旅游公司的广告联动。

（二）《隐形守护者》对地下党工作的宣传

《隐形守护者》改编于橙光引擎制作的《潜伏之赤途》，与原作单纯的立绘文字游戏形式不同，《隐形守护者》采用了"真人影视互动剧"的方式，在视觉效果上有了质的提升，甚至会让玩家分不清这到底是一部影视剧还是一款游戏。不过从本质上看，这是一款AVG（文字冒险）游戏，有着丰富的剧情和故事分支，结局高达上百种，而除了真结局外，主角皆以不同方式被杀害，游戏的剧情发展遵循电视剧的逻辑，在部分剧情节点处会有不同的选项供玩家选择，最终结果如何则取决于玩家的选择。

民间有把游戏称为"第九艺术"的说法，"第九艺术"承接在传统的"文学、绘画、音乐、舞蹈、雕塑、戏剧、建筑、电影"八种艺术形态之后，社会大众通常理解的游戏在美术上的表现形式依赖平面手绘和3D建

---

① 刘天玮：《中日动漫与游戏中的三国人物形象分析》，硕士学位论文，西北大学，2016。

图 5 近畿日本旅游公司与《三国志 14》在 2020 年 1 月初的广告联动

资料来源：コーエーテクモゲームス：GAMECITY，www. gamecity. ne. jp（2020）。

模。而《隐形守护者》的成功就在于制作方在美术表现形式上用"电影"替换了"绘画"，这样的新鲜感在国内必然会成为热门话题。

事实上，依托真人演员拍摄、后期辅以剪辑、最终用视频或者幻灯片形式呈现的游戏作品，国外已有先例。比如 2019 年大火的《底特律变人》和 2008 年日本中软公司推出的《428 被封锁的涩谷》，他们在口碑与市场上都取得了不错的成绩。相较于传统的游戏美工技术，真人实景表演的"影视互动剧"好处有以下三点。

一是人才形式替代性，指的是让游戏制作团队更为灵活广泛地选择美术人才。就目前国内游戏产业的形势而言，好的游戏策划容易找，好的游戏程序很多，但是性价比高的美术人才就不那么容易配齐。相较于寻找工程技术

型的美术人才，寻找性价比高的演员、导演与摄制组，难度就小了很多。而游戏的成功，又可以反过来捧红这些有潜力、有实力的演员。对于拥有好剧本，且程序逻辑并不复杂的游戏而言，选用真人来拍摄无疑多了一种或许更为稳妥的选择。

二是更强的代入感与沉浸性，是游戏相较于其他八种传统艺术形态独有的特点。当电影变成游戏，从旁观的观众变成参与的玩家，你在面对种种问题与剧情转折时会怎么选择？你又是否能承担选择的后果？可以想象，面对这样责任巨大、对未知有着强烈恐惧的选择题，对观众内心的冲击效果恐怕不是传统小说、电影、电视剧等媒介形态所能比拟的。

《隐形守护者》就是如此，整个故事的剧情是由无数个双难甚至多难选项推动的。在游戏的过程中，面临诸如"到底杀不杀自己的恩师"这样的揪心问题时，玩家不可能平静地将其当普通游戏来欣赏。另外，在传统的二次元游戏里，玩家击杀"纸片人"或者"3D 模型"时可能不会那么犹豫，但是"互动剧"型的游戏角色由真人扮演，我们在不得已"杀害"他们时，内心多少会有负罪感。所以"影视互动剧"游戏特有的真实性、互动性与参与性，必然会让玩家沉浸其中。

三是树立对游戏的正确认识，《隐形守护者》打通了电视、电影和游戏的界限，在舆论上让更多对游戏不了解或者对游戏抱有成见的人能够实事求是、客观公正地树立对游戏的正确认知。游戏也是一种艺术表现形式，这种艺术和电影一样可供娱乐，只不过比电影多了互动而已。在题材上，《隐形守护者》和其原作《潜伏之赤途》都展现了革命年代中国共产党地下工作者可歌可泣的英雄事迹，不少玩家在游戏结束后开始搜索肖途与陆望舒的原型——袁殊与关露，了解他们为了民族、为了信仰抛弃名节，游走于敌人内部，为组织奉献一切的决心。因此游戏其实是有教育意义的，玩家在娱乐之后能有所感悟、有所思考。

《隐形守护者》为我们再现了一个日寇入侵、动荡不安、各方人马各怀鬼胎的年代，当时有更多为了活着而苟延残喘的人，但也不乏像肖途、方汉卿这样愿意为了革命牺牲自己的人。同样，在如今的和平年代，也有许多

"隐形"的守护者为国家和人民默默付出、勤劳奉献。作为中国共产党在长期革命斗争和建设实践中所形成的伟大革命精神，红色经典与红色文化的教育传播尤其重要。这款游戏起到了很好的宣传教育作用，特别是值中华人民共和国成立 70 周年的时候，《隐形守护者》更能让我们新一代青年珍惜和平，这也是游戏在国家形象传播上的魅力所在。

四　数据分析：游戏中的国家形象

（一）游戏出海

游戏出海是从 2018 年开始在游戏行业内新出现的一个关键词。2018 年分管游戏审核出版的单位推出"游戏版号限制政策"，大量作品难以在国内上市，中国移动游戏企业纷纷开始占据海外市场。艾瑞咨询公布的《2019年中国移动游戏出海行业研究报告》显示（见图6），2018 年中国移动游戏出海市场规模达 421.2 亿元，同比增长 30.8%，占全球移动游戏市场总规模的 25.4%。[①] 如图7 所示，热云数据发布的《2019 年度热门投放手游买量洞察报告》指出，2019 年 1～3 月，中国出海移动游戏产品在美国、日本、韩国等多个海外市场的投放数量均高速增长。游戏出海业务的发展空间受宗教文化、政治外交和经济发达程度等多重因素影响。其中，东亚、东南亚及印度等地区的文化与中国最为接近，因此对中国制作的游戏产品的接受度也是最高的。而在智能移动设备及网络普及的支持下，北美地区、欧洲部分地区及大洋洲地区同样成为中国游戏产品的重要出口目标国。《人民日报》海外舆情中心监测数据显示，2018 年中国游戏海外报道量超 20 万篇，同比增长 58%。根据 App Annie 和谷歌发布的《2019 中国移动游戏出海深度洞察报告》，2018～2019 年，中国发行商在海外移动游戏市场的用户支出占比提升了 60%，美国成为对中国移动游戏海外用户支出贡献度最高的国

---

① 艾瑞网，http：//report. iresearch. cn/report_ pdf. aspx？ id = 3405。

家。中国移动游戏下载量在东南亚地区最高，在海外的下载量增长速度趋缓。①

图 6　艾瑞咨询公布的《2019 年中国移动游戏出海行业研究报告》

注：中国移动游戏出海市场收入规模主要包含中国大陆企业在海外移动游戏市场的营收总规模；部分数据将在艾瑞 2020 年游戏行业相关报告中做出调整。中国移动游戏出海市场规模源自荀瑞综合企业财报及专家访谈，根据艾瑞统计模型核算，其中 2019 年之后的数据也是由艾瑞统计模型预测核算而成。

资料来源：艾瑞网《2019 年中国移动游戏出海行业研究报告》，http：//report. iresearch. cn/report/201908/3423. shtml。

单位：%

国家/地区	1月	2月	3月
美国	44.90	16.90	71.00
日本	57.50	25.80	87.40
韩国	44.90	24.10	88.30
泰国	9.60	15.60	28.30
巴西	28.80	16.10	162.60
港澳台	41.40	20.40	93.60

图 7　2019 年第 1 季度中国出海移动游戏产品投放量增长率

资料来源：热云数据《2019 年度热门投放手游买量洞察报告》，http：//blog. reyun. com/？p = 1617。

---

① 《2019 中国移动游戏出海深度洞察报告》，App Annie & Google，https：//www. appannie. com/cn/insights/market – data/china – expansion – report – 2019/。

2012 年 7 月至 2018 年 12 月，中国游戏在中国以外市场 App 商店的游戏综合下载量约 170 亿次，综合用户支出超过 200 亿美元。截至 2018 年 6 月，iOS App Store 和 Google Play 上中国以外市场用户支出超过 100 万美元的中国游戏超过 1000 款。《PUBG Mobile》（绝地求生手游）全球公测上线一周后，即荣登 105 个国家及地区游戏应用下载榜单第一，上线八个月全球下载数超 2 亿次，全球 DAU 突破 3000 万（此数据不包含中国大陆和日韩地区）。2020 年上半年，在进入各国 iOS App Store & Google Play TOP 200 的中国游戏数量方面，免费榜中除日本、韩国等存在地理和文化优势的邻国成熟市场，以及印度尼西亚这样具有强大年轻人口红利的新兴国家外，中国游戏上榜量在其他各国差异不大；畅销榜中，在过去半年内，中国游戏进入印度尼西亚、韩国、土耳其三个国家 TOP200 的数量超过 100 款，中国游戏在这些市场的竞争力可窥一斑（见图 8）。

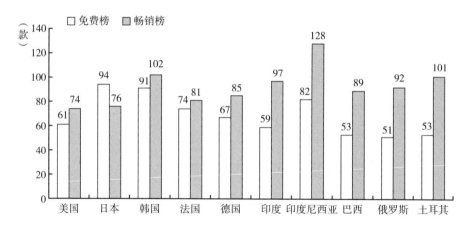

图 8　2020 年 1~6 月中国游戏在各国的榜单数量

资料来源：《2020H1 中国 APP 出海洞察》，http://www.199it.com/archives/1084283.html。

中国游戏市场和海外市场出口收入增速再次提升，收入超过 3100 亿元，增幅达到 10.6%。2019 年，中国移动游戏市场规模占全球市场约 30%。目前中国自主研发的移动游戏在美、日、韩、英、德等国家的增长率均高于该

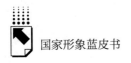

国移动游戏市场的增速。2019 年，在美国移动游戏的市场增长率中，中国占据了第二的位置，输出能力并不比抖音弱。

（二）以中国传统文化为题材的游戏接受度

随着游戏出海，中国的文化形象也伴随着游戏作品的机制、叙事与美学走向了世界市场。尽管不同地区海外用户对于网络游戏题材和类型的接受度有所不同，例如东南亚地区对于仙侠、宫廷等蕴含中华文化元素的游戏接受度较高；在欧美市场，魔幻题材的游戏则拥有大批受众群体；日本市场偏好二次元的游戏风格，但总体来说中国游戏企业和他们的产品有力地塑造了中国作为一个现代国家的文化形象。腾讯研究院根据 App Annie 上的 37 个共建 "一带一路" 国家数据进行分析，2018 年中国游戏在这些国家的 Google Play 和 App Store 游戏畅销榜 TOP100 中占比高达 25%，位居第一。如图 9 所示，根据 WPP 联合 Google 发布的《2019BrandZ 中国出海品牌 50 强报告》，发现 14% 的出海品牌为移动游戏品牌，远超我们印象中的 "华为" "小米" 这样的家电、智能设备品牌所占有的份额，也超越了 "Alipay" 和 "微信支付" 等银行与支付网络品牌的份额，由此可见移动游戏在中国对外输出中所蕴含的力量。而且与电子设备等硬件不同，游戏作为文创产物与媒体，可以有效地增强中国的软实力，改善中国的国家形象，讲好中国的文化与故事。

（三）国外游戏团队（代码）下的中国形象

除了中国企业制作的中国题材的游戏之外，许多海外团队也在进行着相关产品的制作。最著名的是日本光荣株式会社，《三国志》系列游戏一直是光荣株式会社的旗舰产品，第一部可以追溯到 1985 年，35 年来已经出品 14 部，横跨 FC、3DS、PS4 等游戏主机平台以及计算机，让许多日本人，甚至是西方人接触、了解、熟知三国历史与文化。迄今为止，《三国志》系列也被业界认为是最为优秀的模拟三国游戏的作品，目前国产的三国题材游戏还未能企及。除此之外，日本光荣株式会社发行了另一系列的动作游戏

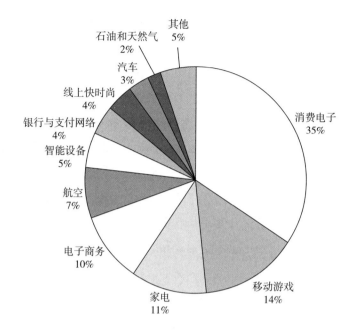

图9 2019年中国出海品牌50强品牌分布

资料来源:《2019BrandZ 中国出海品牌 50 强报告》, https://cn. kantar. com/media/1954582/2019_ chinese_ global_ brand_ builders_ cn_ dl. pdf。

《真·三国无双》,以更加偏向二次元与戏说的方式,展示了《三国演义》的故事,初代作品于2000年在日本索尼公司的PS2平台上发行。截至2020年,该系列游戏共发布8部作品。相较于历史模拟类的《三国志》系列游戏,《真·三国无双》系列更容易吸引全球玩家的目光,让他们以此为触媒接触三国史,从而转向《三国志》系列,或者阅读《三国演义》小说。

除了光荣株式会社外,英国游戏公司于2019年发售《全面战争》系列游戏的最新一款硬核作品《全面战争·三国》,这是中国文化向外输出的一个标志性事件,也是《全面战争》游戏第一次选择中国历史背景故事。英国游戏公司的前作大部分是选择罗马帝国、欧洲中世纪、拿破仑时代等欧洲人熟悉的背景作为题材。但值得注意的是,《全面战争》有两次选择了日本战国时代为背景,包括资料片引申出的明治维新时代,这一度被视为是日本文化在世界上强势输出的表现,也让很多中国玩家期盼,何时才能让中国故

事走入西方人的视野中。2019 年《全面战争》首次选择了中国题材，借助其欧美游戏的背景，很快在全世界范围内进行"有意或无意"的文化传播，仅仅发售一个月，就创下 100 万份的销量，合计 5000 万美元的收益。

除了传统历史题材外，也有其他的中国题材作品被制作成游戏，《热血无赖》（Sleeping Dogs）由欧洲工作室 United Front Games 和 Feral Interactive（Mac）共同开发，由日本游戏公司 SQUARE ENIX 发行的一款动作冒险类游戏，游戏于 2012 年 8 月 14 日在 PC、Xbox360 平台发布，2014 年 10 月 14 日发行在 XboxOne、PS3、PS4 平台。游戏以中国香港为背景，讲述了黑帮和警察的故事，这可以算港片黄金时代的文化输出。《书雁传奇》（Shuyan Saga）由北美的 Lofty Sky Entertainment Inc. 开发并发行于 PC 平台，是以中国武侠题材为元素的三卷册图像互动游戏。故事以远古神州为背景，构造一个奇幻的武侠世界，同时结合 3D 格斗游戏和多重情节，玩家可以选择不同的剧情，如身临其境般体验书雁的侠者之路。但从整体上讲，这些游戏暂时都没有达到《全面战争·三国》以及《三国志》系列游戏的高度，因此中国在游戏领域的文化输出仍任重道远。

五　对策建议

经过剖析游戏的传播模型，以及对游戏传播进行个案分析与数据统计，我们发现通过游戏输出中国文化形象是有可行性的。游戏作为一种跨学科的综合性、高新文创行业，既依赖创造者的思想，又依赖资本的助推，同时又与国家的各项政策息息相关，具有高度的复杂性。面对这种复杂性，如何利用好游戏作为中国文化输出的渠道，是当下值得仔细考虑的事情。这启发我们思考两个问题：什么样的文化输出手段才是最有效的？什么样的文化输出内容才是最有趣、最能直击人心的？要输出优秀的中国传统文化，除了通过主流渠道进行宣传报道，也不能忽视流行文化和娱乐这一渠道。

在通过文创、娱乐产品传播民族文化方面，日本是一个成功范例。在国际社会的认知里，日本通常被视为一个文化大国和传媒大国，事实上，日本不论是官方还是民间，都极依靠 ACG（Animation-Comic-Game，即动画、漫画、游戏的总称）这样的流行文化进行对外传播，其传播效果也显而易见，日本的动漫和游戏作品传遍全球。不仅如此，日本官方也乐意把游戏元素作为国家形象的象征。2016 年夏天的里约奥运会闭幕式上，日本作为下一任奥运会东道主展示"东京八分钟"时，用"马里奥"这一游戏人物在全世界观众面前来宣传国家形象。在中国对外文化传播中，流行文化也功不可没。曾几何时，"Kung Fu"一词在西方人之间口耳相传，甚至当他们看到华人面孔时就会好奇地问"你会功夫吗？"这种有趣现象的形成，要归功于李小龙、成龙等功夫明星所主演的香港动作电影的耳濡目染。游戏和电影都是文化创意产品，电影能做到的，更具有互动优势的游戏也能做到。

如果说在世界范围内，文化输出的竞争是一盘棋局、一个战场，借助电影、音乐、游戏、动漫等渠道，可以方便、迅速地进入海外用户的视野范围内，自然亲和地将中国传统文化、风景名胜乃至新时代的国家形象展现在他们的眼前。拥有大量优秀的游戏作品，在这个互联网时代，相当于拥有廉价快捷的文化输出渠道，更多了一个提升国际话语权的舞台。

目前，中国经济已由高速增长阶段转向高质量发展阶段，推动包括游戏产业在内的数字内容产业高质量发展已是大势所趋。在未来的世界竞争中，游戏将不仅仅是一个"打发时间的娱乐工具"，而且能为提升国家软实力和话语权发挥更多的作用，其意义与能量或许超乎我们的想象。为此，游戏行业也应正视自身在传播文化方面的作用，通过创作更多健康有益的游戏作品，构筑更有吸引力的中国优秀文化和国家形象输出的舞台，为国家树立文化自信、建设文化强国贡献力量，为此本文提出以下三点建议。

（一）充分发挥游戏媒介在传播中的优势

在传播内容方面，游戏媒介具有传统媒体不可比拟的优势。在西方话语权垄断的世界舆论场，通过传统媒体的"UDP"（User Datagram Protocol，中文用户数据报协议）模式，难以突破已有的传播抵抗障碍。在这种情况下，使用游戏这类"TCP"模型的互动媒体，才能达到润物细无声的效果，

让海外用户以喜闻乐见、津津乐道的方式，逐渐理解并接受中国文化。不局限于《三国演义》《西游记》等题材，中国五千年历史，以及武侠、神话等附属文化，甚至包括现代中国以及中国体制的优势，都可以以游戏为载体进行输出。

（二）传播现代的全面的中国故事

中国文化的传播不能局限于部分历史，而是全面扩展，特别是要重视传播现代的中国故事。由于世界各国在民族、宗教、政治、文化以及舆论环境等方面的多元性，中国传统文化的传播在很多时候会遇到文化壁垒，即使是熟知中国传统文化的日本、韩国和越南，民间依旧有大量对当今中国不友善的声音，所以将游戏题材从古代、武侠等扩展到全面中国形象，是势在必行的趋势，也更有助于中国形象在国际上的改善。

（三）改善中国游戏企业的生存环境、价值导向

当下国内游戏公司由于版号压力、社会舆论成见以及资本完全主导等因素，存在严峻的生存压力，考虑游戏的文化输出能力，政府部门应该适当放宽游戏版号审批以及内容审批，在不触及红线的前提下尽可能为游戏公司的作品研发提供便利，鼓励国内游戏企业出海，引导游戏内容从"资本流量为王"转向"文化价值艺术为王"，营造一个更为宽松良性且能为改善国家形象做出贡献的游戏生产环境。

游戏是当下前沿科技产物，在游戏设计的过程当中，除了搜集中国的风景、社会、文化、人情等内容之外，大数据、人工智能、游戏信息学等最新、最热门的信息类技术也将广泛运用于其中，文理交叉合作，以实现应用成果的转化。

近十年来，国内外出现了许多文化历史类的电子游戏，设计者借助游戏来记录民俗、建筑和风景。同时，这类游戏也可以向玩家完整地表达世界观。游戏的世界观可以是现实世界存在的文化，也可以是在已存在文化的基础上进行再创造。"路漫漫其修远兮"和"雄关漫道真如铁"是最能形容当

下国内游戏业的两句话，相关行业，都需要兢兢业业的工作，踏踏实实的奋进，一起创造良好的发展环境。政府需要提供规范与政策支持，企业需要将目光放在长远利益上，高校和学术圈需要尽快整合力量与资源、建立游戏学科体系，媒体需要客观公正地看待游戏并提供一个健康良好的舆论氛围，用户需要提升自己的人文与游戏素养去优化游戏业的基础土壤，唯有如此，游戏产业才可以向国际一流水平看齐，并进行稳定的文化输出。

B.10
女排精神的时代变迁与媒体建构

——基于《人民日报》关于女排精神报道的
词频分析（1981~2019）*

万晓红 汪蓓 彭瑜婷**

摘 要： 传承至今的"女排精神"是对中国女子排球队整体精神状态的
浓缩与概括，也是中华民族精神和时代精神的表征。本文以
《人民日报》1981~2019年关于"女排精神"的报道为研究样
本，运用词频分析法，对不同年代"女排精神"报道的高频词
进行对比分析，管窥媒体建构下"女排精神"的内涵及其变迁
轨迹。研究发现，《人民日报》对"女排精神"的建构，既有
相同的内核，也体现出不同的时代特点。相同之处在于都基于
女排夺冠这一前提，"女排"及"女排精神"的能见度与女排
比赛成绩成正比；不同之处在于不同历史背景下的社会主流价
值观为"女排精神"赋予了不同的时代含义。媒体对"女排精
神"的报道，既需要把握"变与不变"的关系，又要在面对政
治、消费主义等因素的影响时，需要保持适度原则。

* 本文系国家社会科学基金项目"国家形象视域下中国国际体育传播话语体系创新研究"（项
目编号：20BTY038）和教育部人文社会科学研究青年基金项目"体育赛事传播中的国家形象
建构及其视觉修辞研究"（项目编号：20YJC890026）的阶段性成果。
** 万晓红，武汉体育学院学科建设办公室主任、"东湖学者"特聘教授、博士生导师，研究方
向为体育传播与国家战略；汪蓓，武汉体育学院新闻传播学院副教授、博士研究生，研究方
向为体育传播学；彭瑜婷，武汉体育学院新闻传播学院硕士研究生，研究方向为体育传播与
国家战略。

关键词： 女排精神 《人民日报》 媒体建构

一 问题的提出

2019 年 9 月 29 日，在庆祝中华人民共和国成立 70 周年之际，中国女排以 11 场连胜的骄人成绩，赢得了第十三届女排世界杯冠军。这是女排姑娘们第五次夺得世界杯冠军，也是第十次获得世界排球"三大赛"冠军奖杯。2019 年 9 月 30 日，中国女排队员及教练员代表受邀参加庆祝中华人民共和国成立 70 周年招待会，各类媒体纷纷对女排夺冠事件进行报道和转载，"女排精神"又一次引发社会民众的广泛关注和热议。自 20 世纪 80 年代初"女排精神"诞生以来，在近 40 年的时间里，"女排精神"的内涵发生阶段性演变，并对社会精神层面建设有重要影响。在这一演变过程中，媒体发挥了什么样的作用？媒体又是如何建构不同时代"女排精神"的？考察媒体对"女排精神"的报道，将是我们管窥"女排精神"的内涵及其变迁的有效途径。

基于此，本文将对《人民日报》从 1981 年到 2019 年中关于"女排精神"的报道进行文本分析，重点研究"女排精神"在不同历史时期的意义及其变化轨迹，探讨这些变化背后的力量，同时反思体育与政治、经济、文化等因素的关系，以期为"女排精神"的发展和传承提供一些有价值的参考和借鉴。

二 文献综述

女排姑娘们在世界级比赛中不断斩获佳绩，引起了很多外媒的关注。日本的《朝日新闻》《读卖新闻》，英国的《每日电讯报》等都对中国女排夺冠事件进行了报道。但海外学者关于"女排精神"的相关研究却非常少，比较有代表性的只有一篇①，且仅仅是对"女排精神"的发展历程进行了阐

---

① Xin Hua New Agency, "Thirty Years on, Fighting Spirit of Chinese Women's Volleyball Team Is Always There," *Current Digest of the Chinese Press* 5 (2016).

述。相较之下，国内学者对"女排精神"的关注度更高，研究成果也更丰富，主要集中于三个方面。

（一）剖析"女排精神"的内涵和价值

通过查阅相关文献，可以发现"女排精神"所包含的内容在具体表述上虽存在些许差异，但所传达的精神实质是相同的。学者们从不同视角对"女排精神"进行界定，并在此基础上进一步论述"女排精神"的价值。赵麂从符合记忆的角度提出"女排精神"具有符号特征、时代精神和历史传承等特质，认为"女排精神"是中国女排队员这一集体在训练、比赛的实践中生成与升华的最深层的价值系统，它集中体现了中国女排在共同信念、价值追求、情感态度、意志品质等方面的特质，属于社会意识范畴，是对爱国奉献、团结协作、顽强拼搏、勇于创新、追求卓越等精神的高度概括。[①]王军伟等学者将"女排精神"的内涵具化为团结协作、自强不息、艰苦奋斗、永不言弃的精神，认为其是一种超越体育精神的民族精神，强调"女排精神"作为特有的体育文化载体所具有的文化效力构建作用，对培育社会主义核心价值观、建设社会主义和促进中华民族伟大复兴发挥着积极作用。[②]徐晓敏和郝海亭认为，中国"女排精神"是包含团结奋斗、拼搏创新、勇攀高峰、无私奉献、自强不息等精神的具有时代特征和现实意义的中华文化。[③]

（二）关于"女排精神"的发展和传承

舒为平等[④]站在历史的维度，回顾与总结中国女排的发展历程与时代意

---

① 赵麂：《符号和记忆：女排精神的内涵、特征及价值》，《体育文化导刊》2017 年第 8 期。

② 王军伟、张岚、余丁友：《中国女排精神的内涵、价值及文化效力构建》，《体育学刊》2017 年第 3 期。

③ 徐晓敏、郝海亭：《论新时代中国女排精神的价值及传承》，《福建体育科技》2018 年第 2 期。

④ 舒为平、李军、王世伟、李方姝、石翔宇：《改革开放 40 年中国女排的发展历程与时代意义》，《成都体育学院学报》2018 年第 6 期。

义。徐晓敏等①将"女排精神"的发展分为四个阶段，对其在政治、经济、文化和教育四个方面的价值体系进行构建。张丞润②重点研究了在新时代历史背景下中国"女排精神"对中国青少年、老年人、运动员和残疾人的影响，并就不同领域中如何更好地继承和发扬"女排精神"进行了探讨。李佳宝③运用跨学科视角，详析了"女排精神"的产生和传播历史，在此基础上分析在建构"女排精神"的过程中竞技体育和民族国家的共建关系，强调"女排精神"作为时代精神的重要意义。

（三）"女排精神"的集体记忆与媒体建构

一方面，研究指出不同时代背景下的"女排精神"在媒体报道中呈现出一定的变化特点。如俞璇④结合中国社会政治经济环境的变迁以及媒介组织运作的发展，运用媒介社会学理论，分析 2003～2008 年《体坛周报》对中国女排报道的基本特点及其成因，提出了体育报道从作为泛政治化的社会动员手段，逐渐发展为注重受众兴趣和市场需求的媒介，并以市场驱动和专业化取向为主要动力的特点。周阿萌⑤结合时代大环境，在总结《人民日报》对女排奥运报道的整体概况及其报道特征的基础上，通过纵向对比不同时期的报道理念，发现女排奥运报道理念发生了三次明显转变：由泛动员宣传向"去政治化"转变、由"去政治化"向报道专业化转变、由"金牌至上"逐渐转向"以人为本"。另一方面，在关于女排的报道中，媒体建构了对于民族认同的集体记忆，如陈旭光⑥通过探究体育传播中集体记忆的建

---

① 徐晓敏、郝海亭：《论新时代中国女排精神的价值及传承》，《福建体育科技》2018 年第 2 期。

② 张丞润：《新时代中国女排精神价值的研究》，硕士学位论文，苏州大学，2019。

③ 李佳宝：《竞技体育与民族国家的共建："女排精神"产生和传播的历史》，《体育成人教育学刊》2018 年第 3 期。

④ 俞璇：《〈体坛周报〉中国女排报道的个案研究（2003～2008）》，硕士学位论文，复旦大学，2011。

⑤ 周阿萌：《1984～2016 年〈人民日报〉中国女排奥运报道理念嬗变》，硕士学位论文，陕西师范大学，2017。

⑥ 陈旭光：《体育传播中的集体记忆与民族国家想象——基于中国女排夺冠报道的研究》，《湖北理工学院学报》（人文社会科学版）2018 年第 2 期。

构及其与民族国家想象的互动关系，发现大众传媒以女排报道为载体，对集体记忆进行了时空性建构，并勾连集体记忆与国家想象的"共生环"。王芳等①通过分析1981～2016年《人民日报》关于"女排精神"的报道文本，运用框架分析法，借助集体记忆理论研究得出，媒体在集体记忆建构过程中发挥了再现记忆和创造记忆的作用。薛文婷②以认同理论和建构理论为依据，研究《人民日报》女排"五连冠"报道建构国家和民族认同的功能及其方式。此外还有研究聚焦于媒体对于"女排精神"报道形式的研究，如邵锦梅③对《人民日报》2016年头版"女排梦"报道的图片和评论的特色优势进行了对比研究，胡佳萱④对《中国体育报》关于中国女排世界冠军报道版面和图文报道等方面进行了分析。

综上所述，国内学者对于"女排精神"的内涵、发展和媒体建构进行了较为全面的研究，这些研究成果表明，"女排精神"的内涵并非一成不变，而是随着时代的变迁而有所发展变化，媒体对女排夺冠的报道内容与"女排精神"的内涵变化是紧密相关的。国外学者对"女排精神"的关注更多体现在比赛本身，并未对"女排精神"内涵的发展变迁进行分析和研究。总体来看，"女排精神"是一个具有中国特色的概念，国内现有对"女排精神"的研究，主要集中在精神传承与认同建构等相对宏观的理论层面上，认为"女排精神"不仅仅指女排团队的整体精神气质，更强调女排姑娘们在日常训练和比赛实践中体现出的团结协作、顽强拼搏、自强不息等综合精神驱动力，将"女排精神"的内涵上升至民族精神文化的高度。但现有文献缺乏对不同时期"女排精神"的具体表现、变迁轨迹及溯因分析的研究。

① 王芳、申立平：《女排精神：一种集体记忆的建构——以〈人民日报〉（1981～2016）相关报道为例》，《重庆工商大学学报》（社会科学版）2017年第5期。
② 薛文婷：《认同建构视野下的〈人民日报〉女排"五连冠"报道分析》，《北京体育大学学报》2012年第9期。
③ 邵锦梅：《〈人民日报〉头版"女排梦"报道研究》，《青年记者》2017年第7期。
④ 胡佳萱：《〈中国体育报〉对中国女排获世界冠军报道的研究》，硕士学位论文，首都体育学院，2017。

三　研究方法

（一）数据来源

本文以《人民日报》作为研究对象。作为中国最具有权威性和影响力的主流媒体，《人民日报》自创建之日起就承担着宣扬党的政策方针的重任，其报道被认为是党中央、国务院声音的直接传达。《人民日报》的体育报道，全面而深刻地反映了中国体育事业的发展，塑造了许多具有时代印记的体育形象，具有较高的研究价值。研究选取了 1981 年 1 月 1 日至 2019 年 12 月 31 日《人民日报》的标题中含有"女排"且正文中出现"女排精神"的所有报道，数据来源于《人民日报》图文数据库（1946～2020）官方网站（http：//politics. people. com. cn/n1/2017/0823/c1001－29487848. html），筛选后共获取符合标准的报道 74 篇，总字数为 75392 字，并据此建立词频分析语料库。

（二）数据分析

为了厘清"女排精神"在不同历史阶段的内涵发展和时代意义，研究运用词频分析法，对样本中出现频次较高的词汇进行统计。作为基于文本的定量分析方法，词频分析能够用于描述和预测产业、事物发展趋势，判断事物之间的关联性。一定的社会现象和情报现象会引起一定的词频波动[1]，在新闻传播学领域，通过词频分析，能探究不同媒体的报道框架与价值取向等问题[2]。本文想要考察的主要问题有，不同时期"女排精神"的内涵是什么？其变迁是否存在一定的规律？作为主流媒体，《人民日报》如何建构"女排精神"？市场经济体制的确立以及奥运会的举办等各种社会因素对"女排精神"产生了哪些影响？

---

[1]　邓珞华：《词频分析——一种新的情报分析研究方法》，《大学图书馆学报》1988 年第 2 期。
[2]　欧阳明、刘英翠、董景娅：《文本引用与词频寓意：对中法美"莫言获奖"报道的框架分析》，《国际新闻界》2014 年第 7 期。

本文使用图悦软件对所选样本进行词频分析，图悦是一款在线词频分析工具，在对长文本进行自动分词和制作词云方面具有一定优势。具体操作包括两部分，第一，统计1981～2019年《人民日报》有关"女排精神"的报道中出现频次最高的11个关键词，并逐一进行分析；第二，以10年为一个时间段，对该时间段的样本进行词频分析，统计出每个时间段出现频次最高的10个关键词。

四　研究发现

（一）近四十年《人民日报》报道中"女排精神"的总体特征

通过统计1981～2019年《人民日报》标题中含有"女排"且文中出现"女排精神"的所有文章，发现频次排名前11的关键词，包括"女排""精神""奥运""比赛"等（见表1、图1）。

表1　《人民日报》关于"女排精神"报道的词频（1981～2019年）

排序	关键词	频次	排序	关键词	频次
1	女排	1046	6	训练	154
2	精神	337	8	队员	143
3	奥运	175	9	郎平	142
4	比赛	165	10	排球	124
5	世界	162	11	学习	85
6	冠军	154			

结果显示，"女排"（1046次）高居词频表榜首。从报道的文本中发现，《人民日报》对女排议题一直有所关注，虽然也有涉及国外女排的内容，但近99%的报道指的是中国女排，如"中国女排是个很好的光荣集体""中国女排是英雄的中国人民的优秀代表""中国女排是一支很有希望的队伍，已经具备了和其他世界强队抗衡的实力"等。只有不到2%的报道关涉其他国家女排，且也同时涉及"中国女排"。如在2011年9月27日发表的

图1　《人民日报》关于"女排精神"报道的词云（1981～2019 年）

资料来源：根据《人民日报》关于"女排精神"的报道整理而成。

《十问中国女排》中提到："虽然中国女排在决赛中击败了日本队，但日本女排近两年的表现足以令我们汗颜。"这表明，《人民日报》对中国女排的报道描述，基本抽离了整个国际排球世界，较多地以中国队为中心。

"精神"（337 次）位列词频表第二，其中提到"女排精神"的报道有171 条。此外，"精神"一词还与集体主义、爱国主义等词汇结合，以"精神文明""精神面貌"等形式出现。《宣传舆论学大辞典》对"女排精神"的注解为："是中国女排姑娘们勇敢拼搏和顽强战斗的总概括。其具体表现为：勤学苦练，无所畏惧，顽强拼搏，刻苦专研，同甘共苦，团结战斗等。"[1]"女排精神"四字首次出现在《人民日报》，是中国女排于 1981年 11 月 16 日首次夺得世界性赛事——第三届女排世界杯冠军之后，翌日，《人民日报》发表《体委、体总、全总、团中央、青联、学联、妇联分别致电祝贺中国女排获世界杯冠军》一文，报道提到："向你们学习，向你们致敬，让'女排精神'在中国四化建设的道路上永放光辉。"此外，"女排精神"除了在中国女排参与的重大国际性赛事的报道中被提及，也在其他体

---

① 刘建明、王泰玄等：《宣传舆论学大辞典》，经济日报出版社，1993。

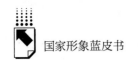

育项目比赛、经济和文化建设等领域的文章中出现，说明"女排精神"不仅在体育界获得关注，而且影响社会各界。

"奥运"（175 次）位列词频表第三。中国女排于 2003 年 11 月重夺世界杯冠军，17 年之后重回国际女子排球之巅。《人民日报》在 2003 年 11 月 19 日刊发的《女排夺冠抒怀》一文中提到，"从'五连冠'的巅峰跌落 17 年后，中国女排又重回到世界冠军的高点，这实在是新时期体育之兴，民族之幸。17 年，中国举办了亚运会，成功申办了奥运会；17 年，中国加入了世贸组织，中国的载人航天飞船遨游太空；17 年，中国的经济和社会各方面的进步与发展举世瞩目；17 年，新一代中国人的情感变得放射而多元。在这样一个多元化的年代，一支排球队既然还可以凝聚起民族的情感，这难道仅仅是对老'女排精神'的怀恋？这难道不是新时代对爱国、奉献、拼搏、自强精神的呼唤？"该报道不但将"女排精神"与中国在各方面的发展联系起来，还以此为基础凝聚了中国人的情感。

"比赛"（165 次）位列词频表第四。作为动词的比赛是指在体育、生存等活动中比较本领、技术的高低，作为名词则是特指这一活动。在收集的样本中出现的"比赛"一词是作为名词，主要指女排比赛，如"在这次比赛中，你们以顽强战斗、勇敢拼搏的精神，打出了风格，打出了水平，胜利来之不易，这是你们艰苦训练、团结一致、顽强战斗的结果""她们在比赛中遇到的都是世界强手，打得很顽强""这次比赛，不仅是技术方面的较量，更重要的是思想、品德和风格的较量""国家女排在这次比赛中，打出了中国人民的志气，显示了中华民族的英雄气概""你们在最后一场比赛中没有丝毫懈怠，尊重对手，尊重自己，坚持打好每一个球，很好地诠释了奥林匹克精神和中华体育精神"等。可以看出，作为名词的比赛更多地是强调结果而非比赛过程，体现了女排比赛成绩对定义"女排精神"的重要性。

"世界"（162 次）位列词频表第五。在 1981～2019 年，几代中国女排队员从怀揣世界冠军梦想到十次夺得世界"三大赛"冠军，女排姑娘们在赛场上展现出的精神是与世界强队竞争的动力，也是向世界展现中国形象的方式，提升了中国的国际地位和影响力。这也说明女排梦的建构与中国走向世界的梦想同步，是中国在特定历史时期的产物。

"冠军"（154 次）位列词频表第六。女子排球作为竞技类项目，勇夺冠军是每个女排队员的目标和任务。尤其是在 20 世纪 80 年代，处在改革开放初期的中国，国内经济发展速度较慢，民众的物质生活较为贫乏，各项事业百废待兴，中国的经济文化等各方面水平离世界平均水平还有一定的距离。在此背景下，中国女排夺冠振奋了民族精神，培育了民族自信心。

"训练"（154 次）与"冠军"一词并列词频表第六。训练是指有计划、有步骤地通过学习和辅导掌握某种技能。在报道样本中，"训练"常常出现在描述女排队员们在场下刻苦训练的报道中，这说明"女排精神"不仅仅体现在赛场上，也体现在场下的刻苦训练中。如"还要继续努力，刻苦训练，争取今后在世界比赛中取得更大的成绩""从此，女排开始了一场高标准、严要求、大运动量的训练革命""姑娘们却心甘情愿地接受严格训练，磨破了皮肉，练伤了筋骨，还是咬着牙在地上翻滚扑跌""你们天天坚持训练，咬牙克服伤病，默默承受挫折，特别是在低谷时仍有一批人默默工作、不计回报"。样本中较多地呈现了训练的艰辛，提炼出女排在面对目标和困难时的拼搏精神，并以此激励各行各业的人们。

"队员"（143 次）位列词频表第八。中国女排所取得的成绩不是由某一单独的个体创造的，而是由团队里所有队员的努力共同完成的。"女排精神"也不是某个人的创造物，而是女排队员们集体在训练和比赛的实践中生成的最深层次的精神价值系统。由此可知，"队员"是强调集体主义和团结精神的产物。

"郎平"（142 次）位列词频表第九。现任中国女排主教练、中国排球协会副主席的郎平是 20 世纪 80 年代中国女排主力队员，和其他老女排队员们一起实现"五连冠"，塑造了顽强战斗、勇敢拼搏的"女排精神"。20 世纪 90 年代以后，郎平两次在中国女排最困难时期主动担任主教练，大胆改革创新，大刀阔斧地起用新人，搭建复合型教练团队，把中国女排重新带回巅峰，获得了奥运会、世锦赛等多项世界大赛冠军。从冠军球员到冠军教练的郎平，成为中国女排的一张"名片"，作为个体，郎平用自己的生命传承

与弘扬着"女排精神"。

"排球"（124 次）位列第十。"排球"在狭义上是指排球运动所使用的球，广义上则是指排球这一球类运动项目。随着中国女排在国内外赛事中屡获佳绩，排球运动和排球训练技术方法也越来越得到民众关注。如《人民日报》2016 年 11 月 24 日刊发的《让女排收获更响亮的掌声》中提到："在国乒'三次创业'的努力之下，项目推广已依托民间深厚的运动土壤扎根发芽，乒超联赛更借着对'网红'球员、教练的浇灌培养，有了绽放之姿。成功的经验，不妨运用于排球项目推广和联赛发展。比如建设更多的排球场地、发展更多的排球人口，让女排和联赛的鼓与呼，收获更响亮的回应。"

"学习"（85 次）位列第十一。学习作为动词，在报道中常与"女排""女排精神"结合在一起。"学习"一词主要出现在 20 世纪 80 年代女排首次夺得世界级赛事冠军后的一个时期，《人民日报》先后多次报道各行各业学习"女排精神"的情况。如 1981 年 11 月 18 日《体育报》的头版头条刊发了邓颖超、宋任穷赞扬中国女排的报道，号召各行各业都要学习"女排精神"，同时还开设"学女排，见行动"专栏，激励人民群众学习"女排精神"。

（二）不同时期《人民日报》报道中"女排精神"的变化

1. "女排精神"的底色——勇夺世界冠军

1981～2019 年，《人民日报》关于"女排精神"的报道数量总体呈现两端高、中间低的趋势（见图 2），其中报道数量最多的年份是 2016 年（21 篇），占比 28%。2016 年，中国女排在里约热内卢奥运会上夺得冠军，这是中国女排在经历低谷期，时隔 12 年再次夺得奥运会冠军，也是由老女排队员郎平执教后获得的首个奥运会冠军，因而引起了国内媒体和公众的特别关注。《人民日报》在报道中多次强调诞生于 20 世纪 80 年代的"女排精神"对于取得这场胜利的重要性："无论赛场成败，女排精神一直都在"，"今天，我们正需要重新叫响'女排精神'"，"'女排精神'不是喊出来的，它的实质乃是踏踏实实做好每一天，没有平时一点一滴的积累，关键时刻是拿不出‘精神’的"。时隔多年的夺冠，重新唤起了大家对于女排的关注、对"女排精神"的再解读和再定义，民众认为"时代需要‘女排精神’，‘女排精神’不会过时"。

报道数量位居第二的年份是 1981 年（10 篇），1981 年是中国女排第一次夺得世界级赛事冠军的年份，也是"女排精神"首次提出的时期。《人民日报》在 1981 年 11 月 22 日刊发的报道《倪志福在欢迎载誉归来的中国女排的茶话会上号召学习女排精神为四化立新功》中写道："我们要以实际行动向她们学习。学习她们崇高的爱国主义精神，把自己的工作同祖国的前途和荣誉联系在一起，为改变中国的落后面貌，使中国尽快繁荣富强起来而团结战斗；学习她们团结一致，相互支持，亲密合作的集体主义精神，增强组织性、纪律性，同心同德，齐心协力，去夺取四化建设新的胜利；学习她们勇攀高峰的革命英雄主义，树雄心，立壮志，瞄准国内外生产技术的先进水平，努力学习，刻苦钻研，争取在短时间内，赶上和超过世界先进水平。""女排精神"与爱国、团结、集体主义、革命英雄主义等精神结合起来，媒体大力宣传女排首次在世界杯上夺冠的事迹，号召社会大众在实际行动中积极学习"女排精神"，因此改革开放初期的中国社会掀起了学习"女排精神"的高潮。

报道篇数紧随其后的年份是 2003 年、2008 年和 2019 年（各 5 篇）。中国女排从 20 世纪 80 年代的"五连冠"陷入低潮，经过艰难调整，于 2003 年又重回世界冠军的高点，处在社会转型期间的国人，在女排夺冠中重温了久违的感动，民族情感又一次被迅速凝聚起来。《人民日报》在 2003 年 11 月 19 日刊发《女排夺冠抒怀》一文，试图赋予"女排精神"新的时代意义。2008 年的中国女排在北京奥运会赛场上竭尽全力战胜古巴队赢得铜牌，同样获得了人民的支持和赞扬，民众认为女排队员在赛场上继承和发扬了老"女排精神"。《人民日报》在 2008 年 8 月 22 日的报道中提道："中国女排，从头再来。你们一定能够东山再起。老女排五连冠后不是也一度陷入低潮吗？但后来经过奋斗，又重新崛起，这就是‘女排精神’。"2019 年，恰逢中华人民共和国成立 70 周年之际，中国女排在第十三届女排世界杯上以十一连胜的佳绩成功卫冕，夺得了第五个世界杯冠军，也是第十次获得世界排

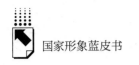

球"三大赛"冠军,再次激发了全国人民的爱国热情。《人民日报》在
2019 年 9 月 25 日的报道中提道:"发扬好'女排精神',保持昂扬斗志和磐
石般定力,我们一定能在新征程上赢得新胜利,拓展新境界""'女排精神'
代表着一个时代的精神,喊出了为中华崛起而拼搏的时代最强音。"新时代
要大力弘扬"女排精神",不忘初心,努力实现体育强国的目标。

值得注意的是,1986~1991 年,《人民日报》没有关于"女排"和
"女排精神"的报道,这段时间也是中国女排整体状态欠佳的时期。1988
年,中国女排在汉城奥运会上获得季军,标志着连续五次夺冠的辉煌已经成
为历史;1992 年巴塞罗那奥运会上中国女排只得到第七名,这是中国女排
在奥运赛场上取得的最差成绩;2000 年,中国女排在悉尼奥运会的激烈竞
争中获得第五名。在此期间,中国女排在以《人民日报》为代表的主流媒
体上"消失",1993 年、1994 年、1996 年、1997 年、1999 年以及 2000 年,
《人民日报》对女排参赛情况的消息进行了报道,但没有提到"女排精神",
而这几年都是女排在世界级赛事上未能夺冠的年份。由此可见,"女排"及
"女排精神"的媒体能见度与女排比赛成绩成正比。通过对 1981~2019 年
所选样本的词频分析可知,关于"女排精神"的报道,不同年代共同的高
频词有"女排""精神""世界"(见表 2)。

表2　《人民日报》在不同年代关于"女排精神"报道的
关键词及频次汇总 (1981~2019 年)

单位:次

时间	关键词(频次)
1981~1990 年	女排(142)、学习(52)、精神(48)、训练(43)、世界(40)、冠军(33)、胜利(29)、人民(28)、同志(27)、运动员(24)
1991~2000 年	女排(36)、比赛(10)、世界(8)、郎平(8)、中国队(7)、队员(7)、同学(6)、精神(5)、实力(5)、排球(5)
2001~2010 年	女排(219)、精神(71)、奥运(54)、比赛(45)、世界(41)、排球(41)、冠军(33)、队员(27)、体育(24)、偶像(19)
2011~2019 年	女排(649)、精神(213)、郎平(120)、奥运(119)、比赛(88)、队员(87)、冠军(86)、世界(73)、排球(62)、姑娘(52)

资料来源:根据《人民日报》关于"女排精神"的报道整理而成。

2. 1981~1990年：作为凝聚民族情感、激励"四化"建设的"女排精神"

20世纪80年代，中国迎来了改革开放，国内经济开始复苏，各项事业百废待兴。女排在国际上的首次夺冠让国人扬眉吐气，民族情感迅速被凝聚起来。这一时期的特色高频词有"学习"、"训练"、"胜利"、"人民"、"同志"和"运动员"等。1981年11月16日，中国女排在第三届女排世界杯中一举夺冠，以3:2战胜当时被称为"东洋魔女"的日本队。对于刚刚打开国门的中国，太需要一次胜利来证明自己。中国女排在与对手一次又一次的较量中走向胜利，让国人看到了拼搏、坚强、团结的"女排精神"，向世界证明了中国实力。此次中国女排夺冠，也是中国人第一次取得了三大球（足球、篮球、排球）中的第一块世界级金牌，其特殊意义不言而喻。在1981年11月18日《人民日报》转发《新华社》的报道中提道："这是革命意志的胜利，是苦练基本功的胜利，是集体主义的胜利。"将女排的夺冠喻为"集体主义的胜利"，集体主义是中国与西方相异的文化和制度，将女排的夺冠归因于此，强调了中国在制度上的优越性，极大地振奋了国人的民族自豪感，激励了国人的斗志。中国女排在世界排坛所取得的成绩，有力地证明了集体主义精神是凝聚国民、成就伟业、自立于世界之林的关键。[1] 与"集体主义"相伴而生的是"胜利"一词，"胜利"原本是关于战争的修辞，用"胜利"来形容女排夺冠事件，意在将女排赛事隐喻为一场战争。对胜利的渴望和对冠军的不懈追求，是"女排精神"中排在第一位的。[2] 报道中提道："我们向女排的同志们表示祝贺，也向为夺得这次胜利作出贡献的所有同志，包括陪练的同志、从事后勤工作和其他各项工作的无名英雄们表示祝贺。"报道中连续三次出现"同志"一词，"同志"是当年的时代用语，背后所隐射的则是集体主义观念影响下人们对身份的认同，以及对内部团结的重视。而另一高频词"运动员"也是强调个人之于集体和团队的意义。

---

① 杨静文：《中国精神视域下的女排精神研究》，硕士学位论文，西南交通大学，2018。
② 颜吾佴：《中国女排精神带给我们的启示》，《中国高等教育》2017年第8期。

女排的夺冠让全国掀起了一股学习"女排精神"的热潮，"学习"一词也出现在多篇文章中，《人民日报》在1981年11月19日的刊文中提道："全国人民都要学习中国'女排精神'，在实现四化建设的道路上奋勇前进。"1982年10月6日，时值中国女排首次获得世界女排锦标赛冠军，《人民日报》在头版报道中提道："全国人民在庆贺女排胜利的同时，都在认真学习女排奋不顾身、为祖国荣誉而英勇拼搏的爱国主义和革命英雄主义精神；学习她们自力更生、艰苦奋斗、脚踏实地战胜各种困难的苦干实干精神；学习她们越是面临隐恶形势，越具备团结战斗的集体主义精神和优良风格。"在人们为女排夺冠欢欣鼓舞之时，"女排精神"被成功演绎为适合各行各业的励志精神。媒体的报道促进了非常深刻的集体记忆和民族情感的形成，强化了原有的民族主义立场。① 媒体通过报道各行各业学习女排的情况，将"女排精神"对于中国现代化建设的意义凸显了出来。这一时期的另一高频词是"人民"，"人民"是学习"女排精神"的主体，同时也是被动员的对象，而"女排精神"的意义便在于由人民学习后将其投入到四化建设中。

值得一提的是，1981~1990年的报道并没有特别强调"排球"，更多的是由"女排"来进行概括和代替，说明这一阶段排球并未被当成一项体育活动，更多的是"战争"隐喻。在当时特定的历史环境下，在爱国主义导向和集体主义指引下，"女排精神"在媒体的建构中唤起了人民的爱国热情，凝聚了民族向心力，振奋了民族精神，激励着人民从事社会主义的四化建设。

3. 1991~2000年：作为继承传统、支撑信念的"女排精神"

1992年，党的十四大报告把建立社会主义市场经济体制作为中国经济体制改革的新目标，中国经济由计划经济体制向市场经济体制转变。随着社会主义市场经济改革的不断深入，原有的体育"举国体制"逐渐转变到与

---

① 陈旭光：《体育传播中的集体记忆与民族国家想象——基于中国女排夺冠报道的研究》，《湖北理工学院学报》（人文社会科学版）2018年第2期。

社会主义市场经济相适应的轨道上来，中国体育迎来了市场化改革。这个时期《人民日报》关于"女排精神"报道的特色高频词有"比赛""郎平""中国队""队员""同学""实力""排球"等。1990年前后，随着郎平、梁艳等名将相继退役，中国女排出现了队员青黄不接的情况。1990年的世锦赛和1992年的奥运会上女排均卫冕失败，中国女排开始走下坡路。在1995年的报道中提到，"1992年中国队在巴塞罗那奥运会上落到了第7名，去年广岛亚运会只居第3位，紧接着在巴西的世界锦标赛上降至第8名。一年之中打回到世界第3，这才是近期中国队在世界排坛的崭新坐标"。

1995年，郎平应邀回国执教，在她的带领下，中国女排状态开始回升，获得了1996年亚特兰大奥运会银牌，这也是继1984年洛杉矶奥运会以来，中国女排取得的最好奥运战绩，中国女排开始走出低谷。1998年，郎平因病结束了在中国女排国家队的第一次执教。报道中郎平的个体身份与女排精神产生勾连，如"郎平执教以来，全队在协同作战和发挥集体作用方面有明显改观"。对于国人而言，郎平是能延续女排辉煌的保障，其个人形象从之前的女排集体形象中跳脱出来，成为新时代"女排精神"的符号。在女排精神的集体记忆中，郎平是"新闻聚像"。在某种程度上她是"女排精神"的代表，能够暗示过去与现在的关联。[①] 而此前"同志"的称呼也转换为"队员"，例如"世界杯赛上，记者见到这支队伍年轻、有朝气，替补队员在场外不时大声提醒队友。人们盼望女排光辉重现，如今隐约可见的是第一步——女排精神重现"。从中可以窥见，由于社会主义市场经济体制改革、体育市场化等政策的执行，体育的政治意义开始弱化，国人开始逐渐将女排成员视为"队员"，而非"人民内部"的"同志"。与此同时，作为体育项目的"排球"也越来越多地出现在人们的视线中，"排球是集体项目，强调团队精神"，报道开始较多地从体育角度普及排球这项运动，这也是体育从"泛政治化"转向"去政治化"的表现。

---

① 王芳、申立平：《女排精神：一种集体记忆的建构——以〈人民日报〉（1981～2016）相关报道为例》，《重庆工商大学学报》（社会科学版）2017年第5期。

　　媒体还通过回顾历史，建构了集体记忆中的"女排精神"，如"人们对中国女排是有一种特殊感情的。20世纪80年代初，中国女排历经坎坷登上世界冠军的高峰，为中国三大球开启了奋进的先河。女排的拼搏精神不仅激励了体育界，也鼓舞了处在改革开放大潮中的中国人。尽管大家都知道赛场上没有常胜将军，仍由衷希望女排姑娘永葆'五连冠'的那种风貌……女排这次输了球，但女排精神不能丢"。值得一提的是，很多报道客观地提到中国队与其他国家队的实力情况，如"只要认真汲取教训，承认差距又不背失败的包袱，锤炼出有实力的尖子队员，就一定能在不长的时间内重新创造好成绩"。从技术角度对女排进行客观分析，反映出国人心态趋于理性平和，开始正视女排作为竞技体育的结果。另一高频词"比赛"同样也验证了这一变化，1998年5月13日，《人民日报》报道了中国女排走进清华大学和北京大学进行表演和辅导，让大学生们从更深的层次上认识了体育的意义，对带动高校排球运动、推动体育文化的进一步普及和发展产生了积极影响。此时的女排不再是振奋国人、激励国人的手段，而体现了逐渐回归"运动"和"体育"本位的趋势。

　　4. 2001~2010年：作为助力奥运梦、塑造偶像的"女排精神"

　　随着21世纪的到来，中国在2001年7月13日成功获得举办2008年北京奥运会的资格，并于2001年11月10日成功加入世界贸易组织。中国融入世界的程度越来越高，国民经济快速发展，国民的精神文化水平也在不断提高。顺应全球化的浪潮，大众文化也开始呈现多样化特征，中国人的情感变得更加丰富。这个时期《人民日报》关于"女排精神"报道的特色高频词有"奥运""队员""体育""偶像"，备战奥运会成为这个阶段的主要议题。《人民日报》在2004年9月20日的报道中提到，"20年来，全国人民都在期待这一刻，期待中国女排精神的弘扬和荣誉的回归。这种精神，就是'团结协作，顽强拼搏'的老'女排精神'；这个荣誉，就是一枚沉甸甸的奥运金牌。今天，人们通过这场比赛终于作出了评价：奥运金牌与女排精神都回来了"。在2008年的北京奥运会上，伤病缠身的中国女排队员，顶着半决赛失利的压力，迅速调整状态，在和古巴队的比赛中获得铜牌，让人们看到了"女排精神"在新队员身上的延续，报道中提到"新一代女排只有勇于超越自我，才能为往昔的荣誉增添新的亮色，这也是继承发扬老'女排精神'的应有之义"。这一时期的"女排精神"不仅强调"传承"，更加强调"超越"。奥运梦与"女排精神"相互交织，互相建构，成为中国融入世界的见证。

随着21世纪的到来，粉丝文化日益繁荣，体育明星因其影响力且承载着国人期望，也被纳入偶像范畴，以其极具感染力的个人魅力影响和塑造着社会的道德和行为。[1] 2008年北京奥运会，由郎平带领的美国女排战胜了由陈忠和带领的中国女排。这场焦点之战被称为"和平之战"，引起了国内体育界和新闻界对郎平未来发展的关注。中国女排队员们在赛场上的表现，让人们看到了坚强、拼搏的中国气概，成为年轻人学习的榜样，"女排精神"被广为传颂。《人民日报》在报道中将"女排精神"作为重要的议程设置，也丰富了体育赛事报道的维度和内涵。直到现在，曾经是一代年轻人"精神偶像"的女排主教练袁伟民、主攻手郎平等人，不管走到哪里，仍会被各个年龄层的"粉丝"围住，被要求签名、合影留念。体育偶像的光芒，让那个时代的年轻人感受到了信念和力量，使他们渴望努力成长和自我超越，这成为他们独特的青春记忆。人们对体育偶像的崇拜，是个人主义兴起的象征，也意味着中国体育走向市场化、娱乐化，折射出时代进步与社会包容，牵引着"女排精神"内涵的不断丰富和发展。

5. 2011~2019年：作为实现中国梦、强调个体价值的"女排精神"

2012年11月29日，中共中央总书记习近平在国家博物馆参观"复兴之路"展览时，第一次阐释"中国梦"的概念内涵。他说："大家都在讨论中国梦。我认为，实现中华民族伟大复兴，就是中华民族近代以来最伟大的梦想。"2016年前后，中国改革进入深水区，发展进入攻坚期，中国处在实现中华民族伟大复兴的中国梦的重要时期。几十年来，中国女排创造过辉煌

---

① 李典：《〈人民日报〉体育报道流行语话语分析研究（2009~2018）》，硕士学位论文，北京体育大学，2019。

也陷入过低谷，但"女排精神"一直鼓舞着她们前进，几代女排姑娘们团结不服输的"女排精神"是实现冠军梦的内生动力。"女排精神"所传递的民族力量是实现"中国梦"不可或缺的因素。《人民日报》在这个时期报道的特色高频词包括"郎平""奥运""队员""姑娘"等。北京奥运会后，中国女排三年三易主帅，人心浮动，不利于球队的良性发展，对排球界和社会各界也产生了负面影响。在此背景下，"铁榔头"郎平复出，在2013年带领中国女排夺得2015年女排世界杯冠军和2016年奥运会冠军，再一次在社会上掀起了"郎平热"。《人民日报》在2013年4月19日的报道中提到，"在低谷中攀登，郎平不能单打独斗，国家队也不能单打独斗。郎平入主国家队的效应如果只停留在'话题性消费'阶段，女排的未来依然是浮云一片"。郎平的经历，实际上也是中国竞技体育的一段缩影。《人民日报》在报道中提到："当年的'铁榔头'作为运动员夺得奥运金牌，那时的'女排精神'代表着自强不息和顽强拼搏；而今以主教练身份率队再登奥运之巅，传递的'女排精神'是不忘初心、永不言弃"。在国人心中，郎平是女排历史中的符号性人物，她和她的队友承载的时代记忆，让中国女排拥有独特的社会影响力。《人民日报》还通过对历届奥运会的回顾，认为"女排精神"的魅力在于，无论形势如何，总会拼到底，永远保持向上奋斗的姿态。此时的"女排精神"与中国梦紧密结合起来，各行业都用"女排精神"鞭策自己，大力弘扬"女排精神"，为实现两个一百年奋斗目标、实现中华民族伟大复兴的中国梦注入了新的精神动力。

2019年，社会主义进入新时代，习近平总书记指出，"体育承载着国家强盛、民族振兴的梦想。体育强则中国强，国运兴则体育兴"。体育与国家的命运紧密相连，而"女排精神"不仅是引领中国女排前进的动力，也是体育界的优良传统，更是全社会的宝贵精神财富。习近平总书记在会见中国女排代表时提到，"广大人民群众对中国女排的喜爱，不仅是因为她们夺得了冠军，更重要的是她们在赛场上展现了祖国至上、团结协作、顽强拼搏、永不言败的精神面貌。'女排精神'代表着一个时代的精神，喊出了为中华崛起而拼搏的时代最强音"。习近平总书记既赞扬了女排在赛场上展现的精神面貌，又肯定了她们的表现在激发全国各族人民爱国热情中发挥的作用。

除了强调"女排精神"与中国梦之间的关系,《人民日报》逐渐开始关注队员的个人价值。在2019年,朱婷荣膺"2019十大品牌年度人物",还和张常宁一起获得"2019年全国体育事业突出贡献奖训练标兵"荣誉称号,成为国人心中的新偶像,她们既霸气又萌态十足的表情包在网络上流传,《人民日报》在称呼女排队员时,更多地使用"姑娘"一词,喜爱中透露着亲切,如"当同学们问到网上热传的中国女排队员朱婷酷帅表情包时,朱婷的回答也酷酷的:'我很荣幸,就是比赛中的即兴发挥吧'""中国女排队员袁心玥与同学们分享了她的昵称'小苹果'的来历""越到关键时刻,越敢于发挥、敢于承担责任,这是张常宁在'郎家军'锤炼出的精气神"。有研究显示,早期的体育报道主要围绕着体育事件,特别是以体育赛事为中心进行的。随着受众需求的多元化,在现代体育报道中,体育人物越来越多地受到人们的关注,关注人物已成为体育报道中一个非常重要的内容。① 《人民日报》对于女排队员的描述从英雄叙事转变为平民叙事,"女排精神"的内涵不仅体现在赛场上,也关注作为个体的女排运动员的精神特质,将"女排精神"的内涵与个人的命运、集体的进步和国家的发展紧密相连。

五 结论与启示

1981~2019年,中国女排共参加过九届世界女排锦标赛、九届奥运会、十届女排世界杯。女排既经历过连续夺冠的辉煌,又遭遇过跌入低谷的黯淡。本文对《人民日报》1981~2019年标题中含有"女排"且正文中出现"女排精神"的报道文本进行词频分析,力图梳理出"女排精神"内涵的变迁轨迹。伴随着中国经济、文化、政治等方面的发展,媒体建构下的"女排精神"承载着几代人的青春和梦想,不同时代的"女排精神"既有相同

---

① 瞿巍:《平民的英雄化与英雄的平民化——试论央视〈体育人间〉栏目》,《新闻界》2005年第2期。

的内核，也呈现出不同的时代特点。

首先，《人民日报》关于"女排精神"的建构主要基于女排夺冠这一基本前提，"女排"及"女排精神"的能见度与女排成绩成正比。虽然时代在变，但"女排精神"中"勇争第一、努力夺冠"的内核未曾改变。

其次，"女排精神"的内涵是随着时代的变迁不断丰富延续的。《人民日报》结合不同历史背景下的社会主流价值观，不断赋予"女排精神"新的时代内涵。不同的时代，"女排精神"都有与之相对应的新注解。1981～1990年，"女排精神"被塑造成凝聚民族情感、激励"四化"建设的精神动力；1991～2000年，"女排精神"是继承传统、支撑信念的精神根基；2001～2010年，"女排精神"成为助力奥运梦、塑造偶像的精神向导；2011～2019年，"女排精神"则被建构为实现中国梦、强调个体价值的精神目标。"女排精神"在不同时期被置于不同议题中，在媒体的建构下，与当时的政治、经济、文化以及体育发展相互呼应、互相促进。

虽然"女排精神"有其不变的内核，但其具体表现一直处于动态变化之中。基于上述研究，本文认为媒体对"女排精神"的报道既需要把握变与不变的原则，又需要把握适度原则。

第一，媒体在报道女排及塑造"女排精神"时，需要把握"女排精神"之于体育精神的不变内核，在此基础之上才能丰富和延展。在近40年的发展历程中，中国女排奋勇拼搏，永不言弃，艰难时刻总能绝处逢生，创造奇迹。从20世纪80年代铸就"五连冠"一直到现在，每一次处于低谷中的中国女排都能触底反弹，而刻在每一代女排队员骨子里的对体育精神的坚守从未改变。在时代浪潮的跌宕起伏中，中西方对于体育精神的诠释并非一成不变，但实现理想、公平公正、自强不息、不甘落后的拼搏精神，是体育足以激励世人的不变的精神内核。作为中国体育精神的一盏明灯，"女排精神"很好地诠释了体育精神如何实现社会实践之功效，如何提高民族自信，如何使国家形象焕然一新。① 因此，不管时代如何变迁，"女排精神"作为

---

① 王晓慧：《体育精神：内涵、演变与当代意义》，硕士学位论文，华东师范大学，2017。

体育精神的内核不应被忽视和改变。与此同时，"女排精神"也应响应不同时代的需求，呈现出丰富的形态，以鲜活的形式代代相传。竞技体育发展到新时代，已经摆脱了纯粹的游戏、宗教等因素的影响，融入了现代社会所赋予它的新的时代内涵。媒体在报道体育比赛时，更要善于捕捉反映时代精神和社会共同价值取向的内容。①

第二，要把握适度性原则。体育的真义，在于增强人民的体质，完善人类的身体，增强体能，促进人的身心发展，这是关乎全民的大众体育，其对象是所有人。② 一方面，体育尤其是竞技体育作为一种社会性文化活动，具有一定的文化及政治功能，在特定的历史时期，强调"女排精神"的政治动员作用，有其特殊意义。但我们也应看到，过度强调政治和文化功能，会让体育偏离其本质，使"女排精神"空洞化，从长远来看，不利于"女排精神"的发展和传承。另一方面，在当今消费社会语境下，体育不仅仅是区分胜负的运动竞赛活动，也与财富和社会地位紧密相连。人们对体育的需求，已经不仅仅是从体育运动中获得健康和快感，还会关注运动员在体育运动过程中所表现出来的生活态度和审美差异。因此，媒体试图通过爆光体育明星或者"越界性"报道吸引更多的受众，以提升自己的收视率、点击率和销售量。③ 然而，女子排球归根结底是一项运动，不能过度被商业所裹挟，偏离体育的本质。媒体对"女排精神"的报道，要警惕将体育明星纳入娱乐工业流水线，警惕女子排球运动被过度商业化，在报道体育明星的时候更应注重对体育精神的弘扬和体育文化的传播，鼓励民众参与体育锻炼活动，促进中国体育事业的持续健康发展。

---

① 周阿萌：《1984~2016 年〈人民日报〉中国女排奥运报道理念嬗变》，硕士学位论文，陕西师范大学，2017。

② 刘玉燕、刘玉娥：《体育本质的再认识——〈体育之研究〉的启示》，《体育成人教育学刊》2011 年第 4 期。

③ 郭晴：《贝克汉姆现象：消费社会背景下的偶像崇拜与媒介制造》，《成都体育学院学报》2009 年第 3 期。

案 例 篇

Case Studies

B.11
中国在巴基斯坦的形象：媒体报道、
高层受访与使馆声音*

金 强　刘志禄**

摘 要： 2019 年初，中国和巴基斯坦同意将该年定为两国"工业、社
会经济和农业合作年"，中巴商业往来更加密切，更多中巴工
业园区也在加紧建设。首先，本文分析巴基斯坦主流英文媒
体关于中国的报道，发现巴基斯坦媒体主要关注经济、中国
与他国政治关系和综合类议题，报道基调以中性和正面为主，
负面报道较少。然后，分析巴基斯坦政府官员接受中国主流

---

* 本报告系教育部重大攻关项目"'一带一路'沿线国家新闻传播业历史与现状研究"（项目
编号：17JZD042）的阶段性成果之一。

** 金强，河北大学新闻传播学院副教授，硕士研究生导师，河北大学跨文化传播研究中心主任
助理、研究员，河北大学伊斯兰合作组织研究中心副主任、研究员，北方民族大学巴基斯坦
研究中心特邀研究员，研究方向为"一带一路"与媒体、跨文化传播研究；刘志禄，河北大
学新闻传播学院硕士研究生，研究方向为新闻传播实务。

媒体的采访，认为他们对中巴多领域的交往持积极态度。此外，对中巴互在使馆官网信息的分析也表明，使馆是中巴民间交往的重要平台。基于此，本文认为要加强中国在巴基斯坦的积极形象建设，需要从青年力量、文化交流、媒体合作、官方声音等方面适时发力。

关键词： 　国家形象　巴基斯坦　中巴关系　媒体形象

一　2019年的中巴关系

过去70年，中国人民团结奋进、砥砺前行，取得了诸多举世瞩目的成就，为解决人类发展难题贡献了中国智慧与方案。中国邀请世界各国一同构建"人类命运共同体"，共襄盛举、共享成果、共同发展，赢得一片喝彩。

巴基斯坦是中国唯一的全天候战略合作伙伴。在庆祝中华人民共和国成立70周年之际，巴基斯坦总统阿里夫·阿尔维向习近平主席致贺词，赞扬中国取得的伟大成就，认为"中巴经济走廊体现了两国和平发展、合作共赢和地区互联互通的共同愿景"①，强调"巴基斯坦始终是中国值得信赖的朋友和伙伴"②。除了总统阿尔维第一时间致贺词外，2019年10月8~9日，巴基斯坦总理伊姆兰·汗还亲率代表团访华，访问期间分别受到习近平主席、李克强总理、栗战书委员长接见。伊姆兰·汗总理称赞中国70年间取

---

① 巴基斯坦伊斯兰共和国驻华大使馆：《中华人民共和国成立70周年总统致贺词》，2019年10月1日，http：//www.pakbj.org/index.php？m＝content&c＝index&a＝show&catid＝42&id＝110。

② 巴基斯坦伊斯兰共和国驻华大使馆：《中华人民共和国成立70周年总统致贺词》，2019年10月1日，http：//www.pakbj.org/index.php？m＝content&c＝index&a＝show&catid＝42&id＝110。

得的成果，认为"中国的改革开放进程是发展中国家的典范"，感谢"中国领导人一贯支持巴基斯坦经济发展"①。

2019 年，中巴政府高层接触频繁，政治互信进一步增强。3 月 6 日，中国外交部副部长孔铉佑访问巴基斯坦。4 月 25 ~ 27 日，伊姆兰·汗来华参加第二届"一带一路"国际合作高峰论坛。5 月 26 ~ 28 日，中国国家副主席王岐山应邀访问巴基斯坦，在伊斯兰堡分别会见了总统阿尔维和总理伊姆兰·汗。6 月 14 日，习近平主席出席上海合作组织比什凯克峰会，同日会见了伊姆兰·汗。8 月 26 日，中央军委副主席许其亮应巴基斯坦军队邀请，抵达伊斯兰堡进行友好访问。9 月，国务委员兼外交部部长王毅两次会见伊姆兰·汗。两国高层强劲的交往势头，为中巴关系发展注入新活力，为双方友谊续写新篇章。

2019 年，中巴两国经济合作、经贸往来蓬勃发展。3 月 25 日，中国巴基斯坦投资贸易座谈会在巴召开，中国 28 家企业代表与巴企业界人士探讨了初步合作意向。巴基斯坦投资委员会主席哈伦·谢里夫在会前表示欢迎中国企业到访考察，称"将全力帮助中国企业在巴兴业，解决其在巴投资、生产经营中面临的困难"②。4 月 18 日，中国驻巴基斯坦大使姚敬受访，在谈及中巴经济走廊建设成果时，称赞"中巴经济走廊是'一带一路'布局六大走廊中进展最快、要素最全的项目"③。"一带一路"倡议及"中巴经济走廊"项目已经稳步推进了六年，多个项目进入快车道建设，并取得了重大进展。5 月 26 日，中巴经济走廊最大交通项目主线建成。8 月 16 日，胡布 1320 兆瓦电站项目通过调试测试，开始商业运营。9 月 28 日，苏基·克纳里水电站完成大坝截流，标志着该水电站进入全面施工期。10 月 9 日，

---

① 巴基斯坦伊斯兰共和国驻华大使馆：《巴中联合新闻稿》，2019 年 10 月 9 日，http：//www. pakbj. org/index. php? m = content&c = index&a = show&catid = 42&id = 105。

② 南南合作促进会：《吕新华会长率团赴巴基斯坦进行经贸投资考察》，2019 年 3 月 28 日，http：//www. cpssc. org/public/index. php/front/index/xiangqing/barcode/612. html。

③ 刘畅：《中国大使认为中巴经济走廊有望在"一带一路"建设中永做先锋》，2019 年 4 月 19 日，国际在线，http：//news. cri. cn/20190419/94d4b828 - 997b - 7bc9 - b303 - 75b181 ea32df. html。

访华的巴基斯坦总理伊姆兰·汗在与李克强总理会谈时，曾强调"迅速完成 CPEC（中巴经济走廊）项目是巴基斯坦政府的首要事项，因为这一转型项目对加快巴基斯坦经济发展和地区繁荣至关重要"①。当然，项目建设过程并非一帆风顺，一些西方媒体刻意唱衰并抹黑中巴经济走廊项目，鼓动一些巴基斯坦国内人士发出反对声音。对此，巴基斯坦国家电视台资深时政记者沙希德·马立克发言驳斥，称"巴基斯坦人民把中巴经济走廊视作一条通往未来的光明大道，巴基斯坦对走廊建设的重视从来就不是所谓的'迫于中国压力'……（巴基斯坦）政府和人民对中巴经济走廊的赞赏发自内心"②。而已建成的多个中巴经济走廊项目也向西方证实，中巴正稳步推进和维护两国关系，在深化政治经济合作方面越做越实、越做越细。

维系中巴两国"兄弟般"关系的纽带，不仅是高层接触和经济交往，民心相通也很重要。两国不断加强文化、教育、艺术、科技等领域的交流协作与沟通理解。2019 年 10 月中旬，中巴首部合拍影片《巴铁女孩》入围第六届丝绸之路国际电影节与第三届平遥国际电影展，促进了两国电影文化的交流。图 1 为《巴铁女孩》宣传招贴。11 月 18 日，"中巴经济走廊大学联盟"第三次交流机制会议在巴基斯坦开幕，活动旨在多领域、多维度拉近两国民众情感，增进彼此间更亲密的认识。正如 2019 年 12 月末，巴基斯坦驻华大使纳格玛娜·哈什米在京接受采访谈及两国关系时所言，"我们（巴基斯坦和中国）像好兄弟一样，我们的关系是坚不可摧、可持续的，有能力经历各种考验。在全球政治、经济等领域发生的变化都不会影响我们的强劲关系"③。

---

① 巴基斯坦伊斯兰共和国驻华大使馆：《伊姆兰·汗总理与李克强总理举行广泛双边会谈》，2019 年 10 月 9 日，http：//www. pakbj. org/index. php? m = content&c = index&a = show& catid =42&id = 107。

② 丁雪真：《英媒抹黑中巴经济走廊　巴专家驳斥：巴方对经济走廊的赞赏发自内心》，环球网，2019 年 12 月 12 日，https：//baijiahao. baidu. com/s? id =1652664178058257771&wfr = spider&for = pc。

③ 李晓萍、胡萍萍、王琦、台林珍：《巴基斯坦驻华大使：中巴经济走廊作为"一带一路"倡议重要项目为巴经济发展提供良好机遇》，央视网，2019 年 12 月 27 日，http：//m. news. cctv. com/2019/12/27/ARTIbM171vYetrYZ99Tm34HM191227. shtml。

图1　《巴铁女孩》宣传招贴

资料来源：《电影〈巴铁女孩〉概念海报首发》，新华网，2020 年 8 月 18 日，http：//www. xinhuanet. com/ent/2020 - 08/18/c_ 1126379746. htm。

2019 年，中巴关系在经受更多外部挑战和更复杂的环境制约后，继续稳中求进，多个项目取得阶段性成果。尤其是在文化相通、智库合作和出版联通方面，找到了更多的切入点和连接点，留学生交流和师资互动也比以往更加频繁，合作研究项目和联合发声渠道更为多样。中国驻巴相关机构也更为注重与当地民众的日常沟通，并形成稳定的帮扶关系，而类似此种为两国关系持续不断积蓄正能量的事例也层出不穷。

本文将在简要回顾 2019 年中巴交往情况以及对巴基斯坦主流英文媒体描绘的中国形象的相关研究综述的基础上，着重分析 2019 年巴基斯坦各大主流英文报纸对中国的报道，并探究在"一带一路"倡议和"中巴经济走廊"项目指引下双方互在大使馆的信息特征。

二　研究方法与研究样本

通过分析中国知网数据可知，2019年1月1日至2019年12月31日，各类以"中国"和"巴基斯坦"为主题的文章共计269篇。

从发文机构及发文数量来看，中国科学技术大学、新疆财经大学、清华大学、华北电力大学四家机构相对高产，发文机构整体分布也较为广泛（见图2）。通过分析2019年的基本研究态势，笔者认为要想更为充分地把握中巴关系，应对学术态势和媒体报道加以综合研判。

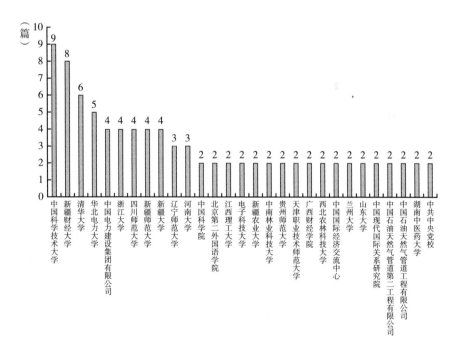

**图2　2019年中国知网"中国"和"巴基斯坦"主题
文章部分发文机构及发文数量**

资料来源：根据中国知网统计数据整理，由中国知网生成。

本研究以巴基斯坦各类报纸的发行量和主要读者阶层为基本划分标准，探讨定位于巴基斯坦高端读者群的全国性报纸对中国的报道，着重分析2019 年 7 家巴基斯坦媒体呈现出的中国形象。本文选择《金融时报》（*Financial Times*）、《新闻报》（*The News*）、《巴基斯坦观察家》（*Pakistan Observer*）、《国民报》（*The Nation*）、《商业记录者》（*Business Recorder*）、《每日时报》（*Daily Times*）、《黎明报》（*Dawn*）为研究对象，选取这 7 家媒体在 2019 年 1 月 1 日到 2019 年 12 月 31 日的涉中国报道作为研究样本。样本获取来源为旁遮普大学图书馆数据资源库，以 "China" "Chinese" "Sino" "CPEC" "BRI" 为标题关键词进行检索。经过搜集，发现 2019 年《每日时报》标题涉及 "China" "Chinese" 等 5 个关键词的报道有 78 篇、《商业记录者》有 50 篇、《金融时报》有 45 篇、《巴基斯坦观察家》有 26 篇、《国民报》有 17 篇、《黎明报》和《新闻报》均为 11 篇，7 家媒体共计 238 篇。

本文还将探讨巴基斯坦政府官员如何认知中国形象，以及在"一带一路"倡议和"中巴经济走廊"背景下，巴基斯坦政府官员如何看待中巴关系发展前景。截至 2020 年 4 月 7 日，中国尚未发布专门针对巴基斯坦的公众认知调研报告，关于中国国家形象在巴基斯坦的呈现，主要在已有的主流媒体和相关社交媒体的各种报道及其留言、跟帖和评论中得以体现。2019年初盖洛普民意调查指出，"对比中国、美国、德国、俄罗斯四国的全球领导力，调查结果显示：在 133 个国家和地区的受访者中，34% 认可中国的领导力……对中国领导力最认可的十个国家分别是巴基斯坦、几内亚、科摩罗、多哥共和国、刚果共和国、尼日利亚、加纳、蒙古国、毛里求斯、科特迪瓦"[①]，其中巴基斯坦在 2018 年对中国领导力的认可度居 133 个被访国家之首。本文整理了 2019 年中国媒体对巴基斯坦政府官员的采访，并对采访话题、采访对象、受访人态度等内容进行了多维度分析，试图全面了解巴基

[①] 《盖洛普最新全球民调：中国领导力超过美国 "美国优先"导致美国软实力大幅下跌》，央视网，2019 年 3 月 15 日，http：//m. news. cctv. com/2019/03/15/ARTIviG3QeemQSikongyfUV3190315. shtml。

斯坦政府官员对中国、中巴关系的认知。此外，本文还采用了内容分析法，对中国和巴基斯坦两国使馆呈现的活动信息进行分析。

三 2019年巴基斯坦主流英文媒体上的中国形象

巴基斯坦 7 家主流英文媒体在 2019 年共发表 238 篇以"China" "CPEC"等词为主题的报道。本文将着重分析这些报道的数量、议题与态度。

（一）报道数量

从表 1 可以看出，本文所选 7 家媒体对以"China""CPEC""Chinese" "Sino""BRI"为主题的报道数量不一，其中《每日时报》的报道数量最多，达 78 篇，占 7 家媒体报道总数的 32.8%。

表 1　2019 年巴基斯坦主流英文媒体涉华报道数量统计

单位：篇，%

名称	报道数量	所占百分比
《每日时报》	78	32.8
《商业记录者》	50	21.0
《金融时报》	45	18.9
《巴基斯坦观察家》	26	10.9
《国民报》	17	7.1
《黎明报》	11	4.6
《新闻报》	11	4.6

资料来源：根据《每日时报》《商业记录者》《金融时报》《巴基斯坦观察家》《国民报》《黎明报》《新闻报》7 家媒体报道整理而成。

观察 7 家媒体每月以"China""CPEC"等为主题的报道数量，发现各家月度报道数量趋势不固定。2019 年每月的总体报道数量分别是：25 篇、20 篇、18 篇、17 篇、29 篇、21 篇、19 篇、10 篇、23 篇、20 篇、18 篇和18 篇（见图 3）。

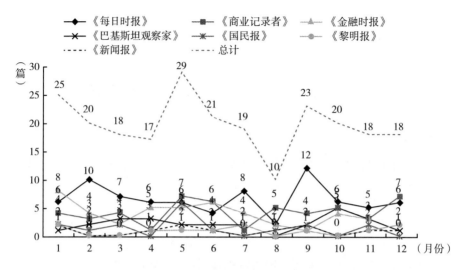

图3　2019年巴基斯坦主流英文媒体涉华报道数量变化

资料来源：根据《每日时报》《商业记录者》《金融时报》《巴基斯坦观察家》《国民报》《黎明报》《新闻报》7家媒体报道整理而成。

根据月度报道趋势图，除《每日时报》外，发现各家媒体每月涉华报道数量基本在10篇以下。《每日时报》发稿较频繁，9月报道量甚至超过10篇，达到单月报道量峰值。而《黎明报》《新闻报》等媒体相关主题报道较少，出现了连续两个月没有报道的情况。

（二）报道议题

7家巴基斯坦主流英文媒体报道议题可划分为：中国政治、中巴关系、中国与他国政治关系、军事、经济、科技、外交、中国文化和综合九大领域。每一个领域的报道量如表2所示。

在全部议题中，出现次数最多的议题是经济，共74篇报道，占报道总数的31.1%。其次是有关中国与他国政治关系①的报道，共65篇，占比27.3%；第三位是综合②，共38篇报道，占比16.0%；第四位是中巴关系，

---

① 主要涉及美国、印度、阿富汗等国以及部分欧洲国家。

② 此类议题一般总体谈中国的情况，不具体指向某个专门的领域。

与之相关的 20 篇报道占全部的 8.4%；第五位是有关中国政治的议题，16 篇报道占全部的 6.7%。

表2　2019 年巴基斯坦主流英文媒体涉华报道议题分类

单位：篇，%

议题内容	篇数	所占百分比
中国政治	16	6.7
中巴关系	20	8.4
中国与他国政治关系	65	27.3
军事	1	0.4
经济	74	31.1
科技	6	2.5
外交	8	3.4
中国文化	10	4.2
综合	38	16.0

资料来源：根据《每日时报》《商业记录者》《金融时报》《巴基斯坦观察家》《国民报》《黎明报》《新闻报》7 家媒体报道整理而成。

由此可见，经济议题是关注的焦点。《每日时报》和《国民报》等媒体都将中巴经济走廊项目（CPEC）作为重要议题之一。在 74 篇经济议题的报道中，有 40 篇是以"CPEC"为主题的。

此外，本文还对 238 篇报道的标题进行了词频分析（见图4）。受 2019 年中美贸易摩擦影响，巴基斯坦 7 家主流媒体在报道中国与他国政治关系的 65 篇文章中，有 38 篇关注中美关系，标题中也多次使用了 US、Trump、Trade、War 等词语。

由于各家媒体的定位、读者群等不同，7 家媒体在报道各个议题时也各有侧重点（见表3）。尽管各家都重点关注经济议题，但《每日时报》侧重报道中巴经济走廊项目，而《商业记录者》和《金融时报》则更多关注中美贸易摩擦。

图4 2019年巴基斯坦主流英文媒体涉华报道的文章标题词频

资料来源：根据《每日时报》《商业记录者》《金融时报》《巴基斯坦观察
家》《国民报》《黎明报》《新闻报》7家媒体报道整理而成。

表3 2019年巴基斯坦主流英文媒体报道议题分类占比（分媒体）

单位：%

议题内容	《每日时报》	《商业记录者》	《金融时报》	《巴基斯坦观察家》	《国民报》	《黎明报》	《新闻报》
中国政治	5.1	10.0	8.8	3.8	5.8	0	0
中巴关系	16.6	0	0	26.9	0	0	0
中国与他国政治关系	14.1	34.0	48.8	34.6	17.6	0	27.2
军事	0	0	2.2	0	0	0	0
经济	32.0	38.0	22.2	23.0	52.9	18.1	27.2
科技	2.5	4.0	2.2	0	0	0	9.0
外交	6.4	2.0	0	0	5.8	9.0	0
中国文化	8.9	2.0	0	3.8	0	9.0	9.0
综合	14.1	10.0	15.5	7.6	17.6	63.6	27.2

注：本数据只保留小数点后一位，并实行四舍五入。部分比例之和小于100%，是由于多个数据小数点后两位不足以进位，进而舍弃造成。

资料来源：根据《每日时报》《商业记录者》《金融时报》《巴基斯坦观察家》《国民报》《黎明报》《新闻报》7家媒体报道整理而成。

（三）报道态度

全部报道中，中性报道有 140 篇，占比 58.8%；正面报道有 76 篇，占比 31.9%；负面报道有 22 篇，占比 9.2%（见表 4）。这说明 7 家媒体在涉华报道上，所表现的正面态度远多于负面态度，但需注意各家媒体更多时候是持中性立场。

表 4 2019 年巴基斯坦主流英文媒体涉华报道态度倾向

单位：篇，%

报道态度倾向	篇数	所占百分比
正面	76	31.9
负面	22	9.2
中性	140	58.8
合计	238	100

资料来源：根据《每日时报》《商业记录者》《金融时报》《巴基斯坦观察家》《国民报》《黎明报》《新闻报》7 家媒体报道整理而成。

各家媒体的报道倾向也有差异（见表 5），《每日时报》《商业记录者》《金融时报》《黎明报》《新闻报》涉华的中性报道在它们发表的全部报道中占比最高，《巴基斯坦观察家》和《国民报》涉华报道态度倾向是以正面为主。尽管有媒体的涉华报道出现负面态度，但各家仍主要持中性或正面态度，例如《每日时报》和《黎明报》并未出现负面态度报道。

表 5 2019 年巴基斯坦主流英文媒体涉华报道态度倾向（分媒体）

单位：%

名称	正面	负面	中性
《每日时报》	38.5	0	61.5
《商业记录者》	20	18	62
《金融时报》	17.7	20	62.3
《巴基斯坦观察家》	46.2	3.8	50
《国民报》	64.7	5.8	29.5
《黎明报》	27.3	0	72.7
《新闻报》	18.2	18.2	63.6

资料来源：根据《每日时报》《商业记录者》《金融时报》《巴基斯坦观察家》《国民报》《黎明报》《新闻报》7 家媒体报道整理而成。

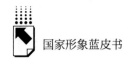

国家形象蓝皮书

同时，针对不同的议题，各家媒体的涉华报道态度也有不同。表6集中展现了在几个出现频率较高的议题上各家媒体的态度。

表6　2019年巴基斯坦主流英文媒体涉华报道议题与态度

单位：%

议题内容	正面	负面	中性
经济	40.5	14.8	44.7
中国与他国政治关系	18.4	9.3	72.3
综合	26.3	7.8	65.9
中巴关系	60	0	40
中国政治	6.2	12.6	81.2
中国文化	40	0	60

资料来源：根据《每日时报》《商业记录者》《金融时报》《巴基斯坦观察家》《国民报》《黎明报》《新闻报》7家媒体报道整理而成。

总体来看，在238篇稿件中，各家媒体更多呈现的是中性报道。《巴基斯坦观察家》和《国民报》还出现了比较集中的正面报道现象。在"中国与他国政治关系"、"中国政治"和"综合"议题上，中性报道远远多于正面和负面的报道，这说明各家媒体较为客观地看待中国外交以及综合力量。在分析中巴关系报道时，各家媒体的正面态度占据主流地位，它们普遍看好中巴关系的未来前景。而在经济议题上，在涉及中巴经济走廊项目（CPEC）的报道中，正面报道占52.2%，有客观分析的中性报道内容占比达41.6%，也有报道出现了负面声音，占比为6.2%。

就采写者身份来看，多位作者在2019年数次报道与中国有关的内容。例如，亚希尔·哈比卜·汗（巴基斯坦高级记者，从事新闻工作15年，专长为特稿写作和调查性报道）有7篇作品，马丁·沃尔夫（英国《金融时报》副主编及首席经济评论员）有7篇作品，苏尔坦·穆罕默德·哈里（巴基斯坦前空军上校，退休后从事新闻工作，曾撰写过10本时事书籍，包括《领袖之路》）有3篇作品，马达夫·达斯·纳拉帕特（印度学者和专栏作家，现任《星期日卫报》和ITV网络（印度）的编辑总监，马尼帕尔国际大学高级研究小组副主席，马尼帕尔国际大学地缘政治学系主任）有2

篇作品，艾哈迈德·拉希德·马利克（伊斯兰堡战略研究所高级研究员，常为报纸和杂志撰稿，主要研究东亚事务）有 2 篇作品。以上作者从不同方面报道了与中国有关的内容。当然，还有一些专家在中国媒体和第三国媒体发表有关中巴关系的文章，如新加坡、马来西亚、埃及及欧美国家的媒体等。他们热衷于报道中巴关系、"一带一路"倡议、中巴经济走廊项目等，也为中巴关系进一步发展起到了重要作用。这些文章虽未在本文统计范围内，但作为分析中巴关系的重要依据，本文也会加以参考。

四　巴基斯坦政府官员对中国和中巴关系的认知

2019 年，中巴两国政府高层频繁会晤，交往势头强劲。巴基斯坦政府官员对中国和中巴关系的认知，对双方经济往来、文化交往、旅游合作等领域有促进和指导意义。

本文通过整理 2019 年 1 月 1 日至 2019 年 12 月 31 日环球网、海外网、国际在线、新华网、央视网等中国主流媒体对巴基斯坦政府官员的 25 篇采访，对采访话题、采访对象、受访人态度等内容进行了多维度分析。受访的官员中，既有巴基斯坦总统阿里夫·阿尔维、总理伊姆兰·汗、前总理阿齐兹等中央政府高层，也有巴基斯坦俾路支省省督亚辛扎伊、巴基斯坦三军新闻局局长阿西夫·加富尔、巴基斯坦外交部部长库雷希、巴基斯坦国民议会财政与税收和经济事务常务委员会主席阿萨德·奥马尔等各地区或各部门领导（见表 7）。

表 7　2019 年巴基斯坦政府官员接受中国主流媒体采访人员列表

日期	采访媒体	受访人职务	受访人
3 月 13 日	新华网	巴基斯坦前驻华大使	马苏德·哈立德
3 月 27 日	浙江新闻	巴基斯坦前总理	阿齐兹
4 月 26 日	国际在线	巴基斯坦总理	伊姆兰·汗
4 月 27 日	环球网	巴基斯坦驻华使馆新闻参赞	赫娜·佛尔多斯
4 月 28 日	人民网	巴基斯坦总理	伊姆兰·汗

续表

日期	采访媒体	受访人职务	受访人
5月14日	国际在线	巴基斯坦常驻联合国代表	马利哈·洛迪
5月17日	新华网	巴基斯坦三军新闻局局长	阿西夫·加富尔
5月20日	中国经济网	巴基斯坦驻成都总领馆总领事	穆罕默德·提普
5月21日	新华网	巴基斯坦国民议会财政与税收和经济事务常务委员会主席	阿萨德·奥马尔
5月31日	环球网	俾路支省首席部长负责青年及可持续发展目标等的工作组组长	穆罕默德·纳西姆
6月4日	环球网	巴基斯坦经济事务部常务秘书	努尔·艾哈迈德
6月4日	国际在线	巴基斯坦参议院外委会主席	穆沙希德·侯赛因
6月28日	中国日报网	前巴基斯坦高级军官	S. M. 哈里
7月10日	人民网	巴基斯坦国家艺术委员会主任	贾迈勒·沙阿
		巴基斯坦总理新闻广播事务特别助理	菲尔多斯·阿什克·阿万
8月25日	新华网	巴基斯坦参议院外委会主席	穆沙希德·侯赛因
9月11日	新华网	巴基斯坦外交部长	库雷希
9月11日	国际在线	巴基斯坦驻华使馆前科技与教育参赞	泽米尔·阿万
9月11日	新华网	巴基斯坦俾路支省省督	亚辛扎伊
9月11日	陕西传媒网	巴基斯坦总理科技工作小组主席、中国科学院外籍院士	阿塔拉曼
9月18日	环球网	巴基斯坦前驻华大使	纳格玛娜·哈什米
9月28日	央视网	巴基斯坦总统	阿里夫·阿尔维
10月9日	海外网	巴基斯坦驻华大使	纳格玛娜·哈什米
12月6日	央视网	巴基斯坦国民议会副议长	卡西姆·苏里
12月9日	国际在线	巴基斯坦驻华大使	纳格玛娜·哈什米
12月12日	环球网	巴基斯坦国民议会副议长	卡西姆·苏里

资料来源：根据环球网、海外网、国际在线、新华网、央视网等中国主流媒体报道整理而成。

虽然受访官员样本数只有25个，但是从受访对象的职务可以看出，这些采访囊括了巴基斯坦政府的多机构、多层级人员。很多受访对象还多次到访甚至常年驻留中国，他们大多可以直接或者间接参与巴基斯坦对华政策的决策，因此了解他们对中国和中巴关系的认知有着重要意义。

此外，25 篇采访样本的时间线基本贯穿了一整年。2019 年，中华人民共和国成立 70 周年，举办了庄严隆重的欢庆活动，但也面临着西方国家对中国的百般围堵与抹黑，并需要应对美国单方面挑起的贸易摩擦。同时，巴基斯坦瓜达尔港一家五星级饭店遭袭、中巴民间通婚与"人口贩卖"等负面消息的传出，是否会影响中巴经济走廊项目的建设和两国紧密友好的关系，这也引起了外界与两国民众的关注。在此背景下，中国媒体对巴基斯坦政府官员的采访涉及了中巴关系、中巴经济走廊项目、中国 70 年成就、中国国际形象等话题。本文将 25 篇采访样本的话题进行了详细分类，对 25 位受访官员涉及的话题进行了统计（见表 8）。在全部受访话题中，巴基斯坦政府官员谈及更多的是中巴经济走廊、中国国际形象、中巴关系、"一带一路"、两国民间往来等话题。

表 8   25 位巴基斯坦政府官员受访话题分类统计

单位：条，%

受访话题	条数	百分比	受访话题	条数	百分比
中巴关系	10	13.51	"一带一路"	9	12.16
中国 70 年成就	6	8.11	两国民间往来	8	10.81
中国政府	6	8.11	中国道路	6	8.11
饮食文化	1	1.35	中国国际形象	11	14.86
中巴经济走廊	16	21.62	总计	74	100
中国科技	1	1.35			

资料来源：根据环球网、海外网、国际在线、新华网、央视网等中国主流媒体报道整理而成。

说明：受访话题条数，是指 25 位巴基斯坦受访官员在采访中谈及中巴关系、中巴经济走廊项目等话题的条数。

（一）巴基斯坦政府官员对中国的看法

在 25 篇采访样本中，受访的巴基斯坦官员谈论了自己对中国政府、中国道路、中国国际形象等议题的看法。研究发现，巴基斯坦政府各机构、各层级官员对中国的总体形象予以正面评价，频繁使用"发展、榜样、领先、

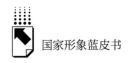

繁荣、真诚、脱贫、开创、共赢、崛起、强国"等正面词语。

首先,当面对中国媒体询问如何看待新中国 70 年成就时,巴基斯坦政府官员一致盛赞中国取得的成果,并表达了自己的祝贺。巴基斯坦总统阿里夫·阿尔维认为,"中华人民共和国成立 70 年来,在扶贫减贫、经济发展及促进世界经济繁荣等各个领域都取得了巨大成就,为世界作出了榜样"①。2019 年新上任的巴基斯坦驻华大使纳格玛娜·哈什米,时隔 13 年与中国"再续前缘",重返北京的她高兴地与记者分享自己的新发现,"三环内已经很少能看到起重机,到处都是高大漂亮的建筑……作为好朋友,巴基斯坦由衷地为中国取得的成就感到高兴"②。在分析中华人民共和国 70 年为何能够取得如此多的成果时,前巴基斯坦高级军官 S. M. 哈里则坦言"人们认为中国 70 年来的发展有秘密可言,实际上是没有的。中国只有一个方法,那就是勤劳真诚"③。

其次,巴基斯坦政府官员深入探讨对中国政府、中国道路以及中国科技和文化的新认识。巴基斯坦总理伊姆兰·汗出席了第二届"一带一路"国际合作高峰论坛,在谈及中国的发展成就时,他肯定了中国领导人的远见卓识与中国人民的勤劳,认为"中国的成功证明,只要领导人有远见卓识,人民吃苦耐劳,再加上良好的发展规划,任何国家都能够在保持其民族性和文化特色的前提下实现发展,而非一定要遵循西方国家的发展模式"④。总统阿里夫·阿尔维也在受访中表示了对中国模式与中国道路的肯定,"中国坚持走中国特色社会主义道路,人民以主人翁意识建设国家。生产力得到解

① 崔如:《巴基斯坦总统:中国是榜样 为巴中友谊自豪》,央视网,2019 年 9 月 28 日,http://m. news. cctv. com/2019/09/28/ARTIGusmfVGKi2mimuPHucuW190928. shtml。

② 张六陆:《巴基斯坦驻华大使:从小就知道,中国是最可靠的朋友》,海外网,2019 年 10 月 9 日,http://opinion. haiwainet. cn/n/2019/1009/c353596 – 31641672. html。

③ 朱月红、王晗、宋婧祎:《[中国那些事儿]巴基斯坦专家:"一带一路"授人以渔,红利惠及世界》,《中国日报》中文网,2019 年 6 月 28 日,http://cn. chinadaily. com. cn/a/201906/28/WS5d15ca25a3108375f8f2d17f. html。

④ 《共建"一带一路"实现互利共赢》,人民网,2019 年 4 月 28 日,http://world. people. com. cn/n1/2019/0428/c1002 – 31053789. html。

放，收入不断增加，推动国家走向世界"①。而中国近年来的科技成果与文化发展也引起了巴基斯坦驻华大使纳格玛娜·哈什米的关注，到访北京世园会时，她说"如果可以的话，我希望把中国的一切（产品）都带回巴基斯坦"②。

经过 70 年的发展，中国重新站在世界舞台的中心，这也引起了西方国家的恐慌与不满，它们开始百般阻挠与污名化中国，恶意诋毁中国提出的"一带一路"倡议、中巴经济走廊项目，试图挑拨中巴关系。对此，巴基斯坦参议院外委会主席穆沙希德·侯赛因认为，"中国正在清晰展示其基于合作、互联互通与包容的世界观，而美国呈现的世界观是建立在矛盾、冲突和排他的基础上的"③。巴基斯坦前驻华大使马苏德·哈立德也认为，"中国一直致力于鼓励外国投资和贸易。另外，中国也一直奉行与世界共享中国经济发展成果的理念，推动互利共赢和经济全球化进程"④。可见，巴基斯坦政府官员对中国的国际形象予以积极、正面评价，而对西方媒体背离事实的报道持批评态度。

（二）巴基斯坦政府官员对中巴关系的看法

在被问及如何看待中巴关系时，巴基斯坦前总理阿齐兹形容中巴关系是"trust friend"（真朋友）⑤，巴基斯坦前驻华大使马苏德·哈立德认为"巴中关系在当今世界的国家间关系中独一无二，是建立在相互信任和理解的基础

---

① 崔如：《巴基斯坦总统：中国是榜样 为巴中友谊自豪》，央视网，2019 年 9 月 28 日，http：//m. news. cctv. com/2019/09/28/ARTIGusmfVGKi2mimuPHucuW190928. shtml。
② 张六陆：《巴基斯坦驻华大使：从小就知道，中国是最可靠的朋友》，海外网，2019 年 10 月 9 日，http：//opinion. haiwainet. cn/n/2019/1009/c353596 - 31641672. html。
③ 刘畅：《巴基斯坦官员称赞中方在中美经贸磋商中的立场》，国际在线，2019 年 6 月 4 日，http：//news. cri. cn/20190604/ab1a6600 - 4106 - e045 - 7612 - 9c7e63b0f293. html。
④ 钟玉岚、刘新、周欣：《专访巴基斯坦驻华大使："一带一路"倡议对世界的影响与日俱增》，新华网，2019 年 3 月 13 日，http：//www. xinhuanet. com/world/2019 - 03/13/c_1210081056. htm。
⑤ 陈颖：《本端专访巴基斯坦前总理阿齐兹："一带一路"解决我们很多问题》，浙江新闻，2019 年 3 月 27 日，https：//zj. zjol. com. cn/news. html？ id =1166148。

之上的"①，前巴基斯坦高级军官 S. M. 哈里也称"没有哪两个国家的关系能比巴中更紧密了"②。尽管"一带一路"倡议、中巴经济走廊项目不断被西方媒体误读与污名化，但受访的巴基斯坦政府官员仍表达了支持与乐观态度。巴基斯坦国民议会副议长卡西姆·苏里表示，"中巴经济走廊对于巴基斯坦以及整个南亚和中亚地区都是有益的，巴基斯坦真诚期盼中巴经济走廊取得更大成功"③。巴基斯坦经济事务部常务秘书努尔·艾哈迈德驳斥了有关"债务陷阱"的误导性言论，认为"中国一直大力支持巴基斯坦，并总能在经济危机时期施以援手。通过中巴经济走廊，中国正在巴基斯坦建设基础设施，挽救其经济"④。为了确保中巴经济走廊项目的顺利开展，巴基斯坦甚至出动军方为中巴项目保驾护航。巴基斯坦三军新闻局局长阿西夫·加富尔在采访中提及巴基斯坦军方对中巴经济走廊的保护措施，"我们专门组建了约 2.5 万名士兵的部队，并计划再增组一个师的力量，以保障走廊建设和人员的安全"⑤。

"外交和高端会议固然重要，但受众有限，两国人民需要更多方式去交流、互动。"⑥ 巴基斯坦政府官员在看好中巴经济走廊项目、展望中巴友好关系的未来时，也提到两国民间交往尚不足，"与巴中之间的政治经济合作

---

① 钟玉岚、刘新、周欣：《专访巴基斯坦驻华大使："一带一路"倡议对世界的影响与日俱增》，新华网，2019 年 3 月 13 日，http：//www. xinhuanet. com/world/2019 – 03/13/c_1210081056. htm。

② 朱月红、王晗、宋婧祎：《［中国那些事儿］巴基斯坦专家："一带一路"授人以渔，红利惠及世界》，《中国日报》中文网，2019 年 6 月 28 日，http：//cn. chinadaily. com. cn/a/201906/28/WS5d15ca25a3108375f8f2d17f. html。

③ 丁雪真：《英媒抹黑中巴经济走廊　巴专家驳斥：巴方对经济走廊的赞赏发自内心》，环球网，2019 年 12 月 12 日，https：//world. huanqiu. com/article/9CaKrnKohF4？w=280。

④ 《巴媒：并非债务陷阱　中国是在挽救巴经济》，环球网，2019 年 6 月 4 日，https：//oversea. huanqiu. com/article/9CaKrnKkNmT。

⑤ 《专访：巴基斯坦坚决为中巴经济走廊建设保驾护航——访巴三军新闻局局长阿西夫·加富尔》，新华网，2019 年 5 月 17 日，http：//www. xinhuanet. com/2019 – 05/17/c_ 1124507960. htm。

⑥ 赵觉程：《巴基斯坦智库负责人：小心中巴"摩擦增多"背后的舆论战》，环球网，2019 年 5 月 31 日，https：//world. huanqiu. com/article/9CaKrnKkMgc。

相比，人文交流存在脱节情况"①。民间交往的缺失显然会影响两国民众的感情与对彼此的认知，为西方媒体炮制谣言、误导民众、破坏中巴关系提供了可乘之机。对此，巴基斯坦驻华使馆新闻参赞赫娜·佛尔多斯认为，"中巴之间的未来和友谊现在就握在这些年轻人的手中，因为他们以后将在社会中发挥积极作用"②。巴基斯坦驻华使馆前科技与教育参赞泽米尔·阿万也提到，"只有两国的年轻人之间互相了解，加深友谊，两国关系才会有更加光明的未来"③。中巴民间尤其是年轻一代的交往，将会为中巴关系持续发展注入新活力与新动力。

（三）巴基斯坦总统阿里夫·阿尔维对中国和中巴关系的看法

巴基斯坦总统阿里夫·阿尔维接受了中国媒体的联合采访④，表达对中国、中巴关系、中巴经济走廊项目等议题的看法：

> 阿尔维接受中国媒体联合采访时表示，中华人民共和国成立70年来，在扶贫减贫、经济发展及促进世界经济繁荣等各个领域都取得了巨大成就，为世界作出了榜样。他为两国间的深厚友谊感到自豪。
>
> 阿尔维说，在过去几十年里，中国在中国共产党领导下开创性地将市场经济与社会主义相结合，极大地解放了生产力，促进经济快速发展，成就了数亿人口脱贫的伟大事业。中国坚持走中国特色社会主义道路，人民以主人翁意识建设国家。生产力得到解放，收入不断增加，推动国家走向世界。中国之所以能发生这样大的变化，正是因为

---

① 赵觉理：《巴基斯坦智库负责人：小心中巴"摩擦增多"背后的舆论战》，环球网，2019年5月31日，https://world.huanqiu.com/article/9CaKrnKkMgc。
② 谭利娅：《巴基斯坦外交官：中巴年轻人交流将助推两国友好关系进一步发展》，环球网，2019年4月27日，https://world.huanqiu.com/article/9CaKrnKk6q6。
③ 刘畅：《巴基斯坦父子两代学者的中国情》，国际在线，2019年9月11日，http://news.cri.cn/20190911/ff81ee29-5bfc-7359-32c2-943e1f06a5a5.html。
④ 崔如：《巴基斯坦总统：中国是榜样 为巴中友谊自豪》，央视网，2019年9月28日，http://m.news.cctv.com/2019/09/28/ARTIGusmfVGKi2mimuPHucuW190928.shtml。

每个人都是奋斗者。我祝愿中国在习主席的领导下,继续实现美好发展蓝图。

阿尔维认为,中国还提出"一带一路"倡议,切实促进各国联通。中国的对外政策一个非常重要的特征就是,中国带来的是发展,而且从来不附加政治条件。中国的政策完全就是和平共处,互利共赢。

在谈及"一带一路"框架下的中巴经济走廊建设时,阿尔维说,中巴经济走廊帮助巴基斯坦解决了电力短缺等现实困难。我们见证了中国脱贫工作的成就。中国还成为在空间探索、人工智能、数字经济等领域领先的发展中国家。中巴经济走廊是一个全面的项目,我们可以从中学到很多中国的发展经验,学习如何提高人民生活水平。

在谈到两国友谊时,阿尔维说,巴中友谊是特殊的友谊,巴基斯坦是最先与中国建交的国家之一。巴基斯坦为巴中友谊感到自豪。我代表巴基斯坦政府和人民,祝中国人民国庆快乐,祝贺中华人民共和国成立70周年,巴中关系的历史辉煌灿烂。未来,我们的友谊也将越来越紧密,巴基斯坦人民和中国人民的友谊,历久弥坚,万古长青。

自2018年9月上任以来,阿里夫·阿尔维就在多个场合表示,巴基斯坦将中国视为最值得信赖的铁杆朋友,感谢中方长期的支持。阿尔维也对西方势力恶意围堵、孤立中国,污蔑、造谣中巴经济走廊项目等行为进行了驳斥。他在2019年多次祝贺中华人民共和国成立70年取得的成就,祝愿中国不断发展,继续实现美好发展蓝图。

综上所述,巴基斯坦政府官员频繁到访中国,学习中国的发展经验,开展交流合作,这势必会影响中巴经济走廊建设、文化科技交流、民间往来等领域。而他们对中国和中巴关系的认识,也会直接或间接影响巴基斯坦对华政策的制定与中巴关系未来走向。

五　中国与巴基斯坦互在使馆活动信息分析

　　驻外大使馆是主权国家对外的形象代表，往往通过文化、礼仪、教育等多种活动来影响所在国民众对该主权国的认知，并试图为双方的经济交往、文化互动、民间往来、国家友谊等领域做出更多贡献。2019 年是中国和巴基斯坦建交 68 周年，双方互在使馆通过举办多种活动，为中巴经济走廊、巴基斯坦建设、中巴友好关系做出了重要贡献。

　　本文通过收集整理 2019 年 1 月 1 日至 2019 年 12 月 31 日中国与巴基斯坦双方在使馆官方网站发布的活动信息，对这些活动的发布频率、主题等内容进行了分析，试图研究在构建中巴新型关系中两国互在使馆活动发挥的作用。

（一）中国与巴基斯坦互在使馆活动发布频率

　　由图 5 可知，2019 年，中国驻巴基斯坦大使馆官网①和中国驻巴基斯坦大使馆经济商务处网站②共发布 171 条信息，远高于巴基斯坦驻华大使馆官网③发布的信息量（61 条）。从发布频率上看，中国驻巴大使馆官网和中国驻巴大使馆经济商务处网站发布的信息整体呈"高开低走"趋势。2019 年 1 月，相关发布量出现峰值（38 条），到同年 10 月信息发布量出现最低值（0 条）。相反，巴驻华大使馆官网"新闻与事件"栏在 2019 年前 5 个月未发布信息，而在同年 7～11 月发布信息则较频繁，信息量的峰值出现在 2019 年 8 月（23 条）。

---

①　中国驻巴基斯坦大使馆官网：https：//www.fmprc.gov.cn/ce/cepk/chn/，2020 年 4 月 13 日统计。
②　中国驻巴基斯坦大使馆经济商务处：http：//pk.mofcom.gov.cn/，2020 年 4 月 13 日统计。
③　巴基斯坦驻华大使馆官网：http：//www.pakbj.org/html/cn/，2020 年 4 月 13 日统计。

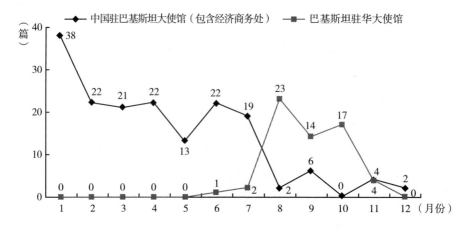

图5　2019年中巴两国互在使馆官网信息发布频率

资料来源：根据中巴互在使馆官网信息整理而成。

（二）中国与巴基斯坦互在使馆活动报道的主题分类

2019年中国驻巴基斯坦大使馆官网和中国驻巴基斯坦大使馆经济商务处网站发布的171条信息中，与经济贸易相关的信息最多，高达145条；其次是使馆活动信息（18条）、文化交流信息（5条）、教育交流信息（3条）（见表9）。

表9　2019年中国驻巴大使馆官网和中国驻巴大使馆经济商务处网站信息分类

单位：条，%

信息分类	条数	百分比
经贸信息	145	84.80
使馆活动	18	10.53
文化交流	5	2.92
教育交流	3	1.75
总计	171	100

资料来源：根据中国驻巴基斯坦大使馆官网信息整理而成。

通过整理2019年中国驻巴大使馆经济商务处网站发布的与经济贸易相关的信息，发现绝大多数信息是在介绍巴基斯坦的经济政策、经济现状、本财年出口目标等。这些经贸信息大多是由巴基斯坦的《黎明报》《新闻报》《国民报》《论坛快报》等媒体提供，为中国投资者制定经济决策提供必要的信息支持。在使馆活动方面，2019 年中国驻巴基斯坦大使馆举办了两场庆祝中华人民共和国成立 70 周年的活动，并举办了 5 场推广中国文化的阳光课堂、"一带一路"图片展等活动。为融入巴基斯坦社会，中国驻巴基斯坦大使馆在穆斯林传统节日古尔邦节举行了慰问活动，向使馆巴籍文职、工勤、安保等雇员致以节日的问候与祝福，并赠送慰问品。① 在文化交流方面，中国驻巴基斯坦大使馆推广了春节、元宵节等中国传统佳节。例如，在 2019 年 1 月 27 日，中国驻巴基斯坦大使馆举行巴基斯坦友好人士新春招待会。

与中国驻巴基斯坦大使馆侧重发布经贸信息的做法不同，巴基斯坦驻华大使馆官网"新闻与事件"栏，发布的 61 条信息集中关注印巴冲突、中巴两国高层交往等内容（见表 10）。此外，巴基斯坦驻华大使馆"新闻与事件"栏发布的内容大多与巴基斯坦本国有关，如涉及印巴冲突、伊姆兰·汗总理在联合国大会上发表讲话等。其次，它们还报道中国与巴基斯坦两国高层频繁互访的消息，包括伊姆兰·汗总理访华、巴外交部部长访问北京、中共中央军事委员会副主席许其亮访问巴基斯坦、中国国务委员兼外交部部长王毅拜会伊姆兰·汗等。

表 10　2019 年巴基斯坦驻华大使馆官网"新闻与事件"栏信息分类

单位：条，%

信息分类	条数	百分比
印巴冲突	23	37.70
高层交往	17	27.87
经贸信息	7	11.48
文化交流	7	11.48
使馆活动	4	6.56

---

① 《驻巴基斯坦使馆举行古尔邦节慰问活动》，中国驻巴基斯坦大使馆官网，2019 年 8 月 9 日，https：//www.fmprc.gov.cn/ce/cepk/chn/sghd/t1688092.htm。

信息分类	条数	百分比
本国时政	2	3.28
教育交流	1	1.63
总　计	61	100

资料来源：根据巴基斯坦驻华大使馆官网信息整理而成。

综上所述，中巴两国使馆作为中国与巴基斯坦经贸往来、文化交流、旅游合作、青年学习等信息的窗口，既为双方开展各项活动提供了信息与物质支持，也为双方民间交往、达成共识、开创两国新型关系提供了决策支持。

六　结论与讨论

首先，对于巴基斯坦媒体对中国国家形象的认知，应该从更为理性和宽容的角度出发，看到巴基斯坦媒体发生的变化，并结合巴基斯坦的国情参与巴基斯坦的媒介内容生产过程。从目前来看，中国在巴留学生群体虽是一个沟通桥梁，但其作用还未得到充分挖掘。在媒体和文化沟通方面，他们能发挥的力量还较为不足。

其次，若想实现中巴文化相通的目标，就要通过具体实在的文化项目去夯实，要让中国多样的文化进入巴基斯坦的课堂，要在巴基斯坦的国外电视节目中占有一席之地，要进入普通百姓的日常生活，让中国元素成为一种喜闻乐见的元素。经济领域的合作、政治领域的互信，必然带来文化领域的交融，而这种交融景象也会呈现在两国媒体上、存在于两国人民心底。

再次，应该适应年轻网民的表达习惯，并摸索他们的发声规律，这就要普遍加强传媒研究领域的合作。深化中巴两国媒体智库之间的实质性合作，以及加强两国传媒人才的培养也是势在必行的。目前，巴基斯坦在华学习传媒相关专业的留学生数量可观，但反之中国赴巴进行研学的相关学者、教师和留学生还偏少。虽然国内设置"巴基斯坦研究中心"的单位众多，但能够较好运作并充满生机的并不多。

最后，在研究中国在巴形象和中巴关系时，我们除了要分析巴基斯坦媒体报道，也需要认真倾听巴基斯坦政府官员和两国使馆的声音。巴基斯坦政府官员尤其是政府高层频繁访问中国，往往能直接影响中巴关系，并对政策制定、经贸合作、中巴经济走廊项目建设等起到推动作用。两国使馆作为中巴交往合作的直接窗口，通过举办多种活动，来缩小两国民众的认知差异，努力营造更为友好的交流氛围。

总的来说，在应对"百年未有之大变局"时，巴基斯坦政界和人民一直都是中国的有力支持者和坚定维护者。事实也一次次证明，中巴之间的友谊是"牢不可破"的。中巴应该着力于促进更加坚实有力的合作，用实际的成绩和实在的获得感来消解谣言和诽谤。唯有苦干实干、并肩携手造福两国人民，才是正途，也是最终的正义。

B.12

中国在非洲的媒体形象

——以肯尼亚《民族日报》2019年涉华报道为例*

王 珩 于桂章**

摘 要： 近年来中非全面合作关系迅速发展，中非正朝着构建更加紧密的命运共同体有力迈进，但国际保守主义抬头、民粹思潮兴起、媒体舆论歪曲等外部威胁也让新形势下的中非关系面临更加复杂的挑战。本文基于非洲媒体肯尼亚《民族日报》2019年的涉华报道，从词频、分类、情感倾向等方面分析《民族日报》涉华报道整体态势，发现非洲媒体涉华报道集中于经济和政治领域。同时，通过梳理基础设施建设、进出口贸易、中非关系等主要议题的涉华报道，总结非洲主流媒体在涉华报道上的表现方式。最后，从树立在非多元形象、提升对非传播能力、加强涉非人才培养、促进对非研究等角度，提出提升中国在非国家形象建构及传播的对策建议。

关键词： 中非关系 中国形象 国际传播 涉华舆情

---

* 本文系2020年度中国外文局与中国翻译研究院课题研究项目"新形势下对非话语创新与传播效果研究"（项目编号：20DWHY09）、浙江师范大学"战疫情·敢担当"专项课题"新冠肺炎疫情下网络舆情的演化特征与引导策略"的研究成果。

** 王珩，浙江师范大学非洲研究院党总支书记、副院长、教授、博士生导师，研究方向为中非关系、对非话语及国际传播、非洲智库发展；于桂章，浙江师范大学非洲研究院科研助理，研究方向为非洲媒体舆论。

中非友谊深厚，合作历史悠久，半个多世纪以来中非关系仍然坚实可靠、历久弥新。自中非合作论坛成立以来，中非关系发展进入快车道，合作领域不断开拓，项目合作不断深化，双方都致力于构建更加紧密的命运共同体。但中非关系也面临更多元和复杂的挑战，在国际形势变化、非洲政治变动、西方国家挑拨的背景下，不少西方政客和媒体觊觎中非合作成果，扭曲诬陷中非合作关系，妖魔化中非合作项目，并误导涉及中非合作的国际舆论，抹黑中国在非洲的国家形象。

非洲国家主流媒体在引导非洲国家民众的舆论和政治态度上扮演着重要角色，成为中国国家形象在非洲建构的主要力量。一些学者认为，非洲国家在看待中非新型战略合作伙伴关系时，普遍持积极的态度和立场，历史问题、民主价值观差异以及西方"舆论霸权"的制约，并没有直接影响非洲媒体对中非关系的报道态度和倾向。① 也有学者认为，西方媒体对华消极、负面的报道态度和刻板印象已经不同程度地影响了一些非洲国家媒体记者的主观意愿和态度。② 还有学者从中美竞争对中国国家形象影响的角度指出，美国政学两界明显提升了对非洲事务的关注程度。因此，如何有效应对以美国为代表的西方国家对中非合作的战略性打压和舆论攻击，是做好新时代对非传播的关键所在。③

中国在非国家形象研究开展得相对较晚，存在底子薄、程度低、发展慢等问题，相比在语言和文化上对非洲影响较深的西方国家，中国在非国家形象的建设有许多不足，中国形象与中非愈加紧密的合作关系之间并不匹配。在中非关系面临更多元、复杂挑战的新形势下，加大对非洲社会舆情的监测与把握，了解非洲媒体和民众的对华态度和看法，对深入了解非洲社会情况、准确研判非洲发展趋势、树立积极良好的中国在非形象、讲

① 陈佳忻：《非洲媒体 2017 年涉华报道框架研究——以肯尼亚〈民族日报〉、尼日利亚〈先锋报〉、南非〈邮政卫报〉为例》，硕士学位论文，中央民族大学，2018。
② 毛伟：《非洲媒体涉华疫情报道的话语建构与框架分析》，《对外传播》2020 年第 6 期，第 72～75 页。
③ 王大可、冯妮、李本乾：《中非合作国际舆情演进、分析及应对——以中非合作论坛为例》，《对外传播》2018 年第 11 期，第 42～44 页。

好中非合作故事等方面有重要意义，也是维护中非合作关系长远健康发展的客观需求。

一　《民族日报》2019年涉华报道分析

《民族日报》（*Daily Nation*）是肯尼亚民族媒体集团旗下的报社，创立于 1961 年，在非洲民族解放运动及肯尼亚结束殖民主义的过程中发挥重要舆论引导作用。经过数十年的发展，《民族日报》成为肯尼亚乃至东非地区影响力最大的独立媒体之一，在非洲各大主要城市日发行量超过 20 万份，网站日浏览量超过 300 万次，并于 2016 年获得非洲最佳新闻网站奖。

近年来，《民族日报》曾报道非洲"债务危机"①、"SGR（蒙内铁路）票务丑闻"②、"中肯渔业贸易"③ 等多起新闻事件，引发非洲和国际社会对中非合作关系的讨论。同时《民族日报》关于中非"政治合作""政府治理""技术设施""文化差异"等议题也发出许多不同于西方的独立评论，这在很大程度上代表了非洲舆论的主流意见与自主意识，对非洲媒体的涉华议程设置有重要影响。

本文选取的分析样本来自《民族日报》原创发行的新闻报道和评论，取自《民族日报》官方网站以及非洲资讯整合网站泛非通讯社中收录的《民族日报》数据库。以"China""Chinese"等关键词进行检索，时间节点为2019 年 1 月 1 日至 2019 年 12 月 31 日。初步搜索共得到 219 条结果，进行人工筛选后去除无关结果，得到 189 条可供分析的有效样本。筛选原则如

---

① "China May Take Mombasa Port Over Sh227bn SGR Debt: Oukoc," （Dec18, 2018）, https://www. nation. co. ke/news/Chinese – may – take – Mombasa – Port – – Ouko/1056 – 4902162 – xfphu7z/index. html.

② "Seven Officials Held as Detectives Probe SGR Tickets Scandal," （Nov11, 2018）, https://www. nation. co. ke/news/Seven – officials – held – as – detectives – probe – SGR – tickets – scandal/1056 – 4867580 – ftcfnsz/index. html.

③ "Fishermen Welcome Import Ban, Call for Modern Gear," （Oct18, 2018）, https://www. nation. co. ke/news/Fishermen – welcome – import – ban/1056 – 4812410 – ae0h5hz/index. html.

下：①标题中直接带有"中国"或中国国家领导人信息；②全文中含有中国政府、政府官员、公司、企业家、中非合作项目等内容；③涉及中国与其他国家对比的文章。同时，本文对最后选取的189条有效样本运用文本分析软件进行处理。

（一）《民族日报》涉华报道全文词频统计

将选取的189篇新闻英文原文进行翻译，再进行全文词频分析并剔除无关字词后，得到词频最高的前20个关键词，即"肯尼亚""中国""先令""亿""我们""进行""公司""内罗毕""先生""国家""总统""政府""非洲""项目""获得""蒙内铁路""飞机""贷款""市场""提供"（见表1）。

表1 《民族日报》2019年涉华报道词频

单位：次，%

关键词	肯尼亚	中国	先令	亿	我们	进行	公司	内罗毕	先生	国家
词频	348	215	209	197	190	165	160	149	147	130
加权百分比	0.66	0.41	0.40	0.37	0.36	0.31	0.30	0.28	0.28	0.25
关键词	总统	政府	非洲	项目	获得	蒙内铁路	飞机	贷款	市场	提供
出现次数	127	114	105	104	93	85	75	74	74	74
词频	0.24	0.22	0.20	0.20	0.18	0.16	0.14	0.14	0.14	0.14

资料来源：根据《民族日报》报道整理而成。

在《民族日报》2019年涉华报道中，"肯尼亚""中国"两个关键词出现的次数最多。此外"先令""亿""进行""公司"等经济类关键词出现频率也较高；其次是"国家""总统""政府"等政治类关键词；"项目""获得""蒙内铁路""飞机""贷款"等中非合作项目关键词出现频率也较高。

高频关键词是非洲媒体涉华报道热点事件的重要反映。通过对报道全文进行词频分析，可以看出《民族日报》涉华报道的关键词分布有相对明显的层次性：第一层次为"先令""亿""进行""公司"等经济类的关键词，

全文总计词频在0.3以上；第二层次为"国家""总统""政府"等政治类关键词，全文总计词频在0.2以上；第三层次为"项目""蒙内铁路""飞机"等中非合作项目关键词，全文总计词频在0.1以上。

关键词"蒙内铁路"为中肯最大在建基础设施项目"蒙巴萨－内罗毕标轨铁路"的英文简称，肯尼亚标轨铁路由中交集团总承包，中国路桥承建。工程于2014年9月开工，2017年5月31日建成通车。报道显示，截至2019年8月31日，蒙内铁路持续安全运营，累计运送旅客340万人次，平均上座率达96.4%，累计运送货物312万余吨。蒙内铁路是中国与肯尼亚合作建设的最大规模的基础设施工程，以蒙内铁路为基础的肯尼亚乃至东非铁路网仍在不断延长。蒙内铁路成功运行，成为中肯友谊的象征，也是双方共建"一带一路"倡议的标杆。① 同时，蒙内铁路项目也备受媒体瞩目，并由此产生大量关于肯尼亚国内治理、国家债务、中非关系等方面的讨论。

关键词"总统"出现次数较多，是因为在2019年4月底肯尼亚总统肯雅塔访华时，曾在肯尼亚国内掀起较大舆论关注，随后当地又有传言称肯雅塔总统在访华后"失踪"，当地网友在社交网络上发起"寻找总统"话题，并经美国有线电视新闻网（CNN）报道后引起国际社会关注。② 关键词"飞机"出现次数较多，则是由2019年3月10日埃塞俄比亚航空公司客机失事事件引起的，一架波音737飞机在从亚的斯亚贝巴飞往肯尼亚首都内罗毕的途中坠毁，机上157人全部遇难。失事客机上的乘客来自35个国家，包括8名中国人，这引发国际社会的广泛关注。③

---

① 《王毅会见肯尼亚外长：蒙内铁路是双方共建"一带一路"的标杆》，中国新闻网，2020年1月11日，http://www.chinanews.com/gn/2020/01-11/9057070.shtml。

② "Uhuru Kenyatta Not Missing, Fine and Busy Working, Says State House," （May 13, 2019），https://www.nation.co.ke/news/politics/Uhuru-Kenyatta-not-missing-busy-working-Kanze-Dena/1064-5112388-435gc7/index.html.

③ "Kenya the Worst Hit in Ethiopian Airplane Tragedy," （May 11, 2019），https://www.nation.co.ke/news/Retracing-final-moments-of-ill-fated-flight-ET302/1056-5018602-fds5hsz/index.html.

（二）《民族日报》涉华报道主要领域

根据《民族日报》涉华报道的全文内容，按照经济、政治、社会、体育、军事、科技、农业、教育、医疗 9 个领域进行分类，统计发现《民族日报》2019 年涉华报道主要集中在经济领域，相关报道数多达 116 篇，占报道总数的 61%。其次是 38 篇政治类报道，占报道总数的 20%。社会、体育、军事、科技等类别的报道数量相对较少（见图 1）。这显示出《民族日报》对中国的关注主要集中在经济和政治领域。

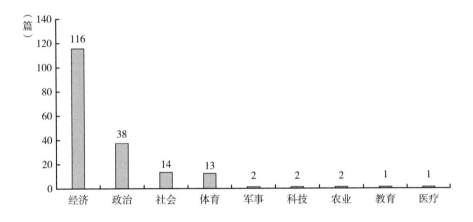

图 1　《民族日报》涉华报道各类别数量

资料来源：根据《民族日报》报道整理而成。

在经济领域的报道中，报道内容主要集中在基础设施建设、进出口贸易、国家债务、农业经济等方面。中国在非洲的基础设施建设是报道数量最多的议题，共有 48 篇。在中非合作论坛的成立及"一带一路"倡议的推动下，基础设施建设成为中非合作的重要领域。而公路、铁路、住房、医院、大坝等基础设施建设项目不仅投资数额巨大、建设周期长，而且与所在国家的经济与民生发展息息相关，背后涉及国家债务、政府治理、党派竞争、民生就业、环境保护等诸多问题。进出口贸易也是涉华报道经济领域的重要议题。《民族日报》2019 年对中肯在农

牧业(鳄梨①、驴皮②、罗非鱼③)、能源、制造业等进出口贸易方面也展开了大量报道,这既体现了中非经贸合作的深入和广泛,也反映出非洲制造业的快速发展。

(三)《民族日报》涉华报道情感倾向

本文将正面情感倾向界定为报道内容对中国国家形象有积极促进作用,例如,对中非合作、中国在国际发展中的贡献以及对中国经济社会发展和科技进步等方面的积极报道。负面情感倾向是指报道内容对中国在非形象有破坏作用,例如,对中非合作的消极观点、对中国在非影响的负面解读以及对中国国内负面事件的报道,也包括将中国与消极案例进行类比。中性情感倾向是指在报道中无明显情感倾向,对事件进行客观报道以及正反面的双向分析。按照以上规则分类,2019年《民族日报》的189篇涉华报道中负面情感倾向报道达48篇,占25.40%,正面情感倾向报道为46篇,占24.34%,中性情感倾向报道数量最多,为95篇,占50.26%(见表2)。

从数量上看,《民族日报》2019年涉华报道的情感分布较为平均,但是负面报道在传播和影响上比正面报道更为广泛。实际上,《民族日报》2019年涉华报道中当地民众的对华印象可能较为消极。同时也应注意到正面报道的数量相对负面报道相差无几,说明对中非合作的积极报道和评价仍然有较为广泛的社会接受度。

---

① "China Institutes Tough Rules for Avocado Farmers," (May 17, 2019), https://www.nation. co. ke/news/China – institutes – tough – rules – for – avocado – farmers/1056 – 5120660 – 88ffcg/index. html.

② "Residents Decry Growing Chinese Demand for Their Donkeys' skins," (Nov 22, 2019), https://www. nation. co. ke/counties/turkana/Residents – demand – closure – donkey – abattoir/1183330 – 5358066 – kb3hxez/index. html.

③ "Kenya Lifts China Fish Ban to Boost Supply," (Feb 17, 2019), https://www. nation. co. ke/business/Kenya – lifts – China – fish – ban – to – boost – supply/996 – 4986328 – cvnjw3/index. html.

表2 《民族日报》涉华各领域报道情感倾向分布

单位：篇，%

情感倾向	教育	经济	军事	科技	农业	社会	体育	医疗	政治	报道总数	百分比
负面	0	35	0	0	1	5	0	0	7	48	25.40
正面	1	30	0	1	0	4	0	0	10	46	24.34
中性	0	51	2	1	1	4	13	1	22	95	50.26
总计	1	116	2	2	2	13	13	1	38	189	100

资料来源：根据《民族日报》报道整理而成。

数据显示，从各领域报道的情感倾向来看，经济、社会、农业类负面报道数量多于正面报道数量，政治、教育、科技类正面报道数量多于负面报道数量。通过对原文的具体分析来看，数量最多的经济类报道中的负面报道主要集中在基础设施建设涉及的政治问题、假冒伪劣商品、本地产品保护等议题。例如《灌溉委员会制造了新的190亿希特大坝丑闻》[①]、《假货使纳税人每年损失80亿先令》[②]、《肯尼亚：中国的税收削减给本地制造商的魔咒》[③]等，正面报道主要集中在基础设施建设带来的经济改善、中国对非投资以及科技和教育进步等议题，例如《不用担心债务，中国的科技将缩小非洲的能源差距》[④]、《肯尼亚的矿产资源可能使数百万人摆脱贫困》[⑤]、《尽管存在瓶颈，但这仍然是非洲世纪》等。

[①] "Irrigation Board Creates New Sh19bn Dam Scandal," (May 10, 2019), https://www.nation.co.ke/news/Irrigation－board－creates－new－Sh19bn－dam－scandal/1056－5110110－3enajlz/index.html.

[②] "Fakes Cost Taxpayers Sh8bn Annually," (Dec13, 2019), https://www.nation.co.ke/business/Counterfeits－cost－taxpayers－Sh8b/996－5384006－oeilttz/index.html.

[③] "China's Tax Cuts Spell Doom for Local Manufacturers," (Jan13, 2019), https://www.nation.co.ke/business/China－s－tax－cuts－spell－doom－for－local－manufacturers－/996－4933158－b7q0u9/index.html.

[④] "Debt Fears Aside, China's Tech will Close Africa's Energy Gap," *NATION* (Dec14, 2019), https://www.nation.co.ke/oped/opinion/China－tech－will－close－Africa－energy－gap/440808－5386056－62sybcz/index.html.

[⑤] "Kenya's Mineral Resources could Pull Millions Out of Poverty," *NATION* (Jun24, 2019), https://www.nation.co.ke/oped/blogs/dot9/ndemo/2274486－5169428－990fwj/index.html.

（四）《民族日报》涉华报道的纵向对比

从 2019 年《民族日报》涉华报道来看，整体上中国在非舆论态势较为平稳，中国形象较为积极。基础设施建设、进出口贸易、中非关系、政府治理等议题是媒体关注的重点，报道情感倾向上偏中性，中非合作也得到了媒体和民众的认可和支持。2018 年在非洲曾引起巨大舆论反响的"网络言论引起的种族主义"①、"斯里兰卡港口引起的基础设施主权危机"②、"SGR 票务丑闻引起的腐败受贿"③、"项目施工中习惯差异引起的劳工纠纷"④、"央视春晚的节目风波"⑤ 等多起严重舆情事件，对中国在非洲的国家形象造成负面影响。2019 年较少出现类似事件，而且对中国在非基础设施的效果评估、中国制造与非洲制造之间的竞合关系、中非关系与美俄等多方关系的复杂变化等新议题逐渐成为媒体关注的重点。

非洲媒体涉华报道中的中国形象不仅随着中非关系和中非合作的发展而变化，也受国际关系中其他国家势力的影响。非洲媒体的涉华报道反映了中国在非洲的形象，是中非关系的晴雨表，甚至在一定程度上影响非洲的政治和经济动态。因此唯有准确研判非洲涉华舆情，分析中非关系的内外部变化，加强讲好中非合作故事的能力，才能树立积极正面的中国在非形象、维护中非合作健康发展。

---

① "Kenya Deports Chinese Man in Racist Rant Video," *NATION* (Sept6, 2018), https：//www. nation. co. ke/news/Kenya – deports – Chinese – man/1056 – 4747002 – twhbytz/index. html.

② "Kenya Must Avoid China Debt Trap or Fall into Sri Lanka Pit," *NATION* (May8, 2018), https：//www. nation. co. ke/oped/opinion/Kenya – must – avoid – China – debt – trap – or – fall – into – Sri – Lanka – pit/440808 – 4551200 – kv7y59/index. html.

③ "Three Chinese Deny Offering Sh500000 Bribe in SGR Probe," *NATION* (Nov26, 2018), https：//www. nation. co. ke/news/Chinese – deny – offering – bribe – in – SGR – probe/1056 – 4869640 – x56plwz/index. html.

④ "Senators Now Probe SGR Racism Claims," *NATION* (Aug9, 2018), https：//www. nation. co. ke/news/Senators – now – probe – SGR – racism – claims/1056 – 4706062 – f9vl3n/index. html.

⑤ "China 'blackface' skit on SGR Raises Racism Storm, Elvis Ondieki," *NATION* (Feb17, 2018), https：//nation. africa/kenya/news/africa/china – blackface – skit – on – sgr – raise s – racis m – storm – 14206.

二 《民族日报》2019年涉华报道主要议题

议程设置理论认为，媒体对某一事件的突出报道，能够把它变成公众关注的话题。在今天这样一个全球传播时代，全球传播体系中的优先议题也会成为国内公众关注的优先议题。[①]《民族日报》报道同样可以对涉华事件进行议程设置，引起当地民众对某些事件的关注，影响非洲民众对中国的整体印象。统计发现，《民族日报》2019年涉华报道主要关注基础设施建设、进出口贸易、中非关系等主要议题，且同一主题下也存在多种不同的观点和态度。

（一）基础设施建设

基础设施建设一直是非洲媒体与民众关注的重点。对基础设施建设的讨论主要有以下几方面。一是所有权问题，基础设施建设完成后，所有权归属当地政府，但因为建设资金多由政府借债或外方投资，若政府无力偿还债务，那么基础设施建设所有权是否会移交给债权方或投资方？二是政府治理问题，基础设施项目需要政府、银行、施工单位等多方合作，在合作过程中是否会存在腐败、不透明协议等问题？三是持续运营问题，基础设施建设投资规模较大，后期运营同样需要大量的人力物力，那么，在建成后国家如何掌握足够的技术和管理经验来维持项目运营？四是民生和就业问题，基础设施建设对当地的经济发展有促进作用，一定程度上改善当地居民的生活条件和缓解就业难问题。但由于部分非洲地区社会构成比较复杂，基础设施建设是否会改变原有社会秩序？

值得注意的是，比较《民族日报》近年涉华报道，不难发现随着大量基础设施项目的完工，其对非洲经济的促进作用也在逐渐显现，因债务担忧

---

① 蒋忠波、邓若伊：《国外新媒体环境下的议程设置研究》，《国际新闻界》2010年第6期，第39~45页。

引起的所有权问题的讨论逐渐减少，对政府治理、持续运营、民生就业的关注逐渐增加，新的议题正在产生。

（二）中肯关系与国际关系

2019 年肯雅塔总统访华、中美贸易摩擦、肯尼亚竞选联合国安理会成员国、首届俄非合作论坛等事件让中肯关系和中－非－美－俄四边关系获得大量关注。近年来，肯尼亚政治稳定，经济和社会发展也稳步前进，社会舆论逐渐认同国家并对发展前景持积极乐观态度。《民族日报》也表现出这种积极态度，对中肯关系和国际形势的报道体现出较为强烈的民族自信心。

一是在中美贸易摩擦中保持着相对客观和中立的态度。2019 年 12 月 23 日，《民族日报》发表一篇内罗毕大学商学院教授的文章《西方激增的保守主义转向对非洲的影响》①，文章指出"像中国和印度这样的新超级大国将崛起，结成全球同盟并填补空缺，试图为其商品和服务创造更大的市场……非洲必须与他们建立伙伴关系，以提升在维护粮食安全、创造就业机会、提升新兴技术方面的能力，并为国家谋求可持续发展的机遇"，这表达了非洲对世界新秩序的接受以及对自身独立发展的期许。

二是对肯尼亚和非洲在国际关系中的地位有更高期待。2019 年肯尼亚竞选联合国安理会成员国，并成为联合国安理会在非洲的唯一提名国。这在很大程度上提升了肯尼亚民众的民族自信心和国家认同感，《民族日报》发表《肯尼亚在联合国安理会推动团结》②、《肯尼亚开始早期竞选以赢得联合国安理会席位》③ 等多篇文章，并援引一位外交官员的发言，"我

---

① "What the West's Upsurge Conservative turn Portends for Africa," *NATION* (Dec 23, 2019), https：//www. nation. co. ke/oped/blogs/dot9/ndemo/What－West－upsurge－conservative－turn－portends－for－Africa/2274486－5395588－3eu7ioz/index. html.

② "Kenya Vows to Push for Unity at UN Security Council," *NATION* (Aug 25, 2019), https：//www. nation. co. ke/news/Kenya－vows－to－push－for－unity－at－UN－Security－Council/1056－5249052－arqdb5/index. html.

③ "Kenya begins Early Campaign in Bid to Win Seat on UN Security Council," *NATION* (Apr 21, 2019), https：//www. nation. co. ke/news/Kenya－begins－early－campaign－for－UN－－Security－Council－seat/1056－5081808－a3xw30/index. html.

们是非洲的候选人，我们将提出关于每个人利益的议程"。另外，俄罗斯对非洲的关注和行动为非洲地区的国际关系带来许多新变化。2019 年 10 月，首届"俄罗斯－非洲"峰会和俄非经贸论坛在俄罗斯索契召开，非洲 43 个国家的领导人出席会议，俄罗斯总统普京出席并讲话。《民族日报》报道称"莫斯科渴望恢复与非洲国家的旧苏联关系，因为莫斯科将自己看作是公认的'自私自利'的殖民大国的替代品……俄罗斯总统弗拉基米尔·普京似乎对非洲怀有新的抱负，希望恢复该国的强国地位"①。《民族日报》在相关报道中虽提及中国，但没有对中非俄之间的关系进行详细阐释。随着俄罗斯与非洲合作的逐渐加深，中国与非洲传统深厚的合作友谊、新时代中俄全面战略协作伙伴关系等议题将会引起非洲媒体更多的关注。

三 对提升中国在非形象建设的反思和建议

从《民族日报》2019 年涉华报道来看，中国国家形象仍然较为正面，中国在非舆论态势较为平稳，但也存在报道领域较为集中、对非传播内容质量较低、涉非人才培养效率不高、形象塑造较为被动等问题。

（一）在非表现的形象不够立体，应从多角度构建国家形象

非洲媒体涉华报道仍主要集中在经济领域和政治领域，对中国的社会发展、人文环境、体育娱乐等领域报道较少，使中国在非洲的形象不够全面立体，非洲民众对中国的认知逐渐固化。这一问题的产生一方面是因为，近年来非洲经济发展迅速，经济问题成为当前非洲民众关注的重点，对经济领域的报道容易吸引更多的社会关注。另一方面，中非政治合作是经济合作的基础，很多中非合作项目的承建方是政府部门和国

---

① "Russia's Vladimir Putin Woos Kenya with Military Kit and Energy," *NATION*（Oct 26，2019），https：//www. nation. co. ke/news/Putin－woos－Kenya－with－military－kit－－and－energy/1056－5325626－yf6b73/index. html.

有企业，因此在报道经济新闻时常以政治因素作为重要依据。同时相比对非洲影响较深的欧美国家和印度，中非在文化、体育、娱乐等领域的合作成果较少，影响力也远不及经济和政治领域的合作。因此，中国在非国家形象不够立体丰富，媒体容易使用固定的报道框架，民众会对中国产生单一的刻板印象。

应尝试引导在非构建多元化的中国形象，从政治、经济、文化等多层次出发讲好中非合作故事，让中国在非洲的国家形象更加丰富。政治方面，讲好非洲人民普遍关注的腐败治理、扶贫减贫、民生福祉等故事，树立良好的中国政府形象；经济方面，讲好有关基础设施建设、债务问题的故事，强调中非经济合作对当地经济发展和居民收入的促进作用；文化方面，加强中非文化产业合作，尤其是体育和娱乐产业，让中国优秀的文化故事走进非洲，让非洲人民更加了解中国文化。

（二）对非传播能力仍显不足，需要提升传播内容的质量

目前，中国对非传播能力仍然不足。一方面，中国对非传播格局还需完善，传播力度不均衡，尤其需要加强在政治和民生领域的传播。另一方面，部分西方国家觊觎中非合作成果，不断歪曲中非合作、抹黑中国形象，制造"新殖民主义"和"债务陷阱"等论调来阻碍中非关系健康发展。另外，一些非洲媒体、智库受到影响，不时发出的质疑声音也让双方在沟通上存在偏差，为中国在非国家形象的积极树立带来较大挑战。

从中西方在非传播影响的对比来看，中国对非传播能力的不足不在于欠缺传播渠道和技术，而在于缺少在非传播的优质内容。经过多年发展，中国已经在非洲建立起以国家媒体为核心、民间团体积极参与的传播平台和渠道。近年来抖音、快手等新媒体平台成功拓展到海外经营，为中国在非洲的国家形象建设搭建了有力的支撑平台。但是与这些日益完善的硬件基础相比，我们还缺少能让非洲人民喜闻乐见的传播内容。因此，我们亟须加深对非洲文化和社会动态的了解，以符合非洲人民文化习惯的方式讲好中非合作故事，引导非洲社会舆论。

（三）欠缺涉非专业人才，应加强人才培养

中非合作论坛成立以来，双边经贸往来日益频繁，对政治、传媒、工程、通信等领域专业人才的需求也越来越多。但长期以来，涉非专业人才的培养速度一直难以与中非合作的快速发展相匹配，这阻碍了中国在非传播能力的提升和国家形象的树立。这背后有着多重原因，一方面，非洲文化复杂，中非在语言、文化方面有较大差异，难以高效率、大规模地培养出与涉非岗位相匹配的人才，也缺少系统的涉非人才培养体系。另一方面，中国企事业单位涉非岗位的人才流失率较高，对非洲本地员工的聘用管理和能力培养的经验也较为欠缺。这不仅表现为用人单位的涉非工作人力成本居高不下、在非项目的属地化管理落地缓慢，也体现在很难增强涉非工作人员的常驻意愿。此类问题在新闻采编、基础设施运营、汉语国际教育等长期合作项目中体现明显。

长期来看，中国在非洲的国家形象建设，需要中国涉非专业人才培养体系的支持。因此，应加快中国涉非人才培养体系的建设，一方面完善涉非人才培养的教育方式，增加相关教育的培育机构和招生渠道，编写系统的涉非教育教材，减少涉非人才培养的成本和时间。另一方面在各类驻非机构招聘人才时，增加涉非人才招聘渠道，以专项计划、联合培养等方式促进培养单位与用人机构之间的合作。此外，还要落实驻非人员回国后的就业和社会保障，增强专业人才驻非意愿，为中国在非洲的国家形象建设提供人才支持。

（四）非洲研究的基础薄弱，要提升研究能力，把握话语主权

中非合作论坛成立以来，中非关系迈入新时代，这对中国对非战略实施提出了更高的要求。但中国对非基础研究开展得较晚，已有研究实力与中国日益增长的对非合作需求并不匹配，对非洲历史、文化、经济等方面的研究仍然不够深入。加强对非洲的基础研究，不仅能够加深中非的相互了解程度，也能使中国在中非合作中把握话语主动权，在理论概念、思想潮流、媒体议程等方面掌握主动。

比 较 篇

Comparison Reports

B.13

中国公众眼中的美国形象[*]

王 昀　杨寒情[**]

摘　要： 伴随美国政府近年来对华政策的深刻调整，中美关系进入新
的历史转折点。基于华中科技大学国家传播战略研究院"寰
球民意指数（2020）"调研数据，本研究从中国公众对美国
的基本认知、社会文化交流认知以及热点议题认知三个维度
探讨了中国公众对美国的国情、政治人物、国际地位、大国
关系等方面的看法和评价，较为客观地勾勒出中国人眼中的
美国形象。研究发现，中国公众对于美国综合国力持有积极

[*] 本文系国家社会科学基金重大项目"人类命运共同体视阈下中国国家形象在西方主流媒体的
百年传播研究"（项目编号：19ZDA322）的阶段性研究成果，受中共湖北省委宣传部与华中
科技大学部校共建新闻学院项目（项目编号：2020E08）资助。
[**] 王昀，华中科技大学国家传播战略研究院研究员，华中科技大学新闻与信息传播学院副教授、
硕士研究生导师，研究方向为政治传播、媒介生产；杨寒情，华中科技大学新闻与信息传播
学院硕士研究生，研究方向为政治传播、媒介生产。

的态度，认为美国在政治、经济、军事与科技领域仍然处于世界前列；受访者强烈感受到中美关系对于世界格局的重要影响，认为未来中美经济贸易摩擦的可能性增强；对美国总统特朗普的评价，中国公众总体持消极态度；在中国面向大国复兴的成长进程中，美国是对中国威胁最大的国家。

关键词： 中美关系　国家形象　中国公众

一　研究背景

中美两国是当前国际政治经济秩序中举足轻重的两股力量。随着全球化进程深入、国际秩序加速演变，中美关系的走向无疑会超越双边关系范畴，对全球格局产生重要影响。近年来，中国的全球领导力持续增强，"一带一路"倡议的提出、人类命运共同体的构建向世界人民展示了特色中国的国家形象。2019年，美国盖洛普咨询有限公司（Gallup）曾发布调查数据，来自全球133个国家的受访者对美国、中国、德国、俄罗斯等国世界领导地位的认可程度发表了看法，民调结果显示，中国排名仅低于德国位列第二，支持率为34%，是十年来比重最高的一年；美国居第四位，支持率为31%，海外形象有了急剧下滑的趋势。报告认为，"中国的领导地位在大国竞争中获得了更大的优势"。[①]

美国作为当今世界唯一的超级大国，其内外政策特别是全球战略的调整势必对大国关系、全球经济乃至世界秩序产生不容忽视的影响。在中美力量急剧变化的大背景下，美国对华政策也正在发生改变。自特朗普总统上台以后，受国内民粹主义浪潮的影响，中美战略博弈在经济、政治、安全等领域

---

① 王露露编译：《中国领先！盖洛普民调：美国全球领导地位认可度持续滑落》，参考消息网，2019年3月1日，http://www.cankaoxiaoxi.com/china/20190301/2373319.shtml。

全面展开。2018年3月22日，特朗普签署总统备忘录，宣称依据"301调查"结果，将对从中国进口的商品大规模征收关税，并限制中国企业对美投资并购，引起中美贸易摩擦；2020年上半年，新冠肺炎疫情在全球范围蔓延，美国一些政客、媒体借助疫情，刻意传播"抹黑中国"的有关议题。美国对中国严加防范和竭力打压，打破了长期以来中美既竞争又合作的关系模式。

中美关系是中国最重要的对外关系之一，特朗普政权下的中美关系正处于瞬息万变的"关键路口"。① 中国公众对于美国的了解和认知对中美关系的发展和未来走向具有重要意义。在愈来愈开放的中国社会结构之下，国内公众越来越关注国际时事与全球事务。② 习近平总书记指出，"在当今世界深刻复杂变化、中国同世界的联系和互动空前紧密的情况下，我们更要密切关注国际形势发展变化，统筹好国内国际两个大局，在时代前进潮流中把握主动、赢得发展。"③ 面对新时期外部环境的种种变化，中国公众如何了解美国形象？本报告试图从不同方面呈现中国公众对美国的看法以及对两国文化交往现状的认识，从而为了解当前中美关系的民意基础、制定合理的对外传播策略提供经验依据。

二 研究设计

国家形象是社会公众对一个国家的印象、看法和评价的综合反映。因此，个人对国家的形象认知取决于多个方面。首先，本文考察了中国公众对美国以及中美关系的基本认知，包括中美两国国力、美国全球影响力，以及中美关系定位等方面的印象。其次，我们调查了中国人对中美文化交流的认知情况，即他们对美国的印象、对美国的感兴趣程度以及接触美国社会文化

---

① 郝薇薇：《惟其勇毅笃行，方显英雄本色》，《新华每日电讯》2019年8月3日，第1版。
② 华中科技大学国家传播战略研究院：《中国公众的世界观念调查报告（2017~2018）》，《人民论坛·学术前沿》2019年第9期。
③ 孙业礼：《观大势，谋全局——习近平总书记系列重要讲话蕴含的一条重要思想和工作方法》，《党的文献》2017年第1期。

的情况。最后，我们探讨了中国公众对有关美国和中美关系的不同热点议题
的看法和态度。

本报告的数据来源于华中科技大学国家传播战略研究院"寰球民意指
数（2020）"。该调查采用线上方式进行，调查对象是全中国成年网民，由
北京零点指标信息咨询有限责任公司具体实施。该公司在线调查样本库拥有
超过 500 万人次的注册用户，样本库通过验证 IP 地址和手机号码等方式实
现唯一管理，避免出现同一用户重复注册的情况。用户注册完成后，需要详
细填写 27 项个人基本信息，包括年龄、性别、城市和受教育水平等。调查
过程中，执行人员按照项目要求的年龄、性别、学历等条件在样本库中抽
样，然后对样本用户发出邀请。邀请方式包括发送邮件等。针对受访者提供
的调查数据，执行人员会对其答案进行诚信度评价，并通过注册信息对比以
及作答时间验证等方式进行质量控制，从而保证样本有效性。

调查共邀请 4973 名受访者，正式作答完毕并有效回收的样本共 2501
份，具体信息如表 1 所示。①

表 1　本研究受访者的样本数据结构

单位：份，%

变量	样本数量	占比
性别		
男性	1302	52.1
女性	1199	47.9
年龄		
18～29 岁	805	32.2
30～39 岁	749	29.9
40～49 岁	549	22.0
50～59 岁	203	8.1
60 岁及以上	195	7.8

---

① 本书 B. 14 "中国公众眼中的欧洲国家形象" 与 B. 15 "中国公众眼中的邻国形象"也采用
　同样的研究设计与方法，因此在另两篇报告中不再赘述研究设计与方法。

续表

变量	样本数量	占比
学历		
小学及以下	38	1.5
初中	444	17.8
中专/高中/技校	1138	45.5
大专/大学肄业/本科学生	450	18.0
本科毕业	402	16.1
研究生及以上	29	1.1
职业/工作状态*		
全职	1710	68.4
兼职	144	5.8
待业正找工作中	162	6.5
待业没有找工作的打算	47	1.9
退休	163	6.5
学生	217	8.7
因身心障碍失去工作能力	11	0.4
居住地		
地级城市	585	23.4
县级市或县城	407	16.3
乡镇或乡村	176	7.0
直辖市或省会城市	1333	53.3

　　＊因受访者存在拒答现有职业/工作状态的情况（N＝47），此题项实际作答数与总体有效样本存在出入。故占比加总不到100%。

　　资料来源：华中科技大学国家传播战略研究院"寰球民意指数（2020）"。

三　调查结果

　　调查结果主要包含三部分，中国受访者对美国的基本认知、社会文化交流认知以及热点议题认知。首先，基本认知涉及对美国政治、经济、军事、科技等方面的了解程度和中美关系性质的评价。其次，社会文化交流认知基于特定的背景，受访者在两国文化交往中的感受以及自身对文化输出的态度。最后，通过了解受访者对热点议题的回应，勾勒出较为客观的美国形象。

（一）中国公众对美国及中美关系的基本认知

中美两国一直有着很顺畅的交流，自 2016 年特朗普执政以来，两国间出现不少风波。那么现在中国人对美国的认知情况究竟如何？中国人对美国的了解渠道有哪些？在他们心中，美国有着怎样的标签？基于此，本文首先用开放式的问题来提问受访者：（1）您认为哪些国家在国际事务中发挥重要影响？（2）您认为哪些国家的经济发达？（3）您认为哪些国家的军事力量强大？（4）您认为哪些国家的科技发达？根据上述问题的回答，若受访者提及美国，则表明他们认为美国各方面实力较强。其次，在受访者的印象中，中美两国的综合实力对比情况是怎样的？该题选项为"中国已超越美国、中国将会超越美国、中国不会超越美国、说不清"，对这一问题的回答也能反映出受访者对于当前美国综合国力的基本认知。

数据显示，有 75.4% 的受访者认为美国的国际影响力较强，位居第二，仅次于中国。在 77.4% 的中国人眼中，美国的经济发达，和中国不相上下，且远超德国、俄罗斯和日本。在军事方面，有 70.6% 的受访者认为美国军事力量强大，排名位居第二，紧随其后的是俄罗斯、德国和英国。美国的科技发达，位居榜首，中国紧随其后（见表2）。在中美两国综合实力对比中，有31.1%的受访者认为中国的政治制度已经超越美国，有50%以上的公众认为中国将会在经济实力、军事力量和科技水平方面超越美国（见表3）。

中美差距在日益缩小，这种良好的发展趋势给予中国公众更多自信。调查结果表明，在中国人眼中，美国是一个综合实力强大的国家，有着领先大国的形象，科技方面略强于中国，而中国在国际影响力、经济、军事方面发挥着强有力的作用。与此同时，几乎一半的受访者认为俄罗斯在军事和国际影响力方面的实力也不可忽视。

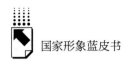
表2　中国公众心中的美国现状

单位：%

国家排名	国际影响力	经济发达	军事力量强大	科技发达
1	中国(82.2)	中国(77.6)	中国(75.4)	美国(72.1)
2	美国(75.4)	美国(77.4)	美国(70.6)	中国(69.9)
3	俄罗斯(52.5)	德国(34.3)	俄罗斯(48.4)	德国(42.2)
4	英国(34.5)	俄罗斯(29.8)	德国(24.0)	日本(37.6)
5	德国(33.3)	日本(29.2)	英国(18.7)	俄罗斯(28.7)

资料来源：华中科技大学国家传播战略研究院"寰球民意指数（2020）"。

表3　中国公众心中的中美政治/经济/军事/科技对比

单位：%

中美比较	政治制度	经济实力	军事力量	科技水平
中国已超越美国	31.1	18.6	24.8	19.8
中国将会超越美国	46.3	63.9	53.7	59.3
中国不会超越美国	12.6	11.8	13.1	13.6
说不清	10.0	5.7	8.4	7.3

资料来源：华中科技大学国家传播战略研究院"寰球民意指数（2020）"。

　　在对两国国力判断的基础上，中国公众如何评价中美关系在世界舞台上的地位？依据调查结果，有超过90%的受访者倾向于认可中美关系对于世界格局的重要性，且50.9%的受访者认为"很重要"，仅有3.9%的受访者认为中美关系对世界格局的重要性不高（见图1）。

　　那么，中国公众如何评估中美关系性质？如图2所示，我们将其划分为竞争关系、竞争与伙伴关系以及伙伴关系，并将日本、俄罗斯和德国三个国家纳入横向比较范畴。从图2可以看出，41.5%的受访者认为中美处于竞争关系，34.4%的受访者认为中美之间竞争与伙伴关系并存，认为中美之间是伙伴关系的受访者占比只有13.2%。除此之外，有34.7%的受访者在提到中国的竞争对手（即竞争关系）时选择日本，选择俄罗斯的比重则仅有4.6%。较多受访者将中国和德国视为竞争与伙伴关系并存。相比之

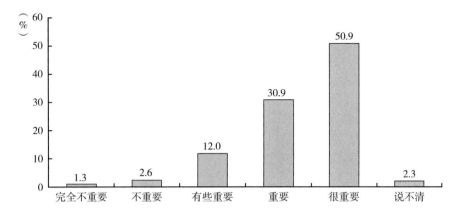

图1 中国公众眼中"中美关系对于世界格局的影响"

资料来源：华中科技大学国家传播战略研究院"寰球民意指数（2020）"。

下，受访者对俄罗斯的友好度更高，美国和日本则更多地被视为中国的竞争对手。

自美国总统特朗普执政以来，中美两国关系急剧变化，给国际秩序带来很大影响，在此背景下，中国公众更加关注中美关系的未来走向。数据显示，有80.3%的受访者认为"两国关系对世界的影响越来越大"，有73.1%的受访者认为"两国经济贸易摩擦的可能性增强"，仅有4.3%的受访者持否定态度，这说明特朗普政府对中国的经济贸易抵制极大地降低了当前中国公众对美国的信任。同时，有59.5%的受访者认为"两国经济存在越来越多的依赖性"，认同未来"两国文化交流更加频繁"这一观点的受访者占比高达68.6%。可见，中国公众对中美关系在不同领域的发展趋势存在多样化的看法（见图3）。在谈及对中国发展威胁最大的国家时，76.4%的受访者选择了美国，还有11.0%的人认为日本也存在威胁，这些数据与当前国际形势相呼应，说明中国公众对中美关系有着比较清晰的定位和认知，也能够认识到全球化进程中中国外交所面临的问题（见图4）。

另外，比较中国公众对中美两国的综合评价，有超过60%的受访者认为两国是"军事强国"，在其他方面差别较大。有74.9%的受访者认为中国是"负责任的国家"，在他们眼中，中国还是"经济增长迅速的国家"

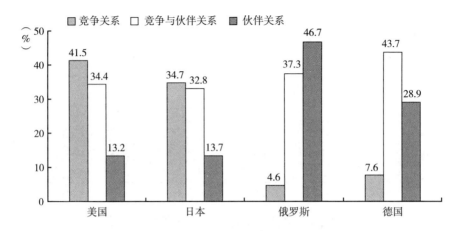

图2 中国公众眼中美日俄德四国与中国之间的关系

资料来源：华中科技大学国家传播战略研究院"寰球民意指数（2020）"。

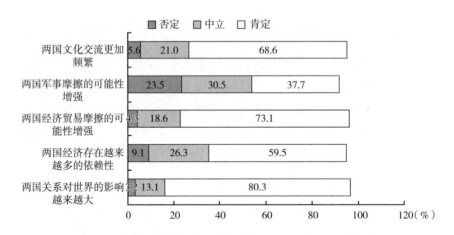

图3 中国公众对美国以及中美关系今后发展趋势的判断

资料来源：华中科技大学国家传播战略研究院"寰球民意指数（2020）"。

（74.8%）、"民主文明的国家"（64.9%）、"现代化的国家"（64.9%）。相比之下，美国最明显的特征是"霸权主义国家"，72.2%的受访者进行了这样的评价。有51.0%的受访者认为美国是一个问题国家，该国腐败、种族矛盾、贫富悬殊等问题较大，同时，也有将近五成的受访者高度认可美国为

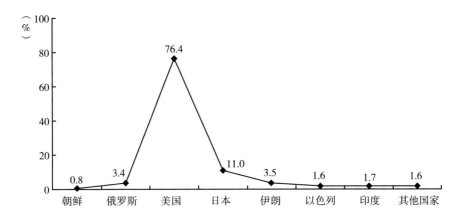

图4　中国公众评估对中国构成最大威胁的国家

资料来源：华中科技大学国家传播战略研究院"寰球民意指数（2020）"。

"现代化的国家"。在绝大多数受访者眼中，美国一直以来没有积极承担大国的责任，认为其为"负责任的国家"的受访者仅有21.5%（见图5）。

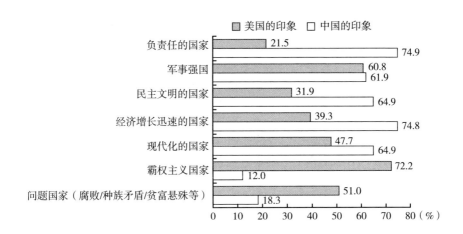

图5　中国公众对中美两国的综合评价

资料来源：华中科技大学国家传播战略研究院"寰球民意指数（2020）"。

综上，研究数据表明，中国公众认为中美两国的综合实力存在较大差异，这一方面源于公众对中国当前发展趋势充满自信，另一方面也展现了美国对华政策转变的影响。一直以来,特朗普政府认为中国是其"核心威胁"。2019 年 6 月 1 日,美国国防部发布首份《印太战略报告》(*Indo-Pacific Strategy Report*),该报告表示,"国家间战略竞争,即自由和压制性世界秩序愿景之间的地缘政治竞争,是美国国家安全的首要担忧"。[①] 特朗普将矛头屡次指向中国,增加了中国公众的不满。

(二)中国公众对中美社会文化交流的认知

2020 年 5 月 28 日,李克强总理在出席记者会时表示,"中美关系几十年来风风雨雨,一方面合作前行,另一方面磕磕绊绊,的确很复杂"。[②] 近年来,中美关系一直是全球关注的议题,中国的快速发展正在撼动美国的世界霸主地位,中美不断出现紧张摩擦的局面。与此同时,中美之间的社会文化交流依然热络,每年有大量的人员往来。那么中国公众是如何看待中美之间的社会文化交流?他们对美国社会的整体印象如何?实际体验美国文化后的感受如何?如何评估美国文化输出对自身的影响?

为进一步了解中国公众对美国的整体印象,以及对中美两国的综合认知,我们采用 1 分(非常差)至 10 分(非常好)的刻度表请受访者为美国的整体印象打分。数据显示,47.1%的受访者评分低于平均分(6.2分),打出 7 分、8 分、9 分的受访者分别为 15.0%、17.4%、12.6%。可见,中国公众对美国的印象分偏低且评价相对消极(见表 4)。另外,国家领袖对于国家形象具有重要的象征意义。当被问到对美国总统特朗普的印象时,受访者评价不一,但从平均分(5.8 分)来看,特朗普在中国公众心中形象较差,评分为 1 分(非常差)的受访者占比 11.9%,评分为 10

---

① 转引自刘得手《"美国优先"加剧了西方的安全忧虑》,《人民论坛·学术前沿》2020 年第 6 期,2020 年 10 月 5 日,https://doi.org/10.16619/j.cnki.rmltxsqy。
② 《外媒关注李克强谈中美关系:"脱钩"对谁都没有好处》,参考消息网,2020 年 5 月 29 日,http://m.cankaoxiaoxi.com/china/20200529/2411741.shtml?ulu-rcmd=0_026fp_rfill_6_9460fae5a28e4f58bb2155da14d5f27a。

分（非常好）的受访者占比只有5.2%，且将近四成的受访者评分低于平均分（见表5）。

表4　中国公众对美国的整体印象打分

评分（分）	1	2	3	4	5	6	7	8	9	10
百分比（%）	7.9	3.2	5.4	7.2	10.4	13.0	15.0	17.4	12.6	6.4
平均分（分）	6.2									

注：选择"不清楚"的占比为1.5%。
资料来源：华中科技大学国家传播战略研究院"寰球民意指数（2020）"。

表5　中国公众对美国总统特朗普的印象打分

评分（分）	1	2	3	4	5	6	7	8	9	10
百分比（%）	11.9	4.7	5.5	7.5	10.0	11.3	14.7	14.9	12.2	5.2
平均分（分）	5.8									

注：选择"不清楚"的占比为2.1%。
资料来源：华中科技大学国家传播战略研究院"寰球民意指数（2020）"。

随着中国走近世界舞台中央，中美两国的文化软实力也被赋予了新的时代内涵，为了更好地了解受访者对中美文化的基本认知，研究立足于当前，提出以下问题：（1）除中国外，您对哪国发生的事情最感兴趣？（2）您曾经去过的国家或地区有哪些？（3）您是否观看过美国影视剧？如果受访者曾经去过美国或观看过美国的影视剧，则说明受访者有过切身体验，对美国的文化认知更客观。根据数据显示，有57.5%的受访者对美国感兴趣，俄罗斯、日本、韩国紧随其后。在中国公众曾去过的国家中，韩国、日本、美国、新加坡居前四位，其中去过美国、日本和韩国的受访者占比均达到或超过13.0%。谈及中国公众是否观看过美国影视剧时，超过80%的受访者表示会收看，其中选择"较多"和"很多"选项的受访者分别占比23.8%、13.3%（见图6、图7、图8）。

美国作为多元文化的中心，是世界人民关注的焦点，中国公众赴美生活或学习已成为常态。数据表明，在中国人眼中，美国是一个充满吸引力的文化大国，受访者对美国的关注持续增长，美国的影视文化也深受公众喜爱。

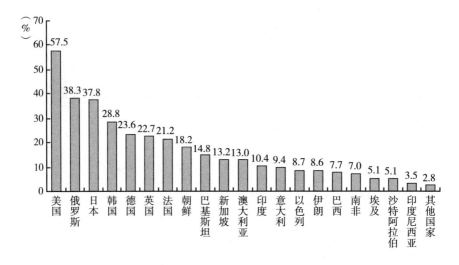

图6　中国公众最感兴趣的国家

资料来源：华中科技大学国家传播战略研究院"寰球民意指数（2020）"。

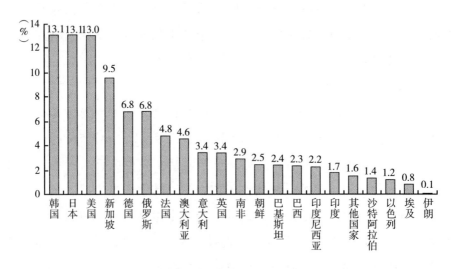

图7　中国公众曾去过的国家

资料来源：华中科技大学国家传播战略研究院"寰球民意指数（2020）"。

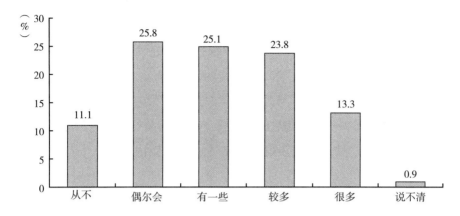

图8 中国公众收看美国影视剧的情况

资料来源：华中科技大学国家传播战略研究院"寰球民意指数（2020）"。

（三）中国公众对中美两国热点议题的认知

近年来，美国对外政策的转变使国际社会出现了一些具有争议的焦点议题。而中美两国关系的起伏变化，也往往围绕一些具体的核心话题或事件展开。那么，中国公众对有关美国社会的不同议题认知状况如何？我们选取了一些具有讨论价值的内容，以此呈现中国公众对美国的看法和评价。

联合国作为维护世界和平与安全的组织，有 5 个常任理事国。在 2019 年的联合国大会期间，俄罗斯外交代表团被美国拒签，于是俄罗斯和伊朗向联合国递交提案，要求将联合国的部分机构从美国撤离。据"美国之音"报道，2019 年 11 月 8 日，联大第一委员会就俄罗斯提出的联合国搬迁草案进行了投票表决，18 国投票赞成、69 国投票反对、72 国投票弃权，最终提案未能通过。本文围绕此事件，通过问题"不少国家建议将联合国总部撤离美国，您同意这个建议吗"，调查中国公众的态度。结果显示，受访者意见较为统一，将近七成的受访者同意联合国总部撤离美国，不同意的受访者仅有 5.6%，意见不明朗的受访者占比 25% 左右。

总而言之，中国公众对中国的基本认知有一个清晰的定位，而对美国的友好度认知呈现一种颇为矛盾的态度，从自身出发，大多数公众对美国感兴趣，但美国与中国处于竞争关系，美国阻挠中国的和平崛起，干涉他国发展，在大国视域下的美国是不太友好的国家。

自2016年以来，美国单方面挑起贸易摩擦，为中美经贸关系发展前景带来前所未有的不确定性。其中，对科技企业华为公司的遏制策略是中美贸易摩擦中具有标志性的重要议题。本文透过"对美国高新技术产业、中国科技创新、中美贸易摩擦、5G技术之争的影响"四个维度，询问受访者如何看待美国对华为的各项制裁措施。数据显示，大部分受访者认为美国针对华为的严厉打击不利于美国自身发展高新技术产业，并且对中国科技发展持有信心，有约63.5%的受访者认为这将"加速中国科技创新的步伐"。同时，中国公众也普遍认为美国对华为的打击乃是基于美国国家利益考虑，意识到中美两国在全球竞争中的现实矛盾。近六成的受访者承认，华为事件"有利于美国争取中美贸易谈判筹码"，"有利于美国在5G技术之争中抢占先机"。

四 讨论与建议

通过观察中国公众对美国的各种认知感受，本研究构建出中国公众眼中的美国形象。如今，全球化进程不断拓展，中国公众的大国观念和国际视野就显得越发重要。自美国总统特朗普执政以来，美国对华战略出现重大转变，这不仅是中美态势急剧变化的结果，也带有鲜明的特朗普个人色彩。在此背景下，了解中国公众对美国的态度和认知是把握中美关系的重要依据。基于上文的数据调查，中国公众对美国的态度是消极谨慎的，这种自我判断和评价在一定程度上影响大国外交关系的构建，本文试图进一步探究中国公众对美国形象认知的影响因素并反思未来中美相处之道以及中国对外形象传播的更多可能性。

基于公众的认知存在着流动与弥新的态势，形象认知命题属于一个自由敞开的多元体系。^① 因此，中国公众对于美国形象的认知取决于诸多因素。其一，中美关系转变，国际形势变化。任何国家的形象构建和呈现都受到国际局势大背景的影响和制约，改革开放 40 多年来，中国的综合国力和国际话语权显著提升，不仅开辟了具有中国特色的外交道路，还在共商共建共享的主张下带领世界共同进步。而此时的美国深受反全球化的民粹主义思潮和政治极端化的影响，在国家安全战略中将中国确定为美国的主要对手，试图竭力遏制中国的和平崛起。这就直接导致了中国公众对这种竞争与博弈形象的认知。其二，媒体的形象建构。现代新闻媒介作为社会信息传播的重要力量，与国际关系存在着不可忽略的联系，对于大多数中国公众来说，媒介是他们获取国际信息并对他国形成认知的重要渠道。尤其是当下社交媒体泛滥，例如"2016 年底在特朗普粉丝中进行的一项民调显示，有高达 92% 的特朗普粉丝根本不看其他的传统主流媒体，即便偶尔读一读《纽约时报》或者看一看 CNN，也绝对不会相信这些媒体上的说法。特朗普把美国的政坛和严肃的政治讨论，变成了他个人品牌最大化的真人秀。"^② 可见，媒体在建构特朗普形象中发挥了关键作用。其三，个体认知框架的选择。那些更关注中美关系或者文化程度高的公众对当今世界经济与政治形势有着更理性清醒的认识，不会轻易受到狭隘的民族主义的影响。

国家形象不仅是综合实力和影响力的呈现，同时也包含着人们对特定国家文化和社会交往的接受、认知和想象。长期以来，中美关系在中国对外关系传播中有着特殊位置。国家形象的建构以及本国公众对他国的认知，也被视作国际传播能力建设的重要参考坐标。基于当下中国公众眼中的美国形象，我们可以进一步探讨其对中国国家形象传播的实践启示。

---

① 徐明华、江可凡：《"自我映射"与形象建构：外交格局调整下公众对国家形象认知的心理形成机制》，《华中科技大学学报》（社会科学版）2019 年第 6 期，第 102～109 页。

② 吴旭：《特朗普的"推特外交"：中国对外传播面临的新挑战》，《对外传播》2017 年第 2 期，第 56～57 页。

（一）立足全球治理新格局，提高讲述中国形象的主体意识

中国的国际影响力不断增强，中外政治、经济和文化交流日益增多，世界人民对中国的了解呈现颇为积极和正面的态势。与此同时，有些西方国家试图以"中国威胁论"来抹黑和歪曲中国形象，这在很大程度上影响着中国和其他国家互信合作机制的建立，也制约了中国外交活动的有效发展空间。为此，习近平总书记在全国宣传思想工作会议上特别强调"展形象"[①]的重要性，即推进国际传播能力建设，向世界展示真实、立体、全面的中国。中国经济社会的成长不仅体现在金融危机之后对发展乏力的世界经济作出的巨大贡献上，而且还以高度负责任的姿态，参与全球气候治理、无核化问题的解决，提出"一带一路"倡议、倡导共建亚洲投资银行，为构建全球新的治理体系提供中国方案。本研究数据显示，中国公众也开始强调中国作为大国的负责任形象。因此，中国要继续在"自塑"与"他塑"中强化立体的形象定位，增强世界人民对中国的全面认知。另外，以习近平新时代中国特色社会主义思想为引领的中国政治制度优势，以及党和政府在实践中向世界传递的新发展理念，均为中国对外传播赋予了独特魅力。从当前现状来看，中国并未获得与其自身的进取努力和取得的成就相对称的评价，中国人对自己国家的认知和外国人对它的看法之间存在着巨大落差，相比较美国的传播力量，中国的国际形象在对外传播时往往比较被动，缺乏主动制造话题的意识。因此，讲好中国故事，要主动发声，在彼此互动中加强印象。

（二）建立多元开放的跨文化交流平台，打造相互融通的对话体系

在对美国形象的认知评价中，大多数受访者表示美国是一个很有吸引力的国家，这种回应折射出国家形象在塑造文化交往中的关键作用。实际上，

---

① 张洋：《举旗帜聚民心育新人兴文化展形象 更好完成新形势下宣传思想工作使命任务》，《人民日报》2018 年 8 月 23 日，第 1 版。

美国就是在军事、经济和政治的保驾护航之下，充分利用包括好莱坞电影业为代表的流行文化来传播美国形象。20 世纪 90 年代以来，日韩等周边国家同样借举国之力推动动漫、影视等文化形式发展与传播，有效地提升了国家形象，并让周边国家青年深入了解日韩文化。① 因此，加强对外交流与传播，需要积极传递中华文化的魅力，从人民日常生活中挖掘、发现和提炼出打动海外受众的生动素材，并加以整理、创新和推广。值得注意的是，中华文化不等同于传统文化，要讲好中国文化故事，不仅需要从话语、逻辑和知识层面实现"去西方化"的表述，还要在坚守中华民族传统历史文化内核的基础上，避免过度传播中国传统历史及其代表元素，要注重对中国现代社会生活的宣传，例如围绕脱贫攻坚、复兴中国梦、全面建成小康社会等话题，汇聚中国理念和特色概念，推动不同文明间合作，关注跨文化对话的多元价值格局和体系。

（三）重视政治人物形象传播，构建具有政策议题影响的对外互动机制

政治人物形象犹如国家名片，对于彰显国家实力，提升国家影响力有重要意义。本研究数据显示，近年来，特朗普政府的执政风格在一定程度上降低了中国公众对美国国家形象的期待，也成为人们判断美国全球影响力起伏的一项显性指标。我们要积极运用主流媒体和融媒体资源，以政治人物形象作为"人格化"媒介，透过具有亲和力的叙事，在国内外媒体平台上继续讲好中国故事，彰显中国的大国风范和深厚的文化底蕴，传递中国声音。与此同时，本研究还发现，人们往往将政治人物及其执政政策联系起来。一些具有影响力的既定政策也在相当程度上影响人们对他国的印象和判断。对外传播应以更广阔的视野，立足于国家对外传播战略高度，尤其围绕中国在全球经济增长中释放的利好政策以及通过"一带一路"倡议、区域全面经济伙伴关系协定（RCEP）等为经济全球化注入活力，掌握在国际舆论格局中

---

① 郑焕钊：《增强讲述中国形象的主体意识》，《中国艺术报》2020 年 11 月 18 日，第 3 版。

的话语权，透过切实有效的政策议题增强对外传播的创造力、感召力、公信力，让对外政策议题的实践行动成为塑造良好国家形象的有效平台。

（四）积极拓展民间外交渠道，加强倡导宣传和实践"人类命运共同体"的中国方案

在高速增长的全球化时代，人类命运从未像今天一样紧密相连。这意味着对外传播不再仅仅是本国文化软实力和话语权的体现，也受到国际多方参与主体的共同对话的影响。如本研究调查数据呈现，中国公众对特朗普政府所主导的美国走向单边主义、保护主义以及美国利益至上等政策具有强烈感受。美国在国际社会的"退群"行为，与中国贡献"共商共建共享"的全球治理智慧形成鲜明对比。近年来，中国公众也越发关注国际热点议题，并逐渐成为新时代政治传播的重要参与力量。在打造国家形象传播策略的过程中，需要进一步纳入国际社会力量，在多方互动中与国际社会建立良好的关系。同时，针对周边国家开展积极的民间外交，着重于民生经济领域的合作，特别要加强对贫困地区、弱势群体的援助。通过坚持走合作开放道路，持续推进多边友好对话，让他国普通民众切实感受到中国经济发展为他国社会带来的福利和温暖，从而生动立体地体现大国风范。

总的来说，国家形象的构建是一个由点到面不断演变的过程。"讲好中国故事、传播好中国声音"需要多元主体的共同协作努力，也需要汲取他国经验和教训。观察近年来中国公众对美国形象的认知和看法，有助于我们以他山之石作为借鉴，重新思考自身的对外传播路径。我们应该意识到，尽管当下中美由于深刻的利益冲突处于令人不安的历史转折点，但在此之中，两国社会仍然能够起到良好的缓冲作用。[①] 反思新时期人们对美国国家形象的看法和观念，有助于我们重新考虑国家形象建构的中国经验，传播和平发展的中国形象，也有助于增进中美两国人民相互信任度，从而推动中美关系朝着协调、合作、稳定的方向发展。

[①] 寿慧生：《中美冲突的本质及前景》，《现代国际关系》2018 年第 6 期。

B.14
中国公众眼中的欧洲国家形象*

陈 薇 管天浩**

摘 要： 欧洲自古以来就是与中国关系密切的"遥远的邻居"，当今中欧双方在国际舞台上的交流与互动对国际社会有着深远影响。基于华中科技大学国家传播战略研究院"寰球民意指数（2020）"调研数据，研究从基本认知、社会文化交流认知以及热点议题认知三个维度探讨了中国公众对德国、法国、意大利、英国等欧洲主要国家的基本认知情况。研究发现，中国公众对于欧洲主要国家态度积极，认为德国、英国、法国在政治、经济、军事与科技领域处于世界大国前列；德国是中国公众最感兴趣的国家之一；多数受访者认可中欧关系的重要性，将中德、中英、中法视为竞争与伙伴关系，对"脱欧"后英国与欧盟对华合作前景充满信心。

关键词： 国家形象 欧洲形象 中欧关系

一 研究背景

作为世界权力格局中的主体，欧洲在国际舞台上始终扮演着重要角色。

---

* 本文系国家社会科学基金重大项目"人类命运共同体视阈下中国国家形象在西方主流媒体的百年传播研究"（项目编号：19ZDA322）的阶段性研究成果，同时受华中科技大学文科双一流建设项目资助。
** 陈薇，华中科技大学国家传播战略研究院副院长，华中科技大学新闻与信息传播学院副教授、博士生导师，研究方向为跨文化传播、国家品牌与国际传播；管天浩，华中科技大学新闻与信息传播学院硕士研究生，研究方向为跨文化传播。

中欧关系是当今世界最重要的外交关系之一，影响着全球政治经济格局。在全球遭受疫情影响的背景下，中国在积极处理内部疫情的同时，逐步形成了行之有效的"中国经验"，也通过国际人道主义救援、医疗支持等方式，向包括意大利、西班牙、塞尔维亚在内的多个欧洲国家提供帮助。欧盟委员会主席冯德莱恩（Ursula von der Leyen）第一时间在社交媒体上感谢中国的支持，① 美国华人政治学者裴敏欣认为，"捐赠医疗物资表明中国是一个有责任担当、慷慨的世界强国"②，很显然，中国在疫情期间的国际援助在一定程度上获得国际社会的认可。尽管如此，当前欧洲社会对中国的态度仍较为复杂且存在着一定膈阂。

欧洲社会对中国形象认知的多元观念基于特定的时代格局和多重因素。中国和欧洲是"遥远的邻居"，作为一种国民态度的集合呈现，中欧民意不仅是东西方跨文化对话的前提，也体现着历史和时代的多重意涵。因此，了解中国公众对欧洲主要国家的认知和评价是推动双方互相了解的重要途径。当前，中国和欧洲都面临疫情造成的经济复苏和社会发展问题，都需要寻找合作的切入口，中国与欧洲的民意互构是破解对话障碍和共谋发展的重要前提。鉴于此，我们认为了解中国公众的欧洲观念、对欧洲国家形象的多维度认知以及对国际事物的认知有重要意义。

本报告聚焦于中国公众眼中的欧洲国家形象。数据来源于华中科技大学国家传播战略研究院在 2019 年 12 月～2020 年 2 月开展的"寰球民意指数（2020）"的调查，此次民调的受访者涉及 13 个国家，本文仅选取针对中国受访者的数据。考虑到欧洲国家众多（43 个国家/1 个地区），调研所有欧洲国家的形象存在较大难度，因此本次民调仅针对欧洲的"传统四大工业强国"与"四大经济体"——德国、法国、英国、意大利（西方称之为

① 冯德莱恩（Ursula von der Leyen）推文，2020 年 3 月 18 日，https：//twitter. com/vonderleyen/status/1240300837068582915，最后访问时间：2020 年 10 月 1 日。

② 裴敏欣：《肺炎疫情：中国"口罩外交"如何重塑"大国形象"》，BBC 中文网，2020 年 3 月 28 日，https：//www. bbc. com/zhongwen/trad/world－52047644，最后访问时间：2020 年 10 月 1 日。

"Big Four"或"EU-4"），本文也据此进行代表性、综合性和针对性的探究。

二 调查结果

（一）中国公众对欧洲国家形象的基本认知

在国家综合实力的评价方面，我们引入了政治、经济、军事和科技四个维度进行测量，有针对性的向受访者提出以下问题："（1）您觉得在当今国际事务当中，哪些国家发挥着重要影响力？（2）您认为哪些国家的经济实力非常强大？（3）您认为在当今，哪些国家的军事力量很强大？（4）您觉得哪些国家的科学技术非常发达？"若受访者勾选了某国，则说明受访者认可了某国在特定领域中的大国地位。

如图1所示，在政治大国方面，就整体情况来看，三成左右的受访者将英国、德国和法国视为政治大国，仅不足一成的受访者认可意大利的政治大国地位。在经济大国评价上，德国认可率为34.3%，超过两成的受访者认可英国与法国的经济大国地位，仅有约一成受访者将意大利视为经济大国。在科技大国评价上，超过四成受访者认为德国是科技大国，两成多的受访者分别将英国和法国视为科技大国，仅7.4%的受访者认可意大利的科技实力。在军事大国评估方面，德国以24.0%的比例位居第一，其次是英国和法国，仅4.7%的受访者认可意大利的军事实力。

综合而言，中国公众对于欧洲主要国家的综合实力认知相对稳定，认为德国、英国、法国等老牌资本主义强国仍是政治、经济、军事、科技领域的多面手。其中，英国在国际舞台上具有一定的政治大国优势；德国的大国优势体现在科技、经济与军事领域，在政治领域的地位稍次之；法国在受访者眼中的政治地位高于其经济、军事与科技地位；意大利在欧洲四国中评分最低。

在中国公众对欧洲主要国家的总体印象评价方面，我们按照衡量国家好

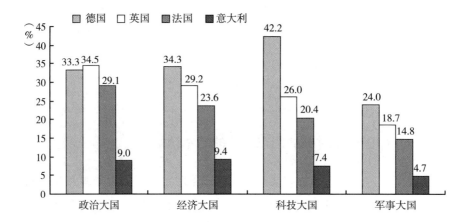

图1 中国公众对欧洲主要国家的综合实力评价

资料来源：华中科技大学国家传播战略研究院"寰球民意指数（2020）"。

感度的"情感温度计"对国家印象进行评分（取值为1~10分，1分代表"非常差"，10分代表"非常好"）。同时，为了更好地呈现中国受访者对欧洲国家形象认知的变化趋势，我们将2019年的数据与前两年（2017年、2018年）的民调数据进行比较分析。

研究发现，2019年中国公众对法国与意大利的评价最高，均为9.20分；德国得分稍微次之；受访者对英国印象的评分稍低（8.70分）。由此可见，中国公众对欧洲主要国家总体印象的评价普遍处于较高认知水平，体现中国公众对传统欧洲强国一以贯之的良好印象。结合前两年的调查数据，发现自2017年以来，中国受访者对欧洲主要国家的情感态度呈逐年上升的积极态势，这表明中国公众对欧洲主要国家持正面印象并抱有良好期待（见图2）。

为了进一步了解中国受访者对欧洲主要国家的感兴趣程度和亲访经历，我们询问了受访者。如图3所示，接近1/4（23.6%）的中国受访者对德国最感兴趣，超过两成的受访者对英国（22.7%）与法国（21.2%）感兴趣，而受访者对意大利（9.4%）的感兴趣程度较低。在本次调查中，亲访经历最多的是德国（6.8%），其次是英国（4.8%），最后是法国和意大利（均

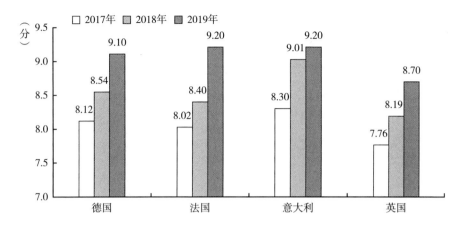

图2 中国公众对欧洲主要国家总体印象的评价（2017～2019年）

资料来源：华中科技大学国家传播战略研究院"寰球民意指数（2020）"。

为3.4%）。总之，在亲访经历方面，仅有不足一成的受访者表示曾经到访过以上四个国家。

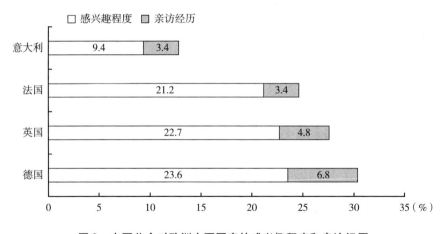

图3 中国公众对欧洲主要国家的感兴趣程度和亲访经历

资料来源：华中科技大学国家传播战略研究院"寰球民意指数（2020）"。

为了进一步了解中国公众对欧洲主要国家未来发展趋势的预测，透过问题"展望未来，到2050年，您觉得哪些国家将成为世界上最强大的国家"来了解受访者对四国发展前景的看法。研究发现，德国因其先进的经济发展理念以及与中国开展深度合作，成为中国公众心目中最可能在2050 年成为世界强国的欧洲国家，15.3% 的中国受访者认为德国将成为世界强国；英国和法国作为联合国安理会的五大常任理事国，拥有较大的国际政治影响力和话语权，在国际事务中扮演重要的角色，因此，认可英国和法国未来大国实力的受访者也接近一成；仅有 3.8% 的受访者认为意大利在 2050 年能够成为世界强国（见图 4）。

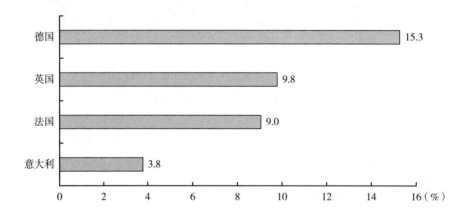

图 4　中国公众对欧洲主要国家未来发展趋势的预测

资料来源：华中科技大学国家传播战略研究院"寰球民意指数（2020）"。

（二）中国公众对中欧关系的认知

2019 年 12 月 1 日，新一届欧盟委员会宣誓就职，国务院总理李克强应约同欧委会新任主席冯德莱恩通电话，这标志着 2020 年"中欧合作大年"的开启①。在此背景下，本研究询问了受访者对中欧关系的总体评价，研究数据显示，超过七成的受访者认可中欧关系的重要性（"很重要"和"重要"），其中，34.4% 的受访者认为中欧关系"很重要"；而认

---

① 《2020 中欧关系的机遇与挑战》，《环球时报》2019 年 12 月 9 日，https：//www. chinca. org/CICA/info/19121009320411，最后访问时间：2020 年 10 月 1 日。

为中欧关系不重要的受访者（"完全不重要"和"不重要"）比例则低于
5%（见图5）。

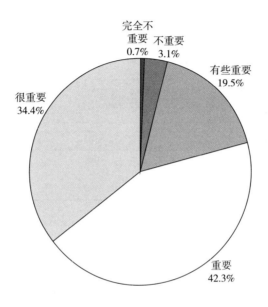

图5 中国公众对中欧关系的总体评价

资料来源：华中科技大学国家传播战略研究院"寰球民意指数
（2020）"。

    为了进一步了解中国公众对中欧关系的评价，我们将分析受访者对中国
与欧洲单一国家的关系认知。考虑到德国、英国、法国等欧洲三巨头是欧洲
外交关系的主导者，国际关系学界在讨论中欧关系议题时，也时常引述此三
国的态度进行分析[①]，我们便将"您如何看待中国与德国、英国、法国的关
系"作为调查问题。数据显示，超过四成的受访者将三组外交关系视为竞
争与伙伴关系，超过两成的受访者将三组外交关系视为伙伴关系，其中
"中德关系"（28.9%）是受访者认可度最高的伙伴关系，一成左右的受访

---

① Philippe Le Corre, John Ferguson, "How Europe's Big 3 Are Shifting on China," *THE DIPLOMAT* (August 14, 2020), https：//thediplomat. com/2020/08/how - europes - big - 3 - are - shifting - on - china/，最后访问时间：2020 年 10 月 1 日。

者将三组外交关系视为竞争关系，其中"中英关系"（10.7%）是受访者认可度最高的竞争关系（见图6）。

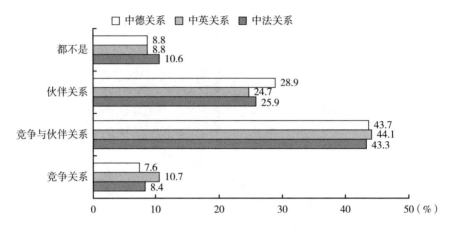

图6　中国公众对中德、中英和中法关系的总体评价

资料来源：华中科技大学国家传播战略研究院"寰球民意指数（2020）"。

（三）中国公众对欧洲热点议题的认知

公众往往通过一些国际事务来理解和认识世界，国际重大事件也会对公众认知产生深刻影响，因此本部分选择2019~2020年欧洲具有代表性的国际事件，考察国人对欧洲热点议题的认知。

重要国际组织的变动情况会对国际公众的认知产生影响，"脱欧"无疑是近年来产生国际影响的大事件之一。2020年1月31日，经过多轮谈判，英国公投宣告正式脱离欧盟。就这一事件及其国际影响，我们通过四个题项："脱欧"后"英国会加快与中国的合作、欧盟会加快与中国的合作、欧洲将加速自身的一体化进程、欧盟影响力将会日渐衰落"（取值为1~5，1=完全不同意，5=完全同意），了解中国公众对英国"脱欧"事件的看法。结果显示，大部分的受访者认为"脱欧"后的英国与欧盟均会加快对华合作；47.9%的受访者（"同意"和"完全同意"）认为"脱欧"后的欧盟影响力将会日渐衰落，其中有15.9%的人表示"完全同意"（见图7）。

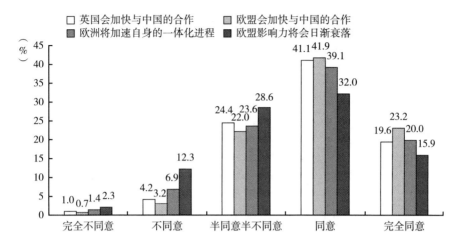

图7　中国公众对英国"脱欧"的看法

资料来源：华中科技大学国家传播战略研究院"寰球民意指数（2020）"。

　　民族独立运动是影响国家内政外交的重要议题。近年来，欧洲民族独立运动再次升温，加泰罗尼亚独立运动和苏格兰独立公投都属于历久弥新的话题，其发展脉络较为清晰，这一系列事件均引发全球关注。本文检视了中国受访者对欧洲民族独立运动事件的看法（取值为 1 ~ 5，1 =完全不支持，5 = 非常支持）。数据显示，接近四成的受访者（"支持"和"非常支持"）对欧洲民族独立运动表示赞同，其中 15.5% 的受访者表示"非常支持"；另有 37.0% 的中国受访者持中立态度（选项为"一般"）（见图8）。

（四）中国公众对欧洲国家形象认知的影响因素

　　为了进一步探究欧洲国家形象评价的影响因素，本部分对以上"大国"形象的变量与中国公众对欧洲主要国家形象评价的相关性进行分析。具体而言，选取"德国形象""英国形象""法国形象""意大利形象"4 个变量，和"政治大国""经济大国""科技大国""军事大国""感兴趣程度""亲访经历""中欧关系""对热点议题的关注"等变量进行相关性分析（统计

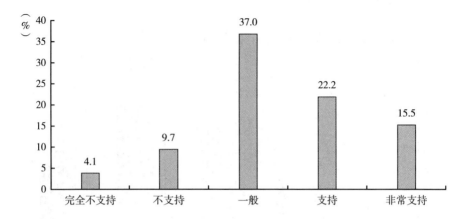

图8 中国公众对欧洲民族独立运动的看法

资料来源：华中科技大学国家传播战略研究院"寰球民意指数（2020）"。

模型效度均显著），具体运算值如表1所示。结论显示，影响德国形象认知的因素有"政治大国"（$p = 0.002$）、"中欧关系"（$p = 0.003$）；影响英国形象认知的因素有"经济大国"（$p = 0.040$）、"对热点议题的关注"（$p = 0.004$）；影响法国形象认知的因素有"中欧关系"（$p = 0.004$）；影响意大利形象认知的因素有"中欧关系"（$p = 0.041$）。

表1 中国公众眼中欧洲国家形象认知的影响因素分析表

变量	德国形象	英国形象	法国形象	意大利形象
	相关性（P）	相关性（P）	相关性（P）	相关性（P）
政治大国	0.002	0.445	0.469	0.458
经济大国	0.450	0.040	0.244	0.370
科技大国	0.393	0.091	0.351	0.613
军事大国	0.230	0.480	0.793	0.170
感兴趣程度	0.212	0.351	0.523	0.785
亲访经历	0.534	0.087	0.310	0.149
中欧关系	0.003	0.219	0.004	0.041
对热点议题的关注	0.282	0.004	0.347	0.239

注：其中 $P > 0.05$ 的为不显著；$0.01 < P < 0.05$ 的为显著；$P < 0.01$ 的为非常显著。
资料来源：本研究整理。

表 1 中的数据显示,受访者对德国形象的好感度与"政治大国""中欧关系"变量存在显著相关,这表明在中国公众心目中,对德国形象的好感度评价会受到其"政治大国"地位的影响。同时,由于德国一直在欧盟外交与国际政治事务中发挥无可替代的作用,中国公众在评价德国形象时,会考虑中欧关系这一因素。2020 年是德国(东德、西德)统一30 周年,中国受访者对德国的认知也跟随时代格局发生转变,但可以确定的是中国公众对德国形象的认知会受其政治大国因素影响。2020 年是中欧关系的"大年",中欧展开一系列高层会晤,中欧合作的机遇和潜力仍然巨大,欧洲寻求对华务实合作的动力依然强劲。[①] 德国总理默克尔在2020 年初接受英国《金融时报》(*The Financial Times*)采访时曾表示,德国和欧洲都应该秉持建设性观念看待中国在经济领域获得的成就,因为中国经济成就而将其视为威胁的观点并不明智。[②] 据此分析,中国受访者在评价德国形象时,很可能受到中欧关系框架下德国政府对华关系建设性态度的影响。

中国受访者对英国形象的评价与"经济大国""对热点议题的关注"相关。一方面,中国与英国的经济关系越来越密切,英国 BBC 社论认为"过去的二十年中,中英经济往来增长显著,英国和中国的经济联系很深"[③]。中资企业和华人群体在中英贸易、基础设施建设、留学教育、科技产业方面发挥越来越重要的作用。中国驻英国大使刘晓明也在"中英投资高层圆桌对话"视频会议上表示,国际社会应该对"后脱欧时代"和"后疫情时代"的中英经贸合作保持信心。中英经贸合作的前景和发展空间显著地影响了中

---

① 刘作奎:《2020 中欧关系的新变化及其前景》,澎湃新闻,2020 年 10 月 6 日,https://www.thepaper.cn/newsDetail_forward_9470970。

② "Europe is no Longer at the Centre of World Events, Germany's chancellor on Brexit," *The Financial Times*, https://www.ft.com/content/00f9135c – 3840 – 11ea – a6d3 – 9a26f8c3cba4, 最后访问时间:2020 年 10 月 1 日。

③ 贾斯汀·哈珀:《中英关系:英国和中国的经济联系有多深》,BBC 中文网,2020 年 7 月 23 日,https://www.bbc.com/zhongwen/simp/world – 53497124,最后访问时间:2020 年 10 月 1 日。

国公众对英国经济大国形象的评价。[①] 另一方面，英国"脱欧"对全球造成深刻影响，"如何平衡中英关系和英美关系"是英国鲍里斯·约翰逊政府（Boris Johnson Ministry）面临的重大决策问题。美国《外交学者》（*The Diplomat*）杂志相关社论认为，脱欧后的英国非常希望扩大对华的贸易总量，并尝试改善中英关系，以期达成相关贸易协议。鉴于此，英国脱欧这一热点议题所带来的一系列连锁反应，对于中国公众了解英国形象是重要的参考因素。

统计结果显示，受访者对法国、意大利的形象评价与"中欧关系"有关。2019 年法国表示积极推动欧中合作关系不断向前发展，主张加强欧盟互联互通战略同"一带一路"倡议对接。意大利是率先与中国签署"一带一路"备忘录的欧洲国家。中国受访者参考法、意行为对中欧关系的影响后，对法、意两国形象进行评价。中国驻法国大使卢沙野也强调中欧、中法要相互依存（interdependence）[②]，中法、中欧等外交关系一直是密切相连的，这些认知因素都会对中国公众评价欧洲国家形象产生一定影响。

三　讨论与建议

本文通过对 2019～2020 年中国公众对欧洲国家形象的认知进行描绘和探索，主要呈现中国公众对欧洲主要国家（德国、法国、英国、意大利）形象的基本认知、对中欧关系的认知、对欧洲热点议题的认知、对欧洲国家形象的认知。研究显示，中国公众对意大利的认知最为正面，受访者大多将"德国"视为"经济大国""科技大国"，将英国视为"政治大国"，法意两

---

①　《刘晓明大使在中资企业线上座谈会的主旨演讲：〈保持定力，坚定信心〉》，环球网，2020 年 7 月 24 日，https://baijiahao.baidu.com/s? id = 1673057800803384775&wfr = spider&for = pc，最后访问时间：2020 年 10 月 1 日。

②　Ross Cullen, "China's Ambassador to France Stresses Interdependence," *CGTN* (September 23, 2020), https://newseu.cgtn.com/news/2020 – 09 – 23/China – s – ambassador – to – France – stresses – interdependence – UOhihBoFBS/index.html.

国的大国表征并不显著。大多数受访者认为中欧关系重要或很重要，认同"脱欧"后的英国与欧盟均会加快对华合作这一重点，但中国公众对欧洲民族独立运动的看法较为复杂多元。影响中国公众对德国形象认知的因素有"政治大国""中欧关系"；影响中国公众对英国形象认知的因素有"经济大国""对热点议题的关注"；影响中国公众对法国形象认知的因素有"中欧关系"；影响中国公众对意大利形象认知的因素有"中欧关系"。在当前全球化变局频生与中欧关系深度发展的背景下，理解国人的欧洲观对于东西方交流具有重要意义。

（一）借助社交媒体传播和国际话语互动，寻找中欧之间独特的理念共识和情感共鸣

智媒时代驱动数字网络技术跨越时空和地域，使媒介的传播和表达可以借助更加丰富的形式，为中西方民众日常的直接沟通提供技术渠道。当前的中欧民意现状表现为，中国公众对欧洲的认知保持一定的积极态度和良好期待，但是欧洲公众却对中国产生一些误解，这种"情感悬殊"对中欧之间的跨文化传播和多元领域的合作造成一定障碍。因此，中欧之间的跨文化沟通需要挖掘适当的"个体文化性"，尝试建构东西方日常个人情感和生活文化体验的共同空间。当前国际传播中比较成功的案例就是"李子柒的Youtube 短视频"平台，李子柒凭借个人日常生活和文化亮点的媒介呈现，成功地向包括欧洲在内的世界网民展现了中国独特的国民风貌，进而在一定程度上缩小东西方的情感落差和文化差异。① 因此，增强中欧国与国、民与民、国与民之间的相互了解，需要注重唤起作为"人"的理念共识与情感共鸣。

（二）实施战略全球化和实践本土化并重的传播策略

本文发现，大多数受访者认为"脱欧"后的英国与欧盟均会加快对

---

① 罗文：《智媒时代中国对外传播策略——以 YouTube 李子柒视频为例》，《青年记者》2020年第 26 期，第 96~97 页。

华合作，民意也往往具有一定的合理性与现实依托，中国外交部发言人也多次表示"会一如既往地并行发展中英、中欧互利合作关系"。因此，在中英、中欧合作关系中，应该借助合作提升中国对外话语传播的实效性和针对性，将中国公众的对欧期待转化为现实。在转化现实的过程中，如何利用媒体，特别是网络社交媒体来更好地呈现和传递中国国家形象？虽然欧洲国家拥有相似的文化底蕴，但考虑欧洲国家众多，且语言、文化和社会发展状况存在差异，因此，在立足于国际化的对欧传播战略蓝图时，也要关注欧洲不同国家和语种的媒介环境，拓展中国对外传播和媒介实体合作的语种渠道，积极开展与当地的综合性媒体间的合作交流，寻找媒介合作的契合点和话语机遇。此外，社交媒体也逐渐成为对外传播的主战场。正如英国伯明翰学派的文化学者大卫·莫利（David Morley）所言："国际社交媒体存在信息霸权，人们寄予厚望的新媒体民主持有批判态度，实现更加平等的话语文化政治，需要坚持批判性立场，在日常生活中不断审视和改变自我与他者的关系。"① 因此，在对欧传播中要使用多语种和多话语符号进行传播，"借大船用小舟"，在把握人类命运共同体和中欧关系的大格局趋势下，寻找新的话语传播共通点，不断推动中欧的民心相通与民意相知。

（三）关注中欧双边与多边的利益平衡点，推动中欧在后疫情时代的民意沟通与叙事建构

中欧关系是影响中国受访者了解欧洲国家形象的重要因素。在全人类面临危机和挑战的后疫情时代，国际人口流动和文化交流面临着一定的空间阻碍，因此中国需要在人类共同利益和共同情感的基础上，丰富网络空间的互动形式，加强各空间社区成员的联系与对话。疫情大流行的格局为叙事能力和国际社会观察提供了新机遇，在抗疫合作上讲好中国与欧洲的故事，可以

---

① 常江、邓树明：《从经典到前沿：欧美传播学大师访谈录》，北京大学出版社，2020，第205 页。

帮助中国重塑国际形象。① 因此，中欧关系需要在叙事上下功夫，讲好中欧合作发展的"好故事"，坚持和平共处、开放合作、多边主义、对话协商的理念，在中欧双边和多边的传播和沟通中，尊重彼此的情感立场和文化观念，开展多领域、多层次、多渠道的战略对话，搭建畅通交流的叙事框架，寻找中欧的利益契合点和国际话语叙事的"最大公约数"。

---

① Chang, Y. Y. (2020). The Post – Pandemic World: Between Constitutionalized and Authoritarian Orders – China's Narrative – Power Play in the Pandemic Era. *Journal of Chinese Political Science*, pp. 1 – 39.

B.15
中国公众眼中的邻国形象[*]

徐迪 付嘉慧^{**}

摘　要： 中国是世界上邻国最多的国家之一，详细了解周边局势对中国具有极为重要的战略意义。本文采用华中科技大学国家传播战略研究院"寰球民意指数（2020）"调研数据，从基本认知、感兴趣程度、情感态度、关系感知和热点事件评价等方面入手，调查中国公众对邻国的评价。调查结果显示，中国公众认为俄罗斯在当今国际事务中发挥重要影响；中国公众到访频次最高的邻国为日本和韩国；最感兴趣的国家榜单前三名为俄罗斯、日本和韩国；除本国外，中国公众最关注与日本有关的新闻；大多数受访者将巴基斯坦、俄罗斯视为"伙伴关系"，将日本视为"竞争关系"。

关键词： 国家形象　邻国关系　大国外交

一　研究背景

中国地处亚欧大陆东部、太平洋海域西岸，领土辽阔广大，是世界上

* 本文系国家社会科学基金重大项目"人类命运共同体视阈下中国国家形象在西方主流媒体的百年传播研究"（项目编号：19ZDA322）的阶段性研究成果，同时受华中科技大学文科双一流建设项目资助。

** 徐迪，华中科技大学国家传播战略研究院研究员，华中科技大学新闻与信息传播学院讲师、硕士研究生导师，研究方向为新媒体研究、舆论研究；付嘉慧，华中科技大学新闻与信息传播学院硕士研究生，研究方向为新媒体研究、舆论研究。

邻国最多的国家之一。其中，中国在陆地上与 14 个国家接壤，海上邻国有 9 个，共计有 21 个邻国分布在东南亚、南亚、中亚、东北亚等地。拥有众多邻国虽让中国的周边外交面临复杂挑战，但也给中国与周边国家的发展带来极大机遇。中国外交部部长王毅公开表示，周边邻国始终是中国外交的优先方向。近年来，中国与邻国的合作更加紧密，秉持着"亲、诚、惠、容"的周边外交理念，中国与东盟国家间的关系已站上更高点，重新启动中、日、韩合作，与南亚国家合作显著增强，同中亚国家间全覆盖战略伙伴关系，推动上海合作组织发展进入新阶段，让周边命运共同体理念落地生根。同时，在中国特色社会主义新时代外交理念下，中国不断开创新时代中国特色大国外交的新局面，创造性地提出了许多新举措、新倡议，积极推动"一带一路"建设走深走实，给周边和共建"一带一路"国家带来福祉。面对地区热点问题，中国积极发挥弥合分歧、劝和促谈的建设性作用，用实际行动证明中国是世界和平的建设者、全球发展的贡献者。

近年来，中国与周边国家在政治、经济与文化方面的往来愈加密切，中国公民与周边邻国公民之间的交流和联系更为紧密，对邻国感知也随之变化。中国与周边邻国关系是国民看待邻国形象的参照系，对中国人眼中的邻国形象进行调查能更深刻地了解中国公众对地区局势的了解程度，也从侧面反映国民对中国大国外交政策的理解程度。因此，应该把分析国人眼中的邻国形象看作长期任务，坚持进行下去，此次 2019 年民意调查依然以全国性数据为基础，呈现国人对邻国的认知与情感。①

二 调查结果

本文主要选取周边 7 个国家为调查对象，分别为海上邻国日本、韩

---

① 徐迪：《中国人眼中的邻国形象》，《中国国家形象传播报告（2019）》，社会科学文献出版社，2019。

国家形象蓝皮书

国、印度尼西亚、新加坡，以及陆上邻国俄罗斯、巴基斯坦、印度。① 上述调查对象的选取考量了国力的均衡性和关系亲疏的覆盖度。考察内容涵盖以下七个方面：其一是国力评价，涉及中国民众对主要邻国政治、经济、科技、军事等方面的看法；其二是感兴趣程度，包含特定邻国对中国公众的吸引力程度；其三是到访情况，考察中国公众与邻国的跨文化交流频次；其四是了解程度，探究中国公众对于主要邻国基本情况的知晓程度；其五是印象打分，比较中国公众对邻国的情感差异；其六是关系感知，了解中国公众心中邻国与中国的关系；其七是事件评价，调查中国公众对与邻国有关的特定热点事件的看法。

（一）对邻国的基本认知

对大国形象的评价包含政治、经济、科技、军事四个方面，国人对邻国的评价结果如图 1 所示。在对政治大国的认知上，有过半数受访者（52.5%）认为俄罗斯在当今国际事务中发挥重要的影响；位居第二的是日本，两成多受访者（23.6%）认为其在国际上具有显著的政治影响力，但认可度远落后于俄罗斯；韩国位于第三，仅一成受访者（10.1%）认为其是政治大国，认可度不足日本的一半；在对经济大国的认知上，第一名俄罗斯（29.8%）与第二名日本（29.7%）几乎持平，新加坡位居第三（10.9%），韩国位居第四（9.8%）。在对科技大国的认知方面，近四成受访者（37.6%）认为日本是科技大国，俄罗斯以 28.7% 的认可度位列第二，韩国以 10.9% 的认可度位居第三，新加坡（7.0%）位居第四。在对军事大国的认知上，近五成受访者（48.7%）认为俄罗斯是名副其实的军事大国，远超其他国家，这一认可度与中国公众心目中长久留存的俄罗斯固有印象有关；日本以 15.6% 的认可度位列第二；韩国居于第三（6.4%），其余国家的认可度均不超过 6%。综上，在国人的心目中，俄罗斯以其强大的政治与

---

① 崔汝源：《中国人眼中的邻国形象》，《中国国家形象传播报告（2017~2018）》，社会科学文献出版社，2018。

282

军事实力在国际社会中发挥较大影响力，而日本则以经济与科技见长，其余被调查的邻国发展较为平均。

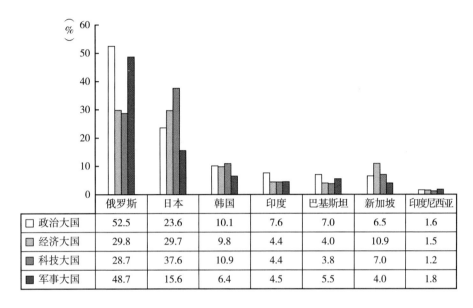

	俄罗斯	日本	韩国	印度	巴基斯坦	新加坡	印度尼西亚
□ 政治大国	52.5	23.6	10.1	7.6	7.0	6.5	1.6
▨ 经济大国	29.8	29.7	9.8	4.4	4.0	10.9	1.5
▩ 科技大国	28.7	37.6	10.9	4.4	3.8	7.0	1.2
■ 军事大国	48.7	15.6	6.4	4.5	5.5	4.0	1.8

图 1　中国公众对周边 7 国的国力评价

资料来源：华中科技大学国家传播战略研究院 "寰球民意指数（2020）"。

国人对邻国未来发展前景的看法也能表现出对当前国际事务的认知，超八成受访者（81.5%）认为中国到 2050 年将成为世界顶尖强国，远超其他周边邻国（见图 2）。25.1% 的受访者认为俄罗斯在 2050 年将成为世界强国，仅 7.5% 的受访者对日本作出上述评判，认为剩余邻国在 2050 年会成为世界强国的受访者比例均未超过 5%。

（二）对邻国的感兴趣程度

出游和到访从侧面反映了公众对特定国家的感兴趣程度，中国已成为目前最大的出境旅游市场，据 2020 年 3 月 10 日中国旅游研究院发布的《2019 年全国旅游市场基本情况》，2019 年中国公民出境旅游人数已达 1.55 亿人次，东南亚一直是国人出境游的热门选择，韩国和日本以相对

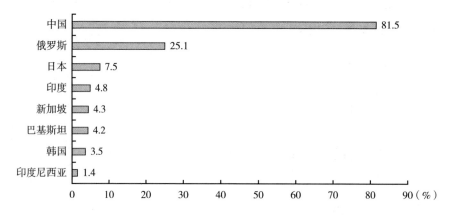

图2 中国公众对2050年世界强国的预测

资料来源：华中科技大学国家传播战略研究院"寰球民意指数（2020）"。

优质的旅游环境也吸引不少中国游客前往。调查结果如图3所示，韩国和日本是受访者选择最多的邻国，均有13.1%的受访者到访过；新加坡位居第三，9.5%的受访者到访过；6.8%的受访者到访过俄罗斯；巴基斯坦（2.4%）、印度尼西亚（2.2%）及印度（1.8%）3个国家在国人出游选择中占比较低。

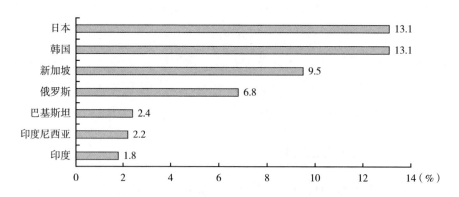

图3 中国公众到访邻国的基本情况

资料来源：华中科技大学国家传播战略研究院"寰球民意指数（2020）"。

感兴趣程度反映了特定国家对中国公众的吸引力。在此项调查中，俄罗斯对国人吸引力最高，38.3%的受访者表示对俄罗斯感兴趣；日本以37.8%的比例位居第二，与第一名俄罗斯相差较小；韩国排名第三，有28.8%的受访者对该国感兴趣；对巴基斯坦、新加坡、印度表示感兴趣的受访者比例分别为14.8%、13.2%、10.4%；对印度尼西亚感兴趣的受访者相对较少，仅占3.5%（见图4）。

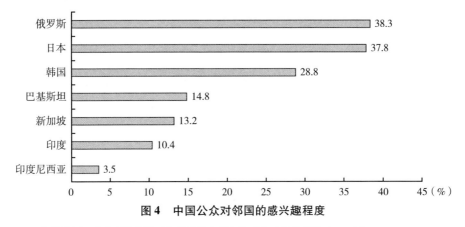

图4 中国公众对邻国的感兴趣程度

资料来源：华中科技大学国家传播战略研究院"寰球民意指数（2020）"。

媒体是公众获取信息的主要渠道之一。除关注本国的新闻报道之外，对特定国家的感兴趣程度或许会影响关注该国新闻报道的程度，进而潜移默化地影响受访者对于他国的国家形象判断。由数据可知，中国公众对周边7个邻国的感兴趣程度与关注涉及该国报道这两个因素间，呈现较为趋同的倾向。结果如图5所示，为了更好地进行比对，此处采用了条形图的呈现方式。其中，俄罗斯与日本在国人感兴趣程度中分别位列第一与第二。在"最关注哪些国家的新闻"这一题项的作答中，日本位列第一，32.8%的受访者表示除本国外最常接触日本的新闻报道；俄罗斯以29.9%的关注度位居第二，但与第一名日本差距较小。其余国家在两者的排名和数据变化趋势相同。韩国排名第三，26.1%的受访者经常关注除本国外有关韩国的新闻报道。除本国外，最关注涉及巴基斯坦、新加坡、印度的新闻报道的受访者分别占比9.9%、9.5%、7.2%。

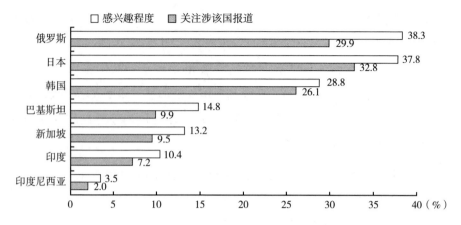

图5 中国公众对邻国的感兴趣程度与关注涉该国报道的比较

资料来源：华中科技大学国家传播战略研究院"寰球民意指数（2020）"。

（三）对邻国的情感态度

中国受访者对周边7个国家的印象打分情况如图6所示，排名前三且超过7分的国家分别为俄罗斯、巴基斯坦和新加坡，其中，俄罗斯得分最高（7.7分），巴基斯坦与新加坡分别为7.3分与7.2分。有4个国家的得分低于平均分（6.7分），分别是韩国（6.5分）、印度尼西亚（6.4分）、印度（6.1分）、日本（5.7分）。

一般而言，人口统计特征会影响受访者的认知评价。本研究选取性别、年龄和受教育程度三个指标作为自变量，进一步描绘不同特征的人群对邻国印象的差异。在性别方面，男性受访者和女性受访者给俄罗斯、印度尼西亚、印度三个邻国的打分完全相同，分别为7.7分、6.4分、6.1分。在给日本打分时，尽管男性受访者和女性受访者稍有不同，但差别甚微，男性受访者打分为5.8分，女性受访者打分为5.7分。在给巴基斯坦、韩国、新加坡打分时，女性受访者打分比男性受访者高（见图7）。

在年龄方面，课题组将受访者分为18~29岁、30~39岁、40~49岁、50~59岁、60岁及以上5个群体。不同年龄段的受访者在给7个邻国的印象打分上，呈现显著差异。在给上述周边国家的评分中，18~29岁群体给

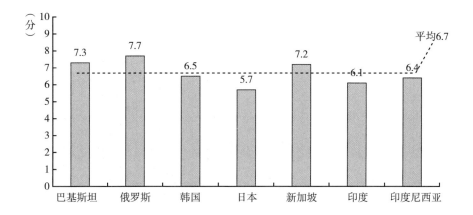

图6　中国公众对邻国的印象打分

资料来源：华中科技大学国家传播战略研究院"寰球民意指数（2020）"。

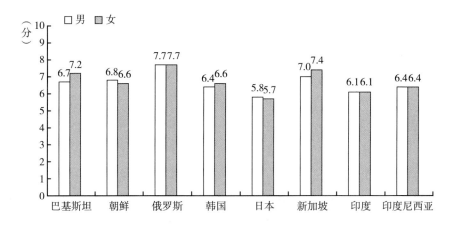

图7　不同性别受访者对邻国的印象打分

资料来源：华中科技大学国家传播战略研究院"寰球民意指数（2020）"。

每个被调查邻国的印象评分都是所有年龄群体中的最低分，而60岁及以上群体给每个被调查邻国的印象评分都是所有年龄群体中的最高分。以巴基斯坦为例，18~29岁群体给出了7.1分，而60岁及以上群体则给出7.9分。分数相差最大的是日本，60岁及以上群体给出6.6分，而18~29岁群体则给出5.0分，两个年龄群体评分相差1.6分（见图8）。

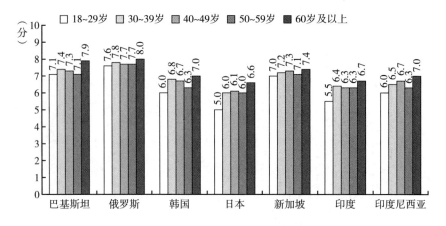

图8 不同年龄群体受访者对邻国的印象打分

资料来源：华中科技大学国家传播战略研究院"寰球民意指数（2020）"。

在受教育程度方面，课题组按照受访者学历背景来进行分组，分为小学及以下、初中、中专/高中/技校、大专/大学肄业/本科学生、本科毕业、研究生及以上6个群体。结果如图9所示，第一，不同受教育程度的群体对同一国家的评价差异较大。以印度尼西亚为例，小学及以下学历的受访者给该国打分为7.2分，而研究生及以上学历的受访者仅给出5.5分，两者差距明显。第二，在受教育程度相同的受访者中，对不同国家的评价也显示出较大差异。以本科毕业学历的受访者为例，这一群体给俄罗斯打出8.0分，而给日本的打分仅为6.1分，同一群体给两个国家的打分相差1.9分。第三，不同受教育程度群体针对某些国家的打分呈现相对一致性。以日本和俄罗斯为例，全部受访者给日本的打分是最低的，而给俄罗斯都是最高分，不同受教育程度群体的打分皆在7分以上。

除了人口统计特征对统计的相关性产生影响外，受访者给周边国家的印象评价或许会受到自身对国际事务的关注程度的影响。基于上述假设，本研究对国际事务关注度与受访者对7个邻国的印象打分做了相关性分析。在问卷中设计了李克特五级量表，调查受访者在日常生活中对国际事务的关注度（1＝非常关注，5＝完全不关注），结果如表1、表2所示，受访者对国际事务的关注度与受访者对邻国的印象打分具有显著关联，相关性均在0.01层

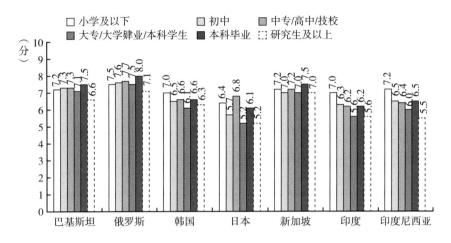

图9　不同受教育程度的受访者对邻国的印象打分

资料来源：华中科技大学国家传播战略研究院"寰球民意指数（2020）"。

上显著，且均为负相关，这表示受访者对邻国印象的评价受到自身对国际事务关注度的影响。具体表现为巴基斯坦（$r = -0.257$，$p < 0.01$）、俄罗斯（$r = -0.211$，$p < 0.01$）、韩国（$r = -0.211$，$p < 0.01$）、日本（$r = -0.290$，$p < 0.01$）、新加坡（$r = -0.192$，$p < 0.01$）、印度（$r = -0.235$，$p < 0.01$）、印度尼西亚（$r = -0.230$，$p < 0.01$）。这说明受访者对邻国的评价是基于自身对国际事务的认知，并非盲目判断。

表1　国际事务关注度和对邻国的印象打分相关性分析（1）

		国际事务关注度	巴基斯坦	俄罗斯	韩国
国际事务关注度	皮尔森（Pearson）相关	1	-0.257^{**}	-0.211^{**}	-0.211^{**}
	显著性（双尾）	/	0.000	0.000	0.000
	N	2501	2439	2470	2465
巴基斯坦	皮尔森相关	-0.257^{**}	1	0.492^{**}	0.242^{**}
	显著性（双尾）	0.000	/	0.000	0.000
	N	2439	2439	2430	2424
俄罗斯	皮尔森相关	-0.211^{**}	0.492^{**}	1	0.320^{**}
	显著性（双尾）	0.000	0.000	/	0.000
	N	2470	2430	2470	2451

续表

		国际事务关注度	巴基斯坦	俄罗斯	韩国
韩国	皮尔森相关	− 0. 211 **	0. 242 **	0. 320 **	1
	显著性(双尾)	0. 000	0. 000	0. 000	/
	N	2465	2424	2451	2465

** 相关性在 0. 01 层上显著（双尾）。

资料来源：本研究整理。

表 2　国际事务关注度和对邻国的印象打分相关性分析（2）

		国际事务关注度	日本	新加坡	印度	印度尼西亚
国际事务关注度	皮尔森相关	1	− 0. 290 **	− 0. 192 **	− 0. 235 **	− 0. 230 **
	显著性(双尾)	/	0. 000	0. 000	0. 000	0. 000
	N	2501	2474	2452	2447	2417
日本	皮尔森相关	− 0. 290 **	1	0. 432 **	0. 516 **	0. 491 **
	显著性(双尾)	0. 000	/	0. 000	0. 000	0. 000
	N	2474	2474	2442	2436	2406
新加坡	皮尔森相关	− 0. 192 **	0. 432 **	1	0. 478 **	0. 535 **
	显著性(双尾)	0. 000	0. 000	/	0. 000	0. 000
	N	2452	2442	2452	2424	2404
印度	皮尔森相关	− 0. 235 **	0. 516 **	0. 478 **	1	0. 763 **
	显著性(双尾)	0. 000	0. 000	0. 000	/	0. 000
	N	2447	2436	2424	2447	2402
印度尼西亚	皮尔森相关	− 0. 230 **	0. 491 **	0. 535 **	0. 763 **	1
	显著性(双尾)	0. 000	0. 000	0. 000	0. 000	/
	N	2417	2406	2404	2402	2417

** 相关性在 0. 01 层上显著（双尾）。

资料来源：本研究整理。

（四）对中国与邻国的关系感知

就中国与邻国关系而言，课题组调查了受访者对中国与巴基斯坦、俄罗斯、日本、印度和印度尼西亚 5 个周边国家关系的评价，问题采用了单选的形式，将关系划分为四个维度，分别是竞争关系、竞争与伙伴关系、伙伴关系以及都不是/说不清，结果如图 10 所示。

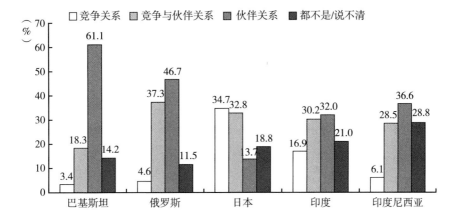

图10 中国公众对邻国与中国的关系认知

资料来源：华中科技大学国家传播战略研究院"寰球民意指数（2020）"。

就伙伴关系而言，超六成的受访者（61.1%）认为中国与巴基斯坦是伙伴关系，自1951年中国与巴基斯坦正式建立外交关系以来，两国就一直保持良好的友谊，中巴是"全天候战略合作伙伴关系"。随着近年来"一带一路"建设、中巴经济走廊建设和其他各领域务实合作取得实质性进展，中国与巴基斯坦的关系将在更高水平上发展。46.7%的受访者认为俄罗斯与中国是伙伴关系，中国与俄罗斯在2001年签订《中俄睦邻友好条约》，两国定期举行最高领导人会晤和国事访问，2019年是中华人民共和国成立70周年，也是中俄建交70周年，中俄两国元首将两国关系提升为"新时代中俄全面战略协作伙伴关系"。36.6%的受访者认为中国和印度尼西亚是伙伴关系，中国和印度尼西亚在双边、地区和多边层面拥有共同利益。特别是近年来，两国关系定位不断提升，合作领域不断拓展，共建21世纪海上丝绸之路的成果丰硕，发展海洋合作伙伴关系、在国际和地区事务中密切配合，这给两国人民带来福祉、为地区和全球的繁荣稳定作出重要贡献。32.0%的受访者认为中国与印度是伙伴关系，仅有13.7%的受访者认为中国与日本是伙伴关系（见图11）。

就竞争关系和竞争与伙伴关系而言，如图10，图12所示，超过三成的受访者（34.7%）认为中国与日本是竞争关系，32.8%的受访者认为中国

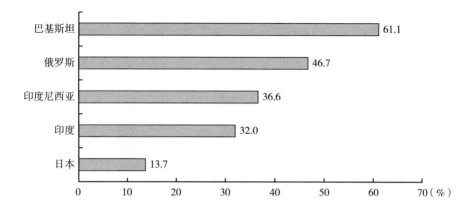

图11　中国公众心目中的"伙伴关系"国

资料来源：华中科技大学国家传播战略研究院"寰球民意指数2020"。

与日本是竞争与伙伴关系。1972年中日双方签署发表《中华人民共和国政府和日本国政府联合声明》，实现邦交正常化。在经济全球化的背景下，中日双方是彼此重要的贸易伙伴，在科技、文化层面也有交流与合作，但中国与日本在部分领域的关注点存在差异，这是影响中国公众对中日关系判断的重要因素。16.9%的受访者认为中国与印度是竞争关系，30.2%的受访者认为中国与印度是竞争与伙伴关系。边界问题一直是阻碍中国与印度友好邦交的重大障碍。2018年，中印双方就边界问题深入交换意见，达成重要共识，双方决定从大局和国民福祉出发，妥善处理边界问题。中国与印度都是四大文明古国，都是发展中国家和世界人口大国，两国同为金砖国家，曾携手取得了丰硕的经济成果，印度也是中国最重要的海外工程承包市场之一。自2015年以来，印度总理莫迪也多次来华进行国事访问，这标志着中印两国关系进入新阶段。

考虑到人口统计学特征对受访者对国家关系评价的影响，课题组以性别、年龄和受教育程度三个指标作为自变量，进一步描绘受访者看待中国与邻国关系的差异。

就性别而言，在对巴基斯坦、日本、印度、印度尼西亚4个周边国家与

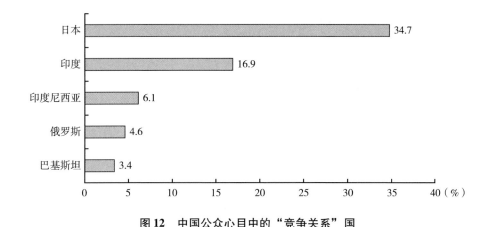

图 12　中国公众心目中的"竞争关系"国

资料来源：华中科技大学国家传播战略研究院"寰球民意指数 2020"。

中国的关系认知上，男性和女性受访者存在显著差异，具体表现为巴基斯坦（r＝0.088，p＜0.01）、日本（r＝0.075，p＜0.01）、印度（r＝0.064，p＜0.01）、印度尼西亚（r＝0.053，p＜0.01）。如表 3 所示，以不同性别的受访者对中国与印度的关系评价为例，有 292 位男性受访者认为中国与印度是竞争关系，选择这一选项的女性受访者为 130 人，选择中印两国为竞争关系的男性受访者人数是女性受访者人数的两倍以上（见表 3）。而不同性别的受访者在对中国与俄罗斯的关系评价上未显现出显著差异（见表 4），认为中国与俄罗斯是伙伴关系的男性受访者人数为 603 人，认为中国与俄罗斯是伙伴关系的女性受访者人数为 564 人（见表 4）。

表 3　不同性别的受访者对印度与中国的关系评价

单位：人

		印度			总计
		竞争关系	竞争与伙伴关系	伙伴关系	
性别	男性	292	399	369	1060
	女性	130	356	431	917
总计		422	755	800	1977

资料来源：本研究整理。

表 4　不同性别的受访者对俄罗斯与中国的关系评价

单位：人

		俄罗斯			总计
		竞争关系	竞争与伙伴关系	伙伴关系	
性别	男性	73	490	603	1166
	女性	43	442	564	1049
总计		116	932	1167	2215

资料来源：本研究整理。

就年龄而言，课题组将受访者分为 18～29 岁、30～39 岁、40～49 岁、50～59 岁、60 岁及以上 5 个群体，调查不同年龄群体的受访者对中国与巴基斯坦、俄罗斯、日本、印度和印度尼西亚 5 个周边国家的关系评价。数据显示，不同年龄群体的受访者对中国与邻国的关系评价存在显著差异，具体表现为巴基斯坦（$r = -0.071$，$p < 0.01$）、俄罗斯（$r = -0.054$，$p < 0.01$）、日本（$r = -0.078$，$p < 0.01$）、印度（$r = -0.095$，$p < 0.01$）、印度尼西亚（$r = -0.093$，$p < 0.01$）。最年轻的受访者群体对中国与邻国的关系评价差异最大，在对中国与日本的关系评价上，18～29 岁的受访者群体中勾选"竞争关系"的有 287 人；而在对中国与巴基斯坦的关系评价上，18～29 岁的受访者群体中勾选"竞争关系"的仅有 6 人。

就受教育程度而言，课题组按照受访者学历背景来进行分组，分为小学及以下、初中、中专/高中/技校、大专/大学肄业/本科学生、本科毕业、研究生及以上 6 个群体，调查不同受教育程度的受访者对中国与巴基斯坦、俄罗斯、日本、印度和印度尼西亚 5 个周边国家的关系评价。数据显示，不同受教育程度的受访者对中国与巴基斯坦、俄罗斯的关系评价存在显著差异，具体表现为巴基斯坦（$r = -0.042$，$p < 0.05$）、俄罗斯（$r = -0.081$，$p < 0.01$）。而受访者对中国与日本、印度和印度尼西亚 3 个邻国的关系评价未出现显著差异，在对这 3 国与中国的关系评价中，受访者的学历背景并不是影响受访者对中国与邻国的关系评价的显性因素。

（五）对热点事件的评价

当今世界虽以和平与发展为主基调，但也时有冲突发生，许多冲突涉及本国和周边国家的多重利益分配。以此为背景，调查中国公众对于与邻国有关的特定热点事件的看法，可以从侧面反映出国人对于本国与邻国关系的评价。半个多世纪以来，印度与巴基斯坦在克什米尔地区的冲突从未中断，印巴两国频起冲突，影响世界的和平与稳定，也不利于印巴两国及其所处的亚洲地区的和谐发展。而印度与巴基斯坦均为中国的陆上邻国，两国所争夺的克什米尔地区也与中国毗邻。课题组通过询问"您如何评价中国在印巴关系当中扮演的角色"这一问题（取值为 1~5，1 = 完全不同意，5 = 完全同意），了解中国公众对于中国在印巴两国关系中所采取措施的看法，并试图解读中国公众对于印巴两国的深层次情感认知。结果如图13 所示，受访者在看待中国在印巴关系中扮演的角色时，"完全同意/同意"中国是维护区域和平的仲裁者的受访者占比为 66.9%，勾选"完全不同意/不同意"选项的受访者仅占 7.8%，勾选"说不清/半同意半不同意"选项的受访者占 25.4%。对中国在印巴关系中担当调解者这一说法，勾选"完全同意/同意"的受访者占 75.3%，勾选"完全不同意/不同意"的受访者占比为 3.0%，勾选"说不清/半同意半不同意"的受访者占比为 21.6%。这说明中国公众认可中国在印巴关系中所做的举措，中国作为在世界舞台上有影响力的国家，在维护区域和平、处理印巴关系时扮演的角色十分重要。

自 20 世纪 70 年代起，围绕中国南海岛礁的主权归属及部分海域的管辖权议题，形成了 6 国 7 方的争端局面。域外大国以南海争端为借口插手南海事务，以谋取其政治、经济和战略利益。课题组通过询问"您如何看待南海问题"（取值为 1~5，1 = 完全不同意，5 = 完全同意），了解中国公众对南海问题的主观感知，并试图借此切入点了解中国公众对周边国家的情感态度，结果如图 14 所示。对"南海问题不应被国际化，而应交由相关当事国自己解决"这一选项，勾选"完全同意/同意"的受访者占 71.5%，勾选

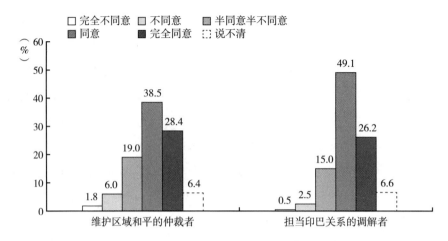

图13 中国公众对中国在印巴关系中扮演角色的评价

资料来源：华中科技大学国家传播战略研究院"寰球民意指数（2020）"。

"完全不同意/不同意"的受访者占6.9%，勾选"说不清/半同意半不同
意"的受访者占21.5%。对"中国态度在南海问题中发挥着关键作用"这
一选项，勾选"完全同意/同意"的受访者占82.0%，勾选"完全不同意/
不同意"的受访者占2.4%，勾选"说不清/半同意半不同意"的受访者占
15.6%。对"应当支持'搁置争议，共同开发'的倡议"这一选项，勾选
"完全同意/同意"的受访者占比为58.0%，勾选"完全不同意/不同意"
的受访者占17.4%，勾选"说不清/半同意半不同意"的受访者占比为
24.6%。数据显示，绝大部分受访者坚持认为中国在南海问题中应捍卫主
权、据理发声；大部分受访者认为南海问题作为中国的主权问题，不应被国
际化，而应该由当事国自己处理。

三　讨论与建议

　　通过对国家传播战略研究院2019年的民意调查数据进行分析，本文描
绘中国公众对周边邻国的情感态度，探析中国公众对中国与邻国关系的评
价，对于中国在周边地区和国际社会上讲好"中国故事"、树立国家形象具

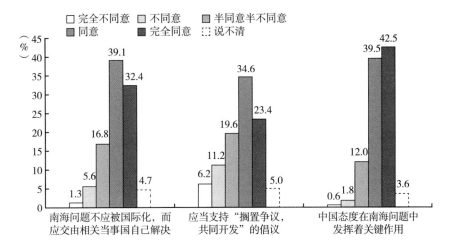

图 14　中国公众对南海问题的看法

资料来源：华中科技大学国家传播战略研究院"寰球民意指数（2020）"。

有深刻意义。中国与周边邻国的交往具有天然的地理优势，且周边邻国一直是中国外交的重要方向，随着中国开放程度的逐渐深化，与邻国的交往将给中国外交提供更大的舞台。中国也在努力向周边国家传播和平的发展理念，带领邻国向更加和平、友好的方向深入发展。在与周边各国进行政治、经济、文化的往来中，中国应更加注重传播中国故事，在国际和地区发出中国声音、提出中国方案。本次民意调查的数据及结论，给未来中国与邻国的交往战略以下启示。

（一）转变传播观念，讲好中国故事

中国提出的"一带一路"倡议是全方位对外开放的新理念、新实践。随着"一带一路"倡议逐渐从愿景走向现实，中国与周边国家的文化交往更为密切。了解国人眼中的邻国印象对促进中国与邻国文明交融具有重要意义。第一，中国要加强与邻国的文化交流，文明因交流而多彩、因互鉴而丰富；要以"一带一路"倡议为纽带，积极传播中国的和平与发展理念；不仅注重与邻国经济、政治方面的交流，更要注重软实力传播，鼓励优秀的电

视剧、电影以及音乐作品经过翻译后向外传播，尤其要传播中国优秀的家国文化及观念，展现中国人民为建设社会主义、实现中国梦脚踏实地干实事的精神风貌。第二，鼓励各高校以及科研机构进行国际合作与交流，建立交流发展的长效机制，让邻国及共建"一带一路"国家的学生有机会来中国走走看看，了解中国源远流长的文化，鼓励他们回国后做中华文化的传播者。第三，许多邻国在文化发展过程中也可以看到中国传统文化的影子，要抓住优秀历史文化的共性，筹划举办重大民间文化交流传播活动，促进民间团体沟通交流，在文化活动与交流中促进软实力的发展，加强各国间的文化沟通。第四，要打造中国特色文化符号，加强品牌推广，如四川的熊猫文化、敦煌的壁画文化等，以品牌为桥梁进行传播，让邻国民众感受中国文化魅力，增加对中国文化的兴趣。

（二）提高民众素质，鼓励个体传播

随着中国与周边国家的交往越发密切，中国民众到周边国家旅游、与周边国民交往也越发密切，因此，要鼓励每个国人成为中国故事的传播者，讲好中国人民自己的故事，用国外民众听得到、听得懂的途径和方式讲述中国文化内涵，增强文化传播的亲和力。随着中国旅游法的完善，每个出国旅游的公民都应该提高个人素质，在旅游过程中传达出良好素养以及积极的精神面貌，树立家国观，要有在外国树立良好中国形象的个人使命。此外，鼓励有中国特色及中国精神风貌的个人开通社交账号，通过短视频等形式对中国的美食、文化以及生活态度等方面进行传播。在对外传播中国故事方面，要创新表达方式，强化传播能力，拓展传播路径，促进民间的对话交流，充分使用各种新兴媒体，让世界认识全面、立体、真实的中国。

（三）关注舆论态势，积极回应问题

面对全球化与多极化的世界发展趋势，中国与邻国关系逐渐深化，并在区域内发挥主导作用。随着中国积极参与区域合作，主动提出了"一带一路"倡议、"亚投行"等发展政策，签订《区域全面经济伙伴关系协定》等

区域发展协定，中国与邻国以及亚洲地区的交往逐渐密切。在此背景下，仍有一些国家对中国产生误解。面对不怀好意的抹黑以及周边国家对中国的误解，官方要关注国际舆论态势，加强对特定国际事件的舆情研判，掌握话语主动权，主动回应关切，厘清谬误，树立积极正面的形象。同时，官方要主动进行舆论造势，创新官方传播模式，加强对重大国际活动的议程设置，运用多种呈现模式、多角度对重大活动进行报道，加深各国对中国理念、中国发展模式的理解。

Abstract

This book is a professional annual report that systematically studies the development of China national image communication. The book is organized by Institute of National Communication Strategy (INCS), Huazhong University of Science and Technology (HUST). In the meanwhile, many experts who working in related fields of national communication strategy in academia, industry and government gather to compile the report. Standing in the background of national strategy, we aim at the important demands of the practice of China communication in new international situation, and based on China stance and international perspective, and we dedicate this book to providing inspirations and supports in intellect for the construction and improvement of China national image. Since 2017, this series of blue books has been consecutively published three versions, with a relatively wide social and academic influence.

On the basis of the previous three books, we adjust the topic selection angle, author team, topic range and data collection, etc., and strive to improve and enrich the report content. The whole content of book focus on the needs of national strategy, and carry out a systematic and comprehensive presentation, analysis and discussion around various topics of China national image construction and national communication strategy. The "General Report" summarized the new era, new strategy and new realm faced by China's national image communication in 2020, and analyzed the basic situation of image communication of China government, enterprises and nation from a subject perspective. 2020 can be regarded as an important turning point in the dissemination of China's national image. China's fight against COVID – 19 has played an increasingly important role in international affairs and attracted more and more attention from the international community. However, it is necessary to continue to implement the interpretation and communication of China's development concepts to make the world understand China clearer in the new situation and challenges. The "Annual Situation Analysis" is composed of 3 reports, which respectively expounds the current situation and changes of China's national image construction from the dimensions of economy, culture, and Chinese people.

The five sections that focus on different key issues of China's national image communication constitute the main content of the book. First of all, "Key Issues" chapter includes three sub-reports, in which the authors focus on the unprecedented opportunities and challenges in the period of major change, and respectively analyze the idea of global contact from the perspectives of cross-civilization dialogue, the empathy communication model of aid diplomacy, and the international communication influence of Chinese cities, etc. The author makes an in-depth analysis on the related hot issue to China national image in 2019–2020 to discuss the experience and strategy of China's national image communication. "Special Topics" chapter includes three sub-reports that analyze related topic for the current situation of China's national image communication from the perspectives of enterprise image communication in abroad, culture communication of games, and information communication of sports. "Case Studies" chapter includes three analysis sub-reports that respectively takes China's media image in Pakistan and Kenya as the research objects to conduct targeted case analysis and countermeasures. "Appendix" chapter includes three sub-reports that based on the research data from "Global Public Opinion Index (2020)" from INCS of HUST to discuss and analyze the Chinese public's perception and evaluation to important international affairs and other countries, the image of major countries all around the world.

In the report, we focus on the current situation and development trend of China's national image communication, and it has profound realistic significance. With the professional angles, experts' suggestion, empirical method and efficient plan, the content of report involves multiple perspectives, including macroscopic and microscopic, reality and history, theory and evidence, status and countermeasures, China and overseas. In the report, the data is highly authoritative. Based on the rules of communication and cognitive, the report can provide a lot of useful reference and inspiration for the construction and

国家形象蓝皮书

dissemination of China's national image in terms of policy, management and communication mechanism.

Keywords：National Image；International Communication； Opinion Poll

Content

I General Report

Abstract: 2020 can be seen as an important turning point for the China's national image communication. China's fight against COVID − 19 has played an increasingly important role in international affairs and attracted more and more attention from the international community. The article sorts out the new situation, new challenges, and new opportunities facing by China's national image communication in 2020. On this basis, it analyzes the basic situation of the image communication of Chinese government, enterprises and nation on the subjective perspective. In terms of the basic situation of China's national image communication in 2020, with the expansion of China's international influence, China's international society's inherent prejudice has gradually changed, China's positive image dominates among young respondents, and it is necessary to continue to implement the interpretation and communication of China's development concepts, and to make the world understand China clearer in the new period of situation and challenges.

Keywords: National Image; International Relations; The Rising of China

II　Topical Reports

B. 2　Research Report on China's Economic Image 2019

Zhang Kun, Wang Mengqing / 022

Abstract: Based on Global Opinion Index (2020) survey data, this paper analyzed the perceptions of China's economic development and economic development in dozens of countries around the world. The study found that China's economic strength has been unanimously recognized at home and abroad, and the level of family economy has shown a stable structure; the impact of Sino-US trade disputes on China has both pros and cons, and there is uncertainty in the future relationship between China and the United States; China technology brands have developed rapidly, but brand recognition needs to be improved; international economic cooperation projects are generally well received, but most of the Asia-Pacific countries still have a negative perception of China economic cooperation project; China's economy has strong development potential, and China's future development of the economy is considered to be positive for the world influences.

Keywords: National Image; Economic Image; Trade Dispute; Economic Cooperation

B. 3　Research Report on China's International Cultural Image in 2019

Chang Jiang, Tian Hao / 049

Abstract: The article uses text analysis method to study representative cultural cases of overseas mainstream social media platforms, and attempts to generalize the main paths that overseas people absorb Chinese cultural images from 2018 to 2019. In the article, author believes that although overseas people have an in-depth understanding of Chinese cultural elements, China's cultural image has always been rooted in overseas people's imagination of Chinese cultural elements, which shows the Orientalism tendency of the context of contemporary cultural. Based on this, it suggests that we can explore key IPs with cross-cultural communication potential, and guide non-governmental forces actively to build a multi-cultural communication system in order to realize the independent shaping of national cultural image.

Keywords: National Image; China's Cultural Image; Social Media Platform

B. 4 Research Report on the Image of Chinese People 2019

Zhang Mingxin, Yue Hanling and Chen Shihui / 064

Abstract: Chinese image is an important part of China's national image. Based on Global Opinion Index (2020) survey data, this paper found that overseas people generally believe that Chinese people are hardworking and dedicated, positive and progressive, dare to start a business and creative. Among them, overseas Chinese played an active role in shaping the image of Chinese. Overseas people agreed that Chinese tourists are keen to shop and have a strong purchasing power, which can stimulate local economic development. In addition, this article also discusses the image of Chinese elite groups, the image of Chinese Internet celebrity, and the negative image of Chinese in combination with cases, and makes the following suggestions to enhance the image of Chinese nationals: improve the ability of Chinese self-shaping and give full play to the positive role of overseas Chinese; intensify the punishment of tourists for uncivilized behavior, strengthen the rectification of negative behavior; broaden the channels of international communication, and tell the stories of the Chinese on all fronts.

Keywords: Chinese Image; Elite Group; Internet Celebrity; Tourist Image

国家形象蓝皮书

Ⅲ Key Issues

B. 5 Cross Civilization Dialogue and the Construction of

China's National Image   *Bi Yantao* / 089

Abstract: In the period of major change, China is facing unprecedented opportunities and challenges. It is urgent to establish a concept of global contact that is guided by cross-civilization dialogue. Cross-civilization dialogue refers to contact, understanding, communication, and study among each civilization. It requires that both one's own civilization and the other's civilization should be surpassed at the same time, and the two civilizations can be viewed from a higher dimension, which helps to understand the environment, ascertain the boundaries, reduce conflict and promote development. In the final analysis, the competition between China and the United States is a global competition of political systems and ideologies. When the government's credibility is low, encouraging people to speak out is a shortcut to improve national image. Cross-civilizational dialogue must be conducted in the security state of cognitive. In the article, we attempts to propose strategic countermeasures against changes of international public opinion, including changing the paradigm of international competition and establishing the "humanistic love orientation"; adjusting economic and cultural relations and enhancing cultural affinity; correcting the connotation of "positive energy" and giving the good Chinese narrative; weakening cognitive boundaries and expanding "living space". All of them requires "expansion tools" as a guarantee.

Keywords: Cross-civilization Dialogue; National Image; Strategy Communication; New Cognition Security

Abstract: Since the outbreak of COVID −19, China has actively provided aid diplomacy to other countries for jointly fighting the epidemic. This research is based on the "Wenhai" big data platform, developed by Wenge of China Science and Technology, to analyze the world media reports of "In times of disaster, assistance knows no boundary" that is a typical Sino-Japanese aid event, and to explore how the "classical Chinese poetry boom" gradually become known in aid diplomacy. In this article, author believes that the "assistance knows no boundary" event has experienced four major spreads in public opinion: Japan used classical Chinese poetry to convey sentiments and successfully set the agenda; Chinese social media interacted with mainstream media of agendas; China and Japan set the agenda together; Chinese media changed construction from agenda to value. In the article, we summarize the empathy communication model in aid diplomacy, and discuss the different strategies of aid countries and recipient countries, in order to make international aid better serve people of all countries.

Keywords: COVID −19; Aid Diplomacy; Information Diffusion; Empathy Communication; A Community with A Shared Future for Mankind

Abstract: The city image accurately reflects the comprehensive strength and international influence of a city. This report selects 15 domestic first-tier cities and new first-tier cities, such as Beijing, Shanghai, and Guangzhou, as the research objects and establishes a framework for the international communication influence

国家形象蓝皮书

index of these cities. The study found that the current international communication practice of Chinese cities presents characteristics such as matrix pattern, diversification of subjects, innovative ideas, popular discourse, standardized management. However, issues such as pseudo-individualization, cultural discounts, limitation to primary transmission have also emerged. It is recommended that cities can improve risk monitoring capabilities, make comprehensive use of non-governmental forces, realize the integrated design of the city's image when conducting international image dissemination to further expand the influence of international communication.

Keywords: City Image; International Image; Cross-Cultural Communication; International Communication Influence

IV　Special Topics

B. 8　Analysis Report on Chinese Enterprises' Overseas Image

Zhai Huixia, *Liu Xiaotian* / 142

Abstract: 2020 is a year that has an important impact on the overseas image of Chinese enterprises. On the one hand, the global spread of the COVID − 19 epidemic has brought multiple challenges to the international operation and image building of Chinese enterprises; relationship between China and the U. S are facing the most severe situation since the establishment of diplomatic relations, and the fields of exchanges and cooperation has been severely disrupted, which has also led to Chinese enterprises development facing greater international pressure. But on the other hand, in the adverse effects of the epidemic, Chinese enterprises have overcome multiple difficulties and showed "China power" and "China manner" in driving global economic growth and fighting the epidemic. This has also made the international community, especially the people along the "Belt and Road", increasingly recognize China enterprises. Looking into the future, in the dual context of the profound changes in the international landscape and the important period of strategic opportunities for China domestic development, the image building of Chinese enterprises is facing new challenges. In the context of the epidemic which has not yet ended and the uncertainty of the international situation which has increased, Chinese enterprises should communicate the message of China enterprises' development to the world by further strengthening communication with the world, intensifying public opinion analysis and judgment, increasing the communication of responsibility fulfillment practices, creating a composite communication matrix, and improving external discourse systems for enterprises.

Keywords: Enterprises Image; China-US Relations; Native Communication

B. 9 Games and the communication of Chinese Cultural Image

Xiong Shuo, Peng Yu / 159

Abstract: Games are a highly integrated and new form of digital media art. As a media, game play an irreplaceable role in communication. This article mainly analyzes the unique ability of games to disseminate information through computer network theory and ludology science architecture, and then combines specific case analysis to carry out research on the Chinese cultural and historical image presented on various game platforms in recent years. Finally, according to the data statistical analysis, it verified the changes in the overseas acceptance of Chinese games going overseas in the past two years, as well as the changes in China's national image and Chinese cultural communication. Based on this, this article believes that the communication of Chinese cultural image should focus on using games as a platform to export culture in a gentle and stable method, and gives some suggestions on the cultural image dissemination of Chinese games in the future.

Keywords: National Image; Cultural Image; Game Communication; Game Going Out

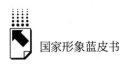

B. 10   The Times Changes and Media Construction of the

Fighting Spirit of the Chinese Women's Volleyball Team

—A Term Frequency Analysis of the Reports on People's Daily

(*1981 – 2019*)   *Wan Xiaohong , Wang Bei and Peng Yuting* / 184

Abstract: The fighting spirit of the Chinese women's volleyball team has been passed down to the present. The spirit condenses and generalizes the overall qualities of Chinese women's volleyball team, and it is also the symbol of the spirit of China and the times. In the article, we selected the reports of "The fighting spirit of the Chinese women's volleyball team" on People's Daily from 1981 to 2019 as study cases, and used Term Frequency analysis method to compare and analyze the high-frequency words of "Women's Volleyball Spirit" reports in different years to research the spirit connotation and changes. The study found that the construction of the "spirit of the Chinese women's volleyball team" on People's Daily not only has the same connotation but also reflects different characteristics of the times. The same is that they are all based on a premise that the women's volleyball team wins. The visibility of the "Women's Volleyball" and "Women's Volleyball Spirit" is proportional to the results of the competition; the difference is the main social values based on different historical backgrounds, which has given a new era meaning for the "spirit of women's volleyball". The study suggests that the reports of the "spirit of women's volleyball" need to keep the balance between "changing and no changing"; at the same time, when media organizations are affected by politics and consumerism and other factors, it is necessary to maintain the principle of moderation.

Keywords: The Fighting Spirit of the Chinese Women's Volleyball Team; People's Daily; Media Construction

VI   Case Studies

Abstract: At the beginning of 2019, China and Pakistan decided to designate the year as the "Cooperation Year of Industrial, Socio-economic and Agricultural". Commercial exchanges between China and Pakistan is becoming closer, and more China-Pakistan industrial parks are being built. First of all, in this article, we analyzed China-related reports from Pakistani mainstream media on English and found that Pakistani media mainly focus on economics, political relations between China and other countries, and comprehensive agendas. The style of the reports is mainly neutral and positive, with few negative reports. Then, we analyzed the interviews of Pakistani government officials made by Chinese mainstream media, and found that Pakistani officials have a positive attitude towards the exchanges between China and Pakistan. In addition, the analysis of the information on the official websites of the Chinese and Pakistani embassies also shows that the embassy is an important platform for people-to-people exchanges. Based on this, the author believes that in order to promote China's positive image in Pakistan, it is necessary to exert influence in terms of exerting youth power, enhancing cultural exchanges, promoting media cooperation, and listening to official voices.

Keywords: National Image; Pakistan; China Pakistan Relations; Media Image

Abstract: In recent years, the Forum on China-Africa Cooperation has

developed rapidly, and China and Africa are making strong progress towards building a closer community with a shared future. But at the same time, internal and external threats such as the rise of international conservatism, the rise of populism and the distortion of media also make Sino-African relations face more complex challenges under the new situation. In this context, strengthening the monitoring and summary of social public opinion in Africa is the objective need to maintain the long-term and healthy development of China-African cooperative relations in the new era. Based on the sample of China-related reports of Daily Nation in 2019, this paper analyzes the overall situation and main topics of China-related reports in Kenyan National Daily, and puts forward some strategic suggestions to promote and guide China-related public opinion in Africa and to establish a positive image of China in Africa.

Keywords: China-Africa Relations; China Image; International Communication; China-Related Public Opinion

Ⅶ   Comparison Reports

B. 13   The Image of United States in the Eyes of the Chinese

Wang Yun, Yang Hanqing / 246

Abstract: With the profound adjustment of the U. S. government's policies towards China in recent years, Sino-U. S. relations have entered into a new historical turning point. Based on Global Opinion Index (2020) survey data, the study discusses the Chinese public's views and evaluation of the US national conditions, politicians, international status, relations of power, etc, so as to outline a more objective national image of United States. The result found that Chinese people has a positive attitude towards the comprehensive national strength of the U. S. , believing that the U. S. is still leading the world in the political, economic, military and scientific fields; the US has a strong appeal to Chinese people and is one of countries they mostly interested in. Meanwhile, respondents strongly emphasize the importance of Sino-US relations to the world and worry that economic friction between China and the US is more likely to occur in the future. Generally, respondents' impression of President Trump is negative. In the process of China's rise as an emerging force, the U. S. is regard as a hegemonic country that poses the greatest threat to China.

Keywords: China-US Relations; National Image; Chinese Public

B. 14   The Image of European Countries in the Eyes of the Chinese

Chen Wei, Guan Tianhao / 265

Abstract: Europe is a "distant neighbor" closely related to China. In the context of the increasingly deepening globalization, China and the EU have had a profound impact on the international community in terms of national development and interaction on the international stage. Based on Global Opinion Index (2020) survey data, the study discusses the Chinese public's views and evaluation of major European countries such as Germany, France, Italy, and the United Kingdom. The result found that the Chinese public has a positive attitude towards major European countries and believes that Germany, UK and France are among the world's major powers in the fields of politics, economy, military and science and technology; Germany has a strong appeal to Chinese people and is one of countries they mostly interested in. Meanwhile, most respondents recognized the importance of China − EU relations, regarded Germany, France and UK as "competitor and partner" countries, and were full of confidence in the prospect of cooperation between the UK and the EU with China after brexit.

Keywords: National image; Image of European countries; China − EU Relations

B. 15   The Image of Neighboring Countries in the Eyes of the Chinese

Xu Di, Fu Jiahui / 280

Abstract: China is one of the countries with the most neighbors in the

world. A detailed understanding of the surrounding situation is of extremely important strategic significance to China. Based on Global Opinion Index survey data by the Institute of National Communication Strategy (INCS) of HUST in 2020, this research starts with national power evaluation, interest level, visit status, impression score, relationship perception and event evaluation, and investigate the Chinese public's evaluation of neighboring countries. The survey results show that the Chinese public believes that Russia has played an important role in today's international affairs; the neighbouring countries with the highest frequency of visits by the Chinese public are Japan and South Korea; the top three most interested countries are Russia, Japan and South Korea; in addition to their home country, the Chinese public pays the most attention to news related to Japan; most of them regard Pakistan and Russia as "partner countries" and Japan as a "competitor country".

Keywords: National Image; Relations with Neighbouring Countries; Major Power Diplomacy

社会科学文献出版社

皮 书

智库报告的主要形式
同一主题智库报告的聚合

❖ 皮书定义 ❖

皮书是对中国与世界发展状况和热点问题进行年度监测，以专业的角度、专家的视野和实证研究方法，针对某一领域或区域现状与发展态势展开分析和预测，具备前沿性、原创性、实证性、连续性、时效性等特点的公开出版物，由一系列权威研究报告组成。

❖ 皮书作者 ❖

皮书系列报告作者以国内外一流研究机构、知名高校等重点智库的研究人员为主，多为相关领域一流专家学者，他们的观点代表了当下学界对中国与世界的现实和未来最高水平的解读与分析。截至2021年，皮书研创机构有近千家，报告作者累计超过7万人。

❖ 皮书荣誉 ❖

皮书系列已成为社会科学文献出版社的著名图书品牌和中国社会科学院的知名学术品牌。2016年皮书系列正式列入"十三五"国家重点出版规划项目；2013~2021年，重点皮书列入中国社会科学院承担的国家哲学社会科学创新工程项目。

中国皮书网

（网址：www.pishu.cn）

发布皮书研创资讯，传播皮书精彩内容
引领皮书出版潮流，打造皮书服务平台

栏目设置

◆ **关于皮书**

何谓皮书、皮书分类、皮书大事记、
皮书荣誉、皮书出版第一人、皮书编辑部

◆ **最新资讯**

通知公告、新闻动态、媒体聚焦、
网站专题、视频直播、下载专区

◆ **皮书研创**

皮书规范、皮书选题、皮书出版、
皮书研究、研创团队

◆ **皮书评奖评价**

指标体系、皮书评价、皮书评奖

◆ **皮书研究院理事会**

理事会章程、理事单位、个人理事、高级
研究员、理事会秘书处、入会指南

◆ **互动专区**

皮书说、社科数托邦、皮书微博、留言板

所获荣誉

◆ 2008 年、2011 年、2014 年，中国皮书
网均在全国新闻出版业网站荣誉评选中
获得"最具商业价值网站"称号；

◆ 2012 年，获得"出版业网站百强"称号。

网库合一

2014年，中国皮书网与皮书数据库端口
合一，实现资源共享。

中国皮书网

权威报告·一手数据·特色资源

皮书数据库
ANNUAL REPORT(YEARBOOK)
DATABASE

分析解读当下中国发展变迁的高端智库平台

所获荣誉

- 2019年，入围国家新闻出版署数字出版精品遴选推荐计划项目
- 2016年，入选"'十三五'国家重点电子出版物出版规划骨干工程"
- 2015年，荣获"搜索中国正能量 点赞2015""创新中国科技创新奖"
- 2013年，荣获"中国出版政府奖·网络出版物奖"提名奖
- 连续多年荣获中国数字出版博览会"数字出版·优秀品牌"奖

成为会员

通过网址www.pishu.com.cn访问皮书数据库网站或下载皮书数据库APP，进行手机号码验证或邮箱验证即可成为皮书数据库会员。

会员福利

- 已注册用户购书后可免费获赠100元皮书数据库充值卡。刮开充值卡涂层获取充值密码，登录并进入"会员中心"—"在线充值"—"充值卡充值"，充值成功即可购买和查看数据库内容。
- 会员福利最终解释权归社会科学文献出版社所有。

数据库服务热线：400-008-6695
数据库服务QQ：2475522410
数据库服务邮箱：database@ssap.cn
图书销售热线：010-59367070/7028
图书服务QQ：1265056568
图书服务邮箱：duzhe@ssap.cn

社会科学文献出版社 皮书系列
SOCIAL SCIENCES ACADEMIC PRESS (CHINA)
卡号：387366453931
密码：

S 基本子库
SUB DATABASE

中国社会发展数据库（下设 12 个子库）

整合国内外中国社会发展研究成果，汇聚独家统计数据、深度分析报告，涉及社会、人口、政治、教育、法律等 12 个领域，为了解中国社会发展动态、跟踪社会核心热点、分析社会发展趋势提供一站式资源搜索和数据服务。

中国经济发展数据库（下设 12 个子库）

围绕国内外中国经济发展主题研究报告、学术资讯、基础数据等资料构建，内容涵盖宏观经济、农业经济、工业经济、产业经济等 12 个重点经济领域，为实时掌控经济运行态势、把握经济发展规律、洞察经济形势、进行经济决策提供参考和依据。

中国行业发展数据库（下设 17 个子库）

以中国国民经济行业分类为依据，覆盖金融业、旅游、医疗卫生、交通运输、能源矿产等 100 多个行业，跟踪分析国民经济相关行业市场运行状况和政策导向，汇集行业发展前沿资讯，为投资、从业及各种经济决策提供理论基础和实践指导。

中国区域发展数据库（下设 6 个子库）

对中国特定区域内的经济、社会、文化等领域现状与发展情况进行深度分析和预测，研究层级至县及县以下行政区，涉及省份、区域经济体、城市、农村等不同维度，为地方经济社会宏观态势研究、发展经验研究、案例分析提供数据服务。

中国文化传媒数据库（下设 18 个子库）

汇聚文化传媒领域专家观点、热点资讯，梳理国内外中国文化发展相关学术研究成果、一手统计数据，涵盖文化产业、新闻传播、电影娱乐、文学艺术、群众文化等 18 个重点研究领域。为文化传媒研究提供相关数据、研究报告和综合分析服务。

世界经济与国际关系数据库（下设 6 个子库）

立足"皮书系列"世界经济、国际关系相关学术资源，整合世界经济、国际政治、世界文化与科技、全球性问题、国际组织与国际法、区域研究 6 大领域研究成果，为世界经济与国际关系研究提供全方位数据分析，为决策和形势研判提供参考。

法律声明

"皮书系列"（含蓝皮书、绿皮书、黄皮书）之品牌由社会科学文献出版社最早使用并持续至今，现已被中国图书市场所熟知。"皮书系列"的相关商标已在中华人民共和国国家工商行政管理总局商标局注册，如 LOGO（▟）、皮书、Pishu、经济蓝皮书、社会蓝皮书等。"皮书系列"图书的注册商标专用权及封面设计、版式设计的著作权均为社会科学文献出版社所有。未经社会科学文献出版社书面授权许可，任何使用与"皮书系列"图书注册商标、封面设计、版式设计相同或者近似的文字、图形或其组合的行为均系侵权行为。

经作者授权，本书的专有出版权及信息网络传播权等为社会科学文献出版社享有。未经社会科学文献出版社书面授权许可，任何就本书内容的复制、发行或以数字形式进行网络传播的行为均系侵权行为。

社会科学文献出版社将通过法律途径追究上述侵权行为的法律责任，维护自身合法权益。

欢迎社会各界人士对侵犯社会科学文献出版社上述权利的侵权行为进行举报。电话：010-59367121，电子邮箱：fawubu@ssap.cn。

社会科学文献出版社